庄子

内篇引归

谢彦君 著

商务印书馆
The Commercial Press

万世之后而一遇大圣,知其解者,是旦暮遇之也。

——《庄子·齐物论》

前 言

一

庄子,在中国乃至整个大中华文化圈,都是一个家喻户晓的人物。在他身上,笼罩着一层神秘的光环;而他的学说和理论,则在岁月的荡涤之中,越来越具有玄奥、杳远的气质。于是,有关庄子的一切,似乎都像是精致而稀贵的美玉,只可把玩,却了无实用。世俗世界时常会套用庄子那句"无用之用,方是大用"的话,但这句话到底算是普遍的真理,还是一剂偶尔可用的安魂汤,恐怕很难说清。于是,如果有谁说庄子学说可用于治国理政,人们很可能会普遍地向言者投去诧异的目光。因为,庄子头上那顶"南华真人"的道教冠戴,实在是戴得太久了。

《庄子内篇引归》作为《庄子引归》的第一部著作,它在整个注解过程中,从学理和证据两个方面对庄子及其学说形成了以下一些与人们的常识可能有所不同的结论:

首先,司马迁言庄子学说"无所不窥",此语毫不夸张。《庄子》一书,不仅具有综合先秦诸子学说的风范,学宗老、孔,杂糅百家,在学理上足以证明庄子作为先秦哲学思想又一个集大成者的地位,而且,其思想深度和理论之系统化,几可比肩东西方同一时期的很多先哲,更是东西方各路学说尤其是佛学传入中国之后能够得以顺利中国化的本土思想基础之一，是禅宗的直接思想来源。因此，庄子学说既可上达形而上学之道，也可下通治国理政、修身成己之术。

其次，《庄子》是一部知识论著作，通篇探讨一个"知"字。在以往中国学术界，《庄子》既不像《论语》那样被明确定位为一部伦理学著作，也没有像《老子》那样被定位为一部系统的哲学著作。在很多情况下，《庄子》充其量只是被奉为"荒诞其言"的文学极品罢了，或者被尊为神仙家的秘籍或遁世者的宝典。这对庄子来说，其实是很不公平的。可以说，《庄子》是中国古代认识论哲学的最高峰，也是导引宋明理学和心学相互分流、激荡的一个重要思想源泉。构成现当代西方世界重要学术思潮的现象学、实用主义、存在主义和后现代主义思想，在《庄子》中不仅不是以一鳞半爪的形式呈现，而是作为庄子思想的主脉加以曼衍；至其主旨，则更为明朗和澄澈。《庄子》一书在哲学上的这个地位，应该予以充分的肯定。

最后，《庄子》以其独特的寓言、重言、卮言表述方式，借助于迷局一样的情境设计、正言若反的观点呈现方式以及将真理寓于情境的知识论主张，充分表达了他对孔子学说的极大尊重和对孔子其人极为深厚的情感。历史上所有以为《庄子》一书是为"诋訾"孔子而作的论调，皆因没有读懂《庄子》而致。从这一点来说，至少在学理上能够证明，庄子"学从子夏"的说法，很可能便是历史事实。如此，则庄子亦为孔门之后，可无疑矣。这或许可以帮助我们理解庄子在其全书中不直接评论孟子以及在《天下》篇不直接议论儒家的心理基础，从而揭开庄子与孔子、与儒家关系方面的千古谜题，还其本来面目，将庄子视为推动孔子学说走向圆融境界之最用力的一个人。

二

现存《庄子》有多种版本,包括刻本、古钞卷子本、唐写本、敦煌卷子本等。本书采用中国书店出版社2019年影印上海涵芬楼《续古逸丛书》的《南华真经》为底本,以中华书局2012年版《新编诸子集成》中郭庆藩《庄子集释》(王孝鱼点校)为主要校本。全书校注合一,对校改文字只做说明,不另出校。依通行本对个别通假字所做的校改则不做说明。

本书以"引归"为名,冀求还原《庄子》一书的思想、理论及所涉及的人物关系的原貌。为体现这一本旨,本书注解部分有意设计了注释、解释和诠释几个部分,并对三种注解成分确立了不同的文字表述原则:"注"则求其规范,"解"则求其理当,"诠"则求其论立。这些原则的目的是,充分利用成熟或已达成共识的注解成果,说明历来歧解及误解的失当之处,表达本书作者对相关问题的理解。这一原则的结果,必然导致本书的注解文字量远远超过一般注解《庄子》一书的文字量,由此可能会给普通读者带来阅读上的不便,这也是无可奈何的一件事。作者希望能够通过提供更为严谨准确、尽可能保留庄子文风特色的白话译文来弥补这一缺憾。至于对那些想切实地了解本书作者心目中之庄子——或者说,想了解本书作者眼中的"真实的庄子"的读者,则除非细读注解文字之外,怕是没有其他捷径了。

本书注解的另一个特点,是以"句解"作为注释的标注尺度。这样的好处是,可以容许作者兼顾训诂和义理两种注解取向,避免明人流于浮泛而清人失之盲人摸象、过度支离的注解流弊。通观西晋以来各家注解，本书作者最为推崇的《庄子》注家仍为郭象，后来注家不仅在正确的方面多依从郭象，甚至在错误的方面也深受郭象的影响。因此，在本书凡能以郭象注解通透《庄子》字句义理的内容，作者则尽可能引用郭象原注予以巩固，以概括《庄子》原书的思想。至于郭象所未达之处，则以其他注家的注解作为补充。

三

在《庄子》白话译文随处可见的今天，只要注意到普通读者在阅读了白话译文后仍是一头雾水的表情，就会感到《庄子》的白话文翻译也不啻是一个值得探索的话题。以笔者之见，这种翻译一定要建立在对庄子立场和思想的准确把握、对《庄子》全书细节的精准理解、对其中人物关系的正确定位以及对《庄子》书中诸多独特而深刻的哲学概念的充分尊重的基础上，否则，一旦译文歧离庄子原意，读者便无法领会语句的真义和全书的要旨。换言之，如果不解决对《庄子》认识上的一些根本性问题，今日之《庄子》，就只能供人们从中寻章摘句以作玩赏之用，或用来作为社会生活的调味品和心灵鸡汤。然而，如此之"小用"，显然与《庄子》自身所拥有的理论价值不相匹配。基于这一点，本书的白话文译文，力求在注解的基础上回归庄子本意并保持其行文风格，尤其是针对一些重要的、在当下可能仍需要予以发扬光大的哲学概念，笔者采取了适当"不译"的策略，如"大知""小知""有待""因是""吊诡""悬解""自然""道""至人无己""神人无功""圣人无名"等。如果读者欲对此类概念有准确理解，可以借助仔细阅读注释来完成。

《庄子内篇引归》作为一部兼涉句解和语译的注释性著作，也像历来注解《庄子》作品一样，试图解决一些长期困扰人们的难题、歧解和误解，以便使庄子的思想宗旨能够在细节中得到一致性的体现。不过，《庄子》注解工作已经有近两千年历史，学界已经积累了难以计量的优秀研究成果。这些都是后人解读《庄子》不可不由的门径。而本书在注解《庄子》的字、词、句义方面，在理解《庄子》各篇和全书的思想宗旨方面，确实有不少大异于以往历来注家之处。对于这一点，作者也许如庄子一样，不自知其乃梦邪、非梦邪，但这个注解过程确为诚意而来，也愿诚意而去，并非故作惊人之语。其中鄙陋和谬误之处，唯"有待"知者予以指教，则或可稍免此"强为有辩"之过。

　　本书在注解过程中，阅读并引用、借鉴了大量文献和观点，虽然作者尽可能努力客观地标注其来源，但本书所附的文献目录，仅限于直接的注解《庄子》的著作。此点还请读者和相关作者明察并谅解，作者也在此致以特别的感谢。

谢彦君
2022 年 6 月 30 日

目　录

逍遥游 ·· 1
齐物论 ·· 38
养生主 ·· 125
人间世 ·· 144
德充符 ·· 207
大宗师 ·· 250
应帝王 ·· 341

附录：本书主要征引及参考的著作 ·········· 373

逍遥游①

【题解】

"逍遥游"三字,是《庄子》一书首脑,道尽庄子所欲导人达至的第一等修道境界,自先秦以来,老者传之,少者受之,绵延赓续,历久弥新。然而,究竟有多少人明了"逍遥游"三字真义?有多少人知晓庄子设"逍遥游"三字用意?有多少人彻悟"逍遥游"三字所喻之至道?但就司马迁言庄子"作《渔父》、《盗跖》、《胠箧》,以诋訾孔子之徒,以明老子之术"而言,我以为司马迁便似不知庄子者。言"似不知"而不言"是不知",在于我不知司马迁这句话的重点是在"孔子"还是在"之徒",若为前者,子长先生恐怕是只见庄子学问"无所不窥"之概,而不知庄子思想源流所自本就宗于老、孔;而若他的重读之字在"之徒"而指孔子后学,那么,子长真乃知庄子之人!可惜他这一句模棱两可的话,导引了后世对庄子立场的怀疑和误置。而跟着定调的,便是西汉刘向、刘歆再拓司马谈、司马迁所开分门别派之先河,而遽将庄子列为道家。以这几位巨擘学问之大、地位之要,其言议便容易有定鼎之效,但不能不说也由此带来了将庄子思想简单化的弊端,以至于有宋以降,非庄抑庄,是庄挺庄,相互辩驳,喋喋不休,持续千年。此种光景,又似后世多有不知"逍遥游"三字究竟为何物者!

何谓"逍遥"？要而言之，即"无心"。所谓无心，乃是无刻意、无系心、无执念。心无所系，则自逍遥。

何谓"游"？要而言之，即"无为无不为"。所谓无为无不为，乃不刻意其为，不系心于为，不执念于为；凡有为，则为其所不得已。此庄子所谓之"游"。当然，庄子所谓"不得已"，对任何人来说，都是最难之处。而修道的关键，就在于识得这个"不得已"。

所以，庄子所谓"逍遥"，非真逍遥于江海、逍遥于林下、逍遥于云天之外、逍遥于草莽兽群，乃是逍遥于言辩、逍遥于养生、逍遥于人间世、逍遥于帝王、逍遥于庶民，逍遥于大鹏千万里之翱翔、南徙，逍遥于蜩雀数仞之决起、腾跃。所谓"游"者，乃游于"有无"、游于"有为与无为"、游于"有辩与无辩"、游于"可与不可"、游于"材与不材"、游于"有用与无用"、游于"方内与方外"，总而言之，以《庄子》作为一部真正的、完全的知识论著作，是游于"有知与无知"。这才是"逍遥游"三字的真义所在！

如何而不能得"逍遥之游"？答案就是"有待"——凡有待，则不得"逍遥"游。心有所系，则必有所待；有所待，则无逍遥游矣。大鹏心系九万里之南徙，其有待矣；蜩与学鸠心系榆枋，其有待矣；列子御风，亦有待矣。若夫"乘天地之正，御六气之辩，以游无穷者"，其必无待矣！凡无待之游，即为逍遥游。有待之者，盖因心系于有己、有功、有名，而至人无己，神人无功，圣人无名，故无待。无待之人，乃为真人。所以，许由欲无名，尧欲无功，皆几于真人之神者、圣者；藐姑射山之四子，则是真人之神者、之至者矣，并为尧所向往之。惠子有知，却不能因顺小用、大用之材，不能善处有用、无用之间，吟必倚树，瞑必据梧，而终以"坚白"鸣，故而不得逍遥游，是庄子所最不取者。此为《逍遥游》篇之关节。

试想，吾辈于今日，恰遭逢知识爆炸之时代，谁不以知为傲？谁不以知为生？谁不欲以所知逞其辩才？如此，又安得庄子之"逍遥游"？

细思极恐，而若有所思，则自安安人矣！

【注释】

①逍遥：闲适自得、无所拘执的样子。游，同"遊"，遨游。本义取自鱼游于渊、鸟翔于天的自在状态，故"游"与"逍遥"义近而并用。但《庄子》书中之"游"，实指人在游走于世间的一切行为，并借"游"之逍遥自在、无所拘系的本义来申明庄子坚持人的行为要与天道和合的主张。因此，"逍遥游"作为《庄子》首篇篇名，带有通贯全书思想宗旨的纲领性作用，它既强调人在知、情、意等心理活动中不可拘于外物，也强调在言说、交往、学习等社会行为实践中持有达观的态度从而获致和谐的社会效果，由此才能达至"真人"（至人、神人、圣人）的境界。陆德明《经典释文》："逍，亦作消。遥，亦作摇。遊，亦作游。《逍遥游》者，篇名，义取闲放不拘，怡适自得。"郭象《注》："夫小大虽殊，而放于自得之场，则物任其性，事称其能，各当其分，逍遥一也，岂容胜负于其间哉！"

一

北冥有鱼，其名为鲲。鲲之大，不知其几千里也①。化而为鸟，其名为鹏。鹏之背，不知其几千里也②。怒而飞，其翼若垂天之云③。是鸟也,海运则将徙于南冥。南冥者,天池也④。

【译文】

北冥有一种鱼,名字叫鲲。鲲之大,不知有几千里。它变化为鸟,名字叫鹏。鹏之大,不知有几千里。它奋起而飞,双翼就如垂天之云。这种鸟,每到海流运动的季节,就会迁徙到南冥去。南冥,是一个天然大池。

【注释】

①北冥:北方的深海。冥,通"溟",深暗的样子。陆德明《经典释文》:"北冥,本亦作溟,北海也。嵇康云:'取其溟漠无涯也。'梁简文帝云:'窅冥无极,故谓之冥。'"王叔岷《庄子校诠》:"冥、溟正、假字。嵇康所谓'溟漠无涯',简文所谓'窅冥无极',可概括《庄子》全书之意。郭象之注《庄子》,即常本此冥字以会其至旨。"鲲:本义为小鱼,庄子此处借作大鱼之名。罗勉道《南华真经循本》:"北冥、南冥,非泛言北海、南海,乃海之南北极处,以其广远杳冥,故曰'冥'。鲲,《尔雅》云'凡鱼之子,总名鲲',故《内则》'卵酱',读作'鲲'。《鲁语》亦曰'鱼禁鲲鲕',皆以鲲为鱼子。庄子乃以至小为至大,此便是滑稽之开端。"

②鹏:即古"凤"字,大鸟名。陆德明《经典释文》:"鹏,崔音凤,云:'鹏即古凤字,非来仪之凤也。'"王叔岷《庄子校诠》:"宋玉《对楚王问》鹏作凤,其背几千里,亦夸词也。"郭象《注》:"鲲鹏之实,吾所未详也。夫庄子之大意,在乎逍遥游放,

无为而自得。故极小大之致，以明性分之适。"案郭象之论，明有强调庄子并无扬大抑小之意，甚是。

③怒：奋力。宣颖《南华经解》："怒，犹奋也。"王叔岷《庄子校诠》："怒即努字，《说文》段《注》：'古无努字，只作怒。'"垂天之云：形容云块之大。陆德明《经典释文》引司马彪云："若云垂天旁。"成玄英《疏》："鼓怒翅翼，奋迅毛衣，既欲抟风，方将击水。遂乃断绝云气，背负青天，骞翥（qiān zhù）翱翔，凌摩霄汉，垂阴布影，若天涯之降行云也。"

④海运：海动，指大海因风大而涌动。林希逸《庄子鬳斋口义》："海运者，海动也。今海濒之俚歌犹有'六月海动'之语。海动必有大风，其水涌沸自海底而起，声闻数里。言必有此大风，而后可以南徙也。"南冥：南方的深海。天池：指堪与天比的巨大水域。成玄英《疏》："大海洪川，原夫造化，非人所作，故曰天池也。"

《齐谐》者，志怪者也①。《谐》之言曰："鹏之徙于南冥也，水击三千里，抟扶摇而上者九万里，去以六月息者也②。"野马也，尘埃也，生物之以息相吹也③。天之苍苍，其正色邪？其远而无所至极邪？其视下也，亦若是则已矣④。

【译文】

《齐谐》，是一部志怪的书。书中有这样的话："鹏向南冥迁徙的时候，翅膀搏击水面，每一次击打都能飞出三千里。遇有飓风，它便能趁着飓风盘旋而上，一跃就是九万里。它南徙的时间，总在每年六月飓风频发的季节。"这个季节，天空浮动的游气、尘埃，就如同野马奔腾，它们都是生物吐纳吹拂造成的。天之苍苍，那就是它的正色吗？还是由于遥远而无所至极才显得这样？自天空向下俯视，也当是一样的吧。

【注释】

①齐谐：书名。陆德明《经典释文》："《齐谐》，简文云：'书'。"志怪：记载怪异之事。林希逸《庄子鬳斋口义》："《齐谐》，书名也。其所志述皆怪异非常之事，如今《山海经》之类。然此书亦未必有，庄子既撰此说，又引此书以自证。此又是其戏剧处。"

②水击三千里：指鹏于振翅南徙途中，大翼击打水面，在一起一落、波涌水荡之间，便已飞出三千里远。《淮南子·齐俗训》："水击则波兴。"抟（tuán）：拍击，旋转，使物团聚。方勇《庄子》："抟，兼有拍、旋二义。"。扶摇：盘旋而上的飓风，如龙卷风一般。这里形容鹏鸟借势发力，与旋风紧密合为一体，一跃而达九万里之高。总起两句分说，一言远，一言高，以极言鹏飞之壮观。以六月息：凭借六月的大风。息，气息，风。陆西星《南华真经副墨》："去以六月息者也，与下'以息相吹'之'息'同，谓气息也。人以一呼一吸为一息，造化则以四时为一息。去以六月息者，即海运则将徙南冥之意。去，谓徙而南也。周之六月，夏正之四月也，于后天为巽，正气动风起之时，故大鹏乘此徙去。而诸家注皆谓此鸟一去半年，至天池而息，则是以六月为半年，以息为止息，而太白《鹏赋》亦谓：'六月一息，至于海隅。'只为不曾理会下文'以息相吹'一句，遂使文不相蒙而难于解说耳。"释德清《庄子内篇注》："六月，周六月，即夏之四月，谓盛

阳开发，风始大而有力，乃能鼓其翼。息，即风也，意谓天地之风，若人身中之气息。"长庚与憨山之说极是。自郭象《注》曰"夫大鸟一去半岁，至天池而息"之后，后世注家多有释"息"为停息之息者，谬甚。试想以大鹏能一跃而上达九万里、一击而远飞三千里，若迁徙半年方得停息，大鹏将走出多远？其飞行六月方得一息，将如何维持其生息？又今南海大洋一带，正是每年六月起开始其台风季，与庄子所言完全吻合。且"息"在本文前后相随，两处有用，庄子必不欲其义自相乖怪而不可解。

③野马：指地面水汽蒸腾而产生的游气，远看恍惚、浮动如野马奔驰。郭象《注》："野马者，游气也。"陆德明《经典释文》："野马，司马云：'春月泽中游气也。'崔云：'天地间气如野马驰也。'"尘埃：空中飘浮的尘霾。相吹：指相互吹拂（而使水气、尘埃流动）。

④苍苍：深蓝色。正色：真正的颜色，本色。其远而无所至极邪：还是因为它极其遥远而没有尽头吗？其，抑或；邪，同"耶"，疑问词。其视下：它往下看。其，指大鹏。亦若是：也和人往天上看一样。是，指人仰视天空时所见之苍苍。郭象《注》："今观天之苍苍，竟未知便是天之正色邪？天之为远而无极邪？鹏之自上以视地，亦若人之自（此）[地]视天。"

且夫水之积也不厚，则其负大舟也无力①。覆杯水于坳堂之上，则芥为之舟；置杯焉则胶，水浅而舟大也②。风之积也不厚，则其负大翼也无力。故九万里则风斯在下矣，而后乃今培风；背负青天而莫之夭阏者，而后乃今将图南③。

【译文】

通常，如果水蓄积不深，便无力载浮大舟。将杯水倒在堂前坑洼处，就只能把草芥当小船；把杯子放上，就浮不起来，这是水浅而"舟"大的缘故。如果风蓄积不厚，便无力托举大翼。所以，当高度达到九万里时，风便蓄积在下。这时，大鹏便可以驾驭大风而飞，背负青天，势不可挡。也就在这时，方可图谋南徙。

【注释】

①且夫：表示要进一步论述，有递进之义。积：蕴蓄。负：承载。

②覆：倾倒。坳（ào）堂：厅堂地面凹处。芥：小草。此处借指小草的叶片。胶：黏着，犹言搁浅。郭象《注》："此皆明鹏之所以高飞者，翼大故耳。夫质小者，所资不待大；则质大者，所用不得小矣。故理有至分，物有定极。各足称事，其济一也。若乃失乎忘生之生，而营生于至当之外，事不任力，动不称情，则虽垂天之翼不能无穷，决起之飞不能无困矣！"

③斯：乃，就。而后乃今：为"今而后乃"或"乃今而后"之倒文，意同"这时然后才"。培风：凭借风力。培，通"凭"。郭庆藩《庄子集释》引王念孙曰："培之言冯也。冯，乘也。（见《周官》冯相氏《注》。）风在鹏下，故言负；鹏在风上，故言冯。必九万里而后在风之上，在风之上而后能冯风，故曰而后乃今培风。"莫之夭阏（è）：没有阻碍。夭，折；阏，止。图南：图谋南徙。

蜩与学鸠笑之曰①："我决起而飞，抢榆枋，时则不至而控于地而已矣，奚以之九万里而南为②？"适莽苍者，三飡而反，腹犹果然；适百里者，宿舂粮；适千里者，三月聚粮。之二虫又何知③！

【译文】

蜩与学鸠讥笑说："我们疾起而飞，想飞到榆树、檀树顶上，有时飞不上去，只要委身于地便好。何必还要飞到九万里高空再到南方去呢？"前往一望之地的远郊去的人，早上去，晚上就可以返回，而腹中还不觉得饥饿；到百里之外去的人，要连夜舂米备办食物；到千里之远的人，就要用三个月蓄积粮米。这些道理，蜩与学鸠这两种小动物又怎么会知道呢！

【注释】

①蜩（tiáo）：蝉类。学鸠：一种体形较小的鸠。学，有本又作鷽或鸒。王叔岷《庄子校诠》："'学鸠'当是小鸟，不必分为二物。"在《诗经》等先秦典籍中，鸠是常见的鸟类，但据相关作品所描述的具体情境推断，其习性并不相同，因此，它们很可能是同科不同种。《尔雅·释鸟》便列有"鶌鸠"、"鸤鸠"、"鹪鸠"、"鸤鸠"、"鶨鸠"、"鴶鸠"等不同种名。庄子此处所举之"学鸠"，当指一种习于在灌木丛中或林地边缘地带生活的鸠类小鸟，不必是斑鸠更不可能是小斑鸠——庄子不会以幼鸟作喻而与成年大鹏对比，因幼鸟"无知"而其行尽合天道。

②决（xuè）起：疾起，迅然而起。陆德明《经典释文》："决，李颐云：'疾貌'。"抢（qiāng）：触，撞。又本作"枪"。郭庆藩《庄子集释》："之遁云：'（枪）[抢]，突也。'"此处表示

小鸟突起窜飞而失稳的样子。榆枋：榆树和檀树，均为乔木属，树高可达二十米。时则：时而。不至：不能达到榆枋的高度。控于地：投落在地上。控，投。本句谓学鸠本习于在灌木丛中飞窜，偶尔性起，欲跃飞而停于高大的榆枋枝头，必有不及而落在地上之时。奚：何，怎么。之：往，去。南为：南徙，或"为南"的倒句，即图南、徙南；或释"为"为句尾语气助词，同于"乎"、"焉"，亦通。郭象《注》："苟足于其性，则虽大鹏无以自贵于小鸟，小鸟无羡于天池，而荣愿有余矣。故小大虽殊，逍遥一也。"

③适：往。莽苍：指郊野景色，引申为近郊。陆德明《经典释文》："司马云：'莽苍，近郊之色也。'崔云：'草野之色。'"或释为"一望之地"，亦通。林希逸《庄子鬳斋口义》："莽苍者，一望之地，莽苍然不见。"三飡：犹三餐，指从早到晚。飡，同"餐"。反：通"返"。果然：饱的样子。宿：夜里，连夜。舂粮：舂捣粮食。舂，用杵臼捣去谷类的壳。聚粮：筹集、储备粮食。之二虫：这两种小动物，指蜩与学鸠。之，此。郭象《注》："所适弥远，则聚粮弥多。故其翼弥大，则集气弥厚也。"

小知不及大知，小年不及大年①。奚以知其然也？朝菌不知晦朔，蟪蛄不知春秋，此小年也②。楚之南有冥灵者，以五百岁为春，五百岁为秋；上古有大椿者，以八千岁为春，八千岁为秋③。而彭祖乃今以久特闻，众人匹之，不亦悲乎④！

【译文】

所以说，小知不及大知，小年不及大年。怎么知道会是这样？

朝菌不知晦朔，蟪蛄不知春秋，这些都属小年。楚国南部有一种神龟，它以五百岁为春，以五百岁为秋；上古有一种树叫大椿，以八千岁为春，以八千岁为秋。今天以寿命长久而闻名的彭祖，还招致众人的羡慕，相比之下有多可悲啊！

【注释】

①小知（zhī）、大知：指所拥有的知识范围或数量的大小之别。小年：短命。年，寿命。案庄子此处虽言小不及大，但只做客观陈述，并无好坏、对错的价值倾向，因为"道无所不在"。这在本节最后以"至人无己，神人无功，圣人无名"做结以及在《知北游》篇言"道在屎溺"便可见得。郭象《注》："物各有性，性各有极，皆如年知，岂跂尚之所及哉！自此已下至于列子，历举年知之大小，各信其一方，未有足以相倾者也。然后统以无待之人，遗彼忘我，冥此群异，异方同得而我无功名。是故统小大者，无小无大者也。苟有乎小大，则虽大鹏之与斥鷃，宰官之于御风，同为累物耳。齐死生者，无死无生者也。苟有乎死生，则虽大椿之与蟪蛄，彭祖之与朝菌，均于短折耳。故游于无小无大者，无穷者也；冥乎不死不生者，无极者也。若夫逍遥而系于有方，则虽放之使游而有所穷矣，未能无待也。"郭象一开始便抓住了庄子思想的"无待"这一要害和宗旨。此番议论，大可玩味。能会得此义，《庄子》全书大要便可不失，并可收纲举目张之效。刘武《庄子集解内篇补正》："知，承上'又何知'之知字，应如字读，音智非。《玉篇》：'知，识也，觉也。'谓心与境遇而觉识也。智之度，较知为深。《礼记》：'礼用，知（音智）者之谋'句，疏云：'智，谓谋计，晓达前事。'《荀子·正名》云：'知有所

合谓之智。'《白虎通·情性》节云:'独见前闻,不惑于事,见微知著也。'合上三说言之谓就其所知者,加以思索谋计,而能晓达前事,见微知著,于事机有合者,方谓之智。夫庄子之道,一则曰'离形去知',再则曰'同乎无知,其德不离',观此,则知尚应去,何况劳精敝神之智乎?以此知音智之不当也。"刘武以为"知"不应读"智",甚是;然其又以为"智"乃"劳精敝神"者,又与其本意有所抵牾。在先秦典籍中,"智"与"知"均有使用,而义亦有别,时也相互通用,但通用时极少。统计《庄子》一书,以王先谦《庄子集解》所据清宣统己酉年(即宣统元年,1909年)思贤书局原刻本,几无一个"智"字;既如其他"智"字出现最多的版本,也统共不过四处而已,而此四处在《庄子集解》中均为"知"。这几处分别在以下四篇:《人间世》:"(仲尼曰):'名也者,相轧也;智也者,争之器也。二者凶器,非所以尽行也。'"《大宗师》:"仲尼蹴然曰:'何谓坐忘?'颜回曰:'堕肢体,黜聪明,离形去智,同于大通,此谓坐忘。'"《胠箧》:"则是不乃窃齐国,并与其圣智之法以守其盗贼之身乎?"《列御寇》:"智慧外通,勇动多怨,仁义多责。"其中唯有《列御寇》篇因"智"与"慧"并用,易让人以为其似有近于"道"(大宗师)之义,而实则又不然。其他三"智"则均为庄子所不取之"知"。与之相对,用"知"的地方遍及《庄子》全书三十三篇,共计有六百多处(其中内篇一百五十多处,外篇二百六十多处,杂篇一百八十多处)。从这个统计结果,至少可以得出以下结论:(1)《庄子》书终篇都在讨论知识问题,即关于知识的认识论问题,而很少及于世界的本体论问题。敝以为它也是今后庄学研究应有的一个关键转向;(2)《庄子》中的"知",不可轻易替代为"智",也很难被替换。庄子此处的"小知""大知",其现象依据乃大鹏和学鸠的视野,不可用"智"来衡量;且后文紧接着言及的朝菌和蟪蛄,其于晦朔、春秋,以人的目光来看,属于没有多少感知机会之列,因此,其"小知"完全属于知识范畴。所以,此处的"小知"和"大知"及全书后文经常提及的"知",基本都属于不可用"智"替代者;(3)《庄子》全书及庄子本人(与老子甚至孔子一样)的基本立场,便是对"知"的贬斥和对"道"的推崇。今世所谓"智"或"智慧",其实更接近于《庄子》和《老子》中的"道"、"自然",而非其"知";(4)且庄子相信"道"无分大小,可以遍在于天地、砖瓦、屎尿。此处言"小知不及大知",二者虽有大小之别,但并无好坏之分。谅庄子不可能说出如众人所说的那样明显且影响全局的自相矛盾的话。因这一句关系《庄子》全书之解读,故不计繁琐,细加推绎。

②朝菌:一种朝生暮死的菌虫。晦朔:每月的第一天为朔,最末一天为晦。蟪蛄(huì gū):一种蝉,春生夏死,夏生秋死。

③冥灵:对此二字,注家或释为木名,或释为龟名,虽以前者为盛,但似以后者为长。盖庄子行文,变换自如而不留痕迹,汪洋恣肆而收放有节,不泥无滞,几无一字可夺。以其风格,必不至于连续以两种不同寿命的树木来共同说明同一个道理。罗勉道《南华真经循本》:"冥,即南冥。灵,灵龟也。麟、凤、龟、龙,谓之四灵。冥灵者,冥海之灵龟也。"罗勉道先分冥、灵为两义、两物,再以冥为南冥,是不以冥灵为木,乃其可取之处。楚国多水泽,出产龟类并不意外;龟本为水生长寿之物,也是人所共知;楚人好巫,拜龟为灵更当是俗常之事。集以上诸项,庄子以冥之灵称龟,理在情中。大椿:木名。

④彭祖：传说中人物，一般说法是其寿达八百岁。成玄英《疏》："彭祖者，姓篯，名铿，帝颛顼之玄孙也。善养性，能调鼎，进雉羹于尧，尧封于彭城。其道可祖，故谓之彭祖。历夏经殷，至周，年八百岁矣。"乃今：而今。以久特闻：因长寿而特别闻名。匹之：与他相比。匹，比；之，指彭祖。王叔岷《庄子校诠》："彭祖饮食，唯恐伤寿；寿至八百，犹悔不寿。其不知足如此。是其卒也，亦犹夭折矣。'众人匹之'，是以小羡大，以短羡长也。庄子以众人之比拟彭祖为可悲，是庄子非求长寿者矣。"王说虽明白，然以为"庄子非求长寿者"，则颇无所谓。唯郭象《注》更得庄子本意："夫年知不相及，若此之悬也。比于众人之所悲，亦可悲矣。而众人未尝悲此者，以其性各有极也。苟知其极，则毫分不可相跂，天下又何所悲乎哉！夫物未尝以大欲小，而必以小羡大。故举小大之殊，各有定分，非羡欲所及，则羡欲之累可以绝矣。夫悲生于累，累绝则悲去，悲去而性命不安者，未之有也。"

汤之问棘也是已：穷发之北，有冥海者，天池也。有鱼焉，其广数千里，未有知其修者，其名为鲲①。有鸟焉，其名为鹏，背若太山，翼若垂天之云，抟扶摇羊角而上者九万里，绝云气，负青天，然后图南，且适南冥也②。斥鴳笑之曰③："彼且奚适也？我腾跃而上，不过数仞而下，翱翔蓬蒿之间，此亦飞之至也，而彼且奚适也？"此小大之辩也④。

【译文】

商汤曾有问于大夫棘，棘的答复是："在草木不生的穷发之地以北，有被称为冥海的地方，是一个天然的大池。那里有一种鱼，体宽有数千里，体长则无人知晓。这种鱼名字叫鲲。还有一种鸟，名字叫鹏。鹏的脊背巨若泰山，翅膀就像垂天之云。它趁着飓风扶摇而上，就能达到九万里的高度，凌绝云气，背负青天，这样便可以考虑向南迁徙，最后到达南冥。斥鴳讥笑说：'它这是要飞到哪里去呢？我腾跃而上，不过几丈高便落了下来，翱翔在蓬蒿之间，这也算是飞翔的极致了。而它是要飞到哪里去呢？'"这就是小与大的区别。

【注释】

①汤：即殷王成汤，为商朝第一个王。棘：即夏革。商时大夫，汤以他为师。是已：就是这样的。郭象《注》："汤之问棘，亦云物各有极，任之则条畅。故庄子以所问为是也。"穷发：不毛。此处喻寸草不生、极其荒芜僻远之地。修：长。自本句"汤之问棘"始，庄子渐次在全书中勾勒了形形色色各类人物之间"问道"、"求道"的复杂关系网络，并借此塑造了包括孔子在内的多位"发展中人"之"得道"、"得一"的生动形象，也展现了各色人等的不同道德境界。细读《庄子》便会发现，庄子思想的总脉络隐含在这个庞大、复杂、隐晦而又缜密的人物关系网络和道德境界谱系当中。只有弄清这种人物关系，才能真正理解庄子思想的本旨和全貌。其中至关重要的一点，便是可以由此而不会断然否定庄子本属孔门后人中最能汇通孔、老之学的集大成者，而非历来所认定的道家甚至玄学的代表人物。

②太山：即泰山。王孝鱼点校《庄子集释》："太山，赵谏议本作大山，世德堂本作泰山。"

③斥鴳（yàn）：一种小鸟。斥，小池泽。有本作"尺"。陆德明《经典释文》："斥，如字，司马云：'小泽也。'本亦作尺，崔本同。"王念孙《疏证》："鴳在斥中，故曰斥鴳。作尺者假借字。"

④仞：八尺，一说七尺。至：极致。辩：通"辨"，区别。奚侗《庄子补注》："辩通作辨，本书多假辩为辨。"庄子此句结以"此小大之辩也"，并无择取倾向，只在客观呈现斥鴳的心态、见识，即后文所谓"自视"。郭象《注》："各以得性为至，自尽为极也。向言二虫殊翼，故所至不同。或翱翔天池，或毕志榆枋，直各称体而足，不知所以然也。今言小大之辩，各有自然之素，既非跂慕之所及，亦各安其天性，不悲所以异，故再出之。"取大舍小，是囿于己见的世俗态度，非庄子本意。庄子之意，只在言"知识视野"，进而一步步推演出"无待"之"逍遥"，并无以斥鴳之见为非的价值取向。

故夫知效一官，行比一乡，德合一君，而征一国者，其自视也，亦若此矣①。而宋荣子犹然笑之。且举世而誉之而不加劝，举世而非之而不加沮，定乎内外之分，辩乎荣辱之竟，斯已矣②。彼其于世，未数数然也。虽然，犹有未树也③。夫列子御风而行，泠然善也，旬有五日而后反。彼于致福者，未数数然也。此虽免乎行，犹有所待者也④。若夫乘天地之正，而御六气之辩，以游无穷者，彼且恶乎待哉⑤！

故曰：至人无己，神人无功，圣人无名⑥。

【译文】

所以，那些知识堪任一官、品行能比一乡、德性可合一君、能力足胜一国的人，他们看待自己的方式，也是这样。但宋荣子对此却大不以为然。在他看来，即使受到举世赞誉，也不会因此而再接再厉；即使受到举世非议，也不会因此而自暴自弃。将自心安住于内外之别，明辨荣辱的根本所在，能如此就足够了。所以，宋荣子在世事方面就没有汲汲以求。虽然如此，宋荣子仍有不足之处。列子御风而行，翩然飞举，极尽轻妙，一去十五日才返回。他能得此飞举之福，并非汲汲以求所致。不过，他虽然免去步行之劳，却仍免不了要有待于风。若能遵循天地之道，因应六气之变，遨游无穷之境，如此，还有待于何物！

所以说："至人无己，神人无功，圣人无名。"

【注释】

①知：仍指知识、闻见。效：胜任。行：品行。比：适合，投合。乡：古代行政建制。《管子·乘马》："方六里命之曰暴，五暴命之曰部，五部命之曰聚。聚者有市，无市则民乏。五聚命之曰某乡。四乡命之曰方，官制也。"成玄英《疏》："国是五等之邦，乡是万二千五百家也。"而：古通"能"，能力。王念孙《淮南子人间篇杂志》："而与能同，能、而古声相近，故能或作而。"郭庆藩《庄子集释》："而字当读为能，能、而古声近而通用也。官、乡、君、国相对，知、仁、德、能亦相对，则而字非转语词明矣。"征：征信，取信。自视：自己看自己，即反身性观察之所见。郭象《注》："亦犹鸟之自得于一方也。"

②宋荣子：宋国的贤者。荣，姓；子，对男子的尊称。一说

姓宋名荣,即《天下》篇的宋钘。犹然:犹若。笑之:觉得可笑。之,指前述之知、行、德、能。劝:勉力,努力。沮:沮丧。定:内心笃定。内外之分:内心与外物的区别。辩:辨别,区分。竟:究竟,根本。郭庆藩《庄子集释》从世德堂本作"境"。斯已:如此而已,就是这样。指宋荣子境界虽高出于前述四种,但也仅此而已。郭象《注》:"未能齐,故有笑。"

③彼:指宋荣子。于世:在世事方面。指宋荣子对待功名的态度。数（shuò）数然:汲汲而求的样子。数,通"速"。陆德明《经典释文》:"数数,司马云:'犹汲汲也。'崔云:'迫促意也。'"犹有未树:还是有不足之处。树,确立,长成。指道德修养的成熟境界。此句是庄子评宋荣子。郭象《注》:"足于身,故闲于世也;唯能自是耳,未能无所不可也。"

④列子:姓列名御寇(约公元前450年—前375年),战国前期郑国人,先于庄子,其著作亦多为《庄子》所称引。御风:乘风。泠（líng）然:轻快貌。反:通"返"。彼:指列子。于致福者:在求快意方面。福,福气,快适之事。免乎行:免于行走的辛劳。有所待:指依赖于风。"有待"是《庄子》中极为重要也是最先出现而最被忽略的一个哲学概念,它其实也正是庄子哲学不可缺少的一个逻辑起点。《逍遥游》一篇从头至尾,都在将"有待"作为一个阻碍"逍遥"的条件加以论述。从鹏待大风、鲲待大水到列子待风,凡貌似自由、完美者,均仍不免于"有待"。这都表明非能真正达于道之化境,即陆西星于《南华真经副墨》中所言"荣子未得为大,列子大而不大也"。郭象《注》:"非风则不得行,斯必有待也。唯无所不乘者,无待耳。"

⑤若夫:如果。乘天地之正:依循自然之本。天地,借指万

物；正，义同本、真，为构成事物的根本性元素，与"辩"对举，故"正"为不变者。辩，变。郭象《注》："天地者，万物之总名也。天地以万物为体，而万物必以自然为正。自然者，不为而自然者也。"释德清《庄子内篇注》："正，天地之本也，如'各正性命'之'正'。"刘武《庄子集解内篇补正》："正者，未变者也。顺之而游，故曰乘。及变而为六气，则因势而动，随感而应，如御马之有控、馨、纵、送然，故曰御。此两句在本篇最为精要。"彼：指所有能乘正御辩而游于无穷者。恶乎待哉：还有待于什么呢。庄子此处"有待"和"无待"两个术语，实为支撑《庄子》思想宗旨的重要概念。御六气之辩：驾驭万物之变。六气，按陆德明《经典释文》引司马彪的解释，即指阴、阳、风、雨、晦、明。但刘武以为司马彪所据《左传·昭公元年》秦医之说并不妥当，此六气当本更早的《易》的解释："是此所谓'六气'者，即寒、暑、燥、湿、风、火也。……在《易》则于三阴三阳升降变化之际，分之为六位，演之以六爻。六爻之在《乾》阳卦内者，就其高下之位，象之以六龙。故《易》曰：'六位时成，时乘六龙以御天。'疏言：'《乾》之为德，以依时乘驾六爻之阳气，以拱御天体。六龙，即六位之龙也。所以居上下言之，谓之六位也。阳气升降，谓之六龙也。'疏语最为明晰。下'御飞龙'，即《乾卦》六龙内第五位之龙，实即升居五位之阳气也。故此两句之义，本之于《易》。又本之于老子之言。……夫《庄子》此书，所以明道也。其所谓道，非仁义之谓，乃阴阳之谓也。上已举《素问》'阴阳者，天地之道'之语矣。《易·系辞》曰：'一阴一阳之谓道。'《管子·正篇》曰：'阴阳同度曰道。'本书《则阳》篇曰：'阴阳者，气之大者也，道者为之公。'言道为阴阳之公名也。由此知庄子所修之道，即修阴阳及其所化之六气，以合和凝神之道也。曰乘曰御，即喻修之之工夫也。(《庄子集解内篇补正》)"因此，庄子此处所言"御六气之辩"，就是因阴阳交通变化之道，乘六气和合之机，极天地之正，成自然而然之物。至于此"自然之物"究竟为何物，就取决于这些外部条件的变化，无有定数，此即"六气之辩"。值得一提的是，此论也与释家所谓"万有缘起"("万有"即万物)论相合。

⑥"至人"句，句谓至人不计生死，神人不求事功，圣人不邀名誉。句意全依于《老子》书及孔子的理论和实践。至人无己：至人无我，以至于不计生死。《老子》："何谓贵大患若身？吾所以有大患，为吾有身。及吾无身，吾有何患（十三章）？""盖闻善摄生者，陆行不遇兕虎，入军不被甲兵。兕无所投其角，虎无所措其爪，兵无所容其刃。夫何故？以其无死地（五十章）。""是以圣人后其身而身先，外其身而身存。非以其无私邪？故能成其私（七章）。"神人无功：神人不求事功，以至于成事于自然而无所待。"功成而弗居。夫唯弗居，是以不去（二章）。""功成事遂，百姓皆谓我自然（十七章）。"圣人无名：圣人不求名望，以至于无贤名流播于当世。《老子》："是以圣人为而不恃，功成不处，斯不见贤（七十七章）。"《论语．学而第一》："人不知而不愠，不亦君子乎？"此三句，为全篇总纲，承前启后，亦是全书论道的关节。《孟子·尽心下》："（孟子）曰：'可欲之谓善，有诸己之谓信，充实之谓美，充实而有光辉之谓大，大而化之之谓圣，圣而不可知之之谓神。'"正如宣颖《南华经解》所言："此三句一篇之主也。"庄子此处所举之至人、神人、圣人，即《大宗师》篇所言之真人，其境界无不照应老子所建立的最高道德标准。只是庄子

进一步将真人做了划分,至人、神人乃出世间(游方之外)者,而圣人乃在世间(游方之内)者。凡无己、无功、无名者,自然无待;凡无待,即为真人。譬如孔子,虽非神人、至人,但其乃是圣人,故必为真人。《庄子》全书即在这一基本框架中处理形形色色各类人等及其所扮演的角色,其思想旨归以及话语风格也依从这个框架加以设定。

二

尧让天下于许由,曰:"日月出矣,而爝火不息,其于光也,不亦难乎①!时雨降矣,而犹浸灌,其于泽也,不亦劳乎②!夫子立而天下治,而我犹尸之,吾自视缺然。请致天下③。"

【译文】

尧要把天下让给许由,说:"日月已出,还不把烛火熄灭,仍要靠它来照明,不是难为它吗?时雨已降,还不停地浇灌,仍要靠它来润泽田地,不是徒劳吗?如果由你来代替我,天下便可大治,那么,我依然尸居天子之位,不免自觉缺憾。请允许我把天下让给你吧。"

【注释】

①尧:帝喾之子,号陶唐氏,上古五帝之一。许由:传为上古隐士,尧以为贤者。《天地》篇:"尧之师曰许由。"爝(jué)火:用以照明的火炬。陆德明《经典释文》:"本亦作燋。向云:'人所然火也。'《字林》云:'爝,炬火也。'"光:发光,光亮。

指借以照明的亮光。

②浸灌：浇灌。泽：润泽，滋润。劳：徒劳，指灌水过多而白费力气。此句前言不及，后言过之，过犹不及，均非其宜。

③夫子：指许由。立：指居天子位。此为假设句。尸之：固守其位。尸，主事，履职。《尔雅·释诂》："尸，职，主也。"自视缺然：自己感觉不够资格。致：奉送，让与。

许由曰："子治天下，天下既已治也，而我犹代子，吾将为名乎？名者，实之宾也，吾将为宾乎①？鹪鹩巢于深林，不过一枝；偃鼠饮河，不过满腹②。归休乎君，予无所用天下为！庖人虽不治庖，尸祝不越樽俎而代之矣③。"

【译文】

许由回答说："你治理天下，天下已然大治。如果由我来替代你，那我是图名吗？名，不过是实的附庸而已。我要为了成为附庸而去替代你吗？鹪鹩在森林里做巢，利用的也不过一棵树枝；鼹鼠在河里饮水，也不过饱腹而已。君主，你还是打消念头回去吧。天下对我没有什么用处。即使厨师不再打理厨事，专司祭祀的人也不会越俎代庖。"

【注释】

①子：你。宾：从属、派生的东西。第一个"治"义为"治理"；第二个"治"义为"管理得很好"。许由言尧之治天下而使天下"治"，此"治"也有"拘系于条理"之意，因此，注家或以为许由并非完全赞同其治理之道，否则尧既不必让天下于许

由，许由亦不必以治天下为累。这样解释亦通，且于全篇主旨及庄子所确立的尧与许由的关系定位（即尧不同于许由，且欲以许由为师）吻合。但在这一对话中，要点在"许由不逐功名"，所以，许由以"治"褒扬尧之"治"，乃出自正面评价。另，与舜相比，尧确实更有"无为"之心。对此郭象的解释不仅在理，而且直将两千年来庄学不入庙堂政途的症结一言说尽。其《注》云："夫能令天下治，不治天下者也。故尧以不治治之，非治之而治者也。今许由方明既治，则无所代之。而治实由尧，故有子治之言。宜忘言以寻其所况。而或者遂云：治之而治者，尧也；不治而尧得以治者，许由也。斯失之远矣。夫治之由乎不治，为之出乎无为也。取于尧而足，岂借之许由哉！若谓拱默乎山林之中而后得称无为者，此老庄之谈所以见弃于当涂，[当涂]者自必于有为之域而不反者，斯之由也。"

②鹪鹩（jiāo liáo）：一种小型鸣禽，巢于山地阴暗密林之中。偃鼠：即鼹鼠。

③归休乎君：你还是回去休息吧。君，对帝尧的敬称。刘文典《庄子补正》："典案：'归休乎君'，《吕氏春秋·求人》篇作'归已，君乎'，与《释文》一读同。"予：我。为：语尾叹词。庖（páo）人：厨子。治庖：掌管厨事。尸祝：古代执掌祭祀中代替鬼神说话一职的人，类于后世的通灵角色。陆德明《经典释文》："传鬼神辞曰祝。"樽：酒器。俎：肉器。本节描述尧、许由两人，一个有意"致天下"，一个无心"受天下"，均有"游方之外"的倾向，表明他们都崇尚无功、无名的道德修为。其中许由的这种境界更为突出，而尧则直到见了藐姑射山的"四子"之后，才更加强烈地感受到有功于世给他带来的怅然若失之感。郭

象《注》:"庖人尸祝,各安其所司;鸟兽万物,各足于所受;帝尧许由,各静其所遇,此乃天下之至实也。各得其实,又何所为乎哉?自得而已矣!故尧许之行虽异,其与逍遥一也。"

肩吾问于连叔曰^①:"吾闻言于接舆,大而无当,往而不反^②。吾惊怖其言,犹河汉而无极也,大有径庭,不近人情焉^③。"

【译文】

肩吾问连叔:"我听接舆说话,感觉大而无当,泛漫无际,不归本旨。他的话让我感觉惊骇,深远无极如同河汉,恣肆参差而不近人之常情。"

【注释】

①肩吾:为庄子虚构的人物,先是孜孜问道于连叔、接舆、日中始和孙叔敖,后得道而为泰山之神(参见《大宗师》、《应帝王》和《田子方》各篇)。陆德明《经典释文》:"肩吾,李云:'贤人也。'司马云:'神名。'"连叔:亦庄子虚构的人物。成玄英《疏》:"肩吾、连叔:并古之怀道人也。"案后世注家对肩吾身份的解释,各有不同,乃因各家所本《庄子》中肩吾在各篇出现时的角色不同所致。庄子实际上在全书中展现的是道德境界处于不同修为阶段的肩吾,如孔子在《庄子》全书中的情况亦然。而这一点实为理解《庄子》全书人物关系的关键(亦参见前文及《大宗师》篇相关注释评论)。

②接舆:楚国的狂士,隐居不仕。陆德明《经典释文》:"接

舆,楚人也,姓陆名通。皇甫谧云:接舆躬耕,楚王遣使以黄金百镒、车二驷聘之,不应。"《韩非子·解老第二十》:"道与尧、舜俱智,与接舆俱狂,与桀、纣俱灭,与汤、武俱昌。"扬雄《法言》:"昔者箕子之漆其身也,狂接舆之被其发也,欲去而恐罹害者也。"以接舆为《庄子》中的一个重要角色,在《人间世》和《应帝王》篇中也有出现,尤其在《人间世》篇还对孔子有所讽谏(该篇接舆所歌者,也出现在《论语·微子第十八》),因此为儒家后学所诟病。但实际上,孔子内心,于"狂"实颇赞与之。如《论语·子路第十三》:"子曰:'不得中行而与之,必也狂狷乎。狂者进取,狷者有所不为也。'"孟子对此所做的解释是:"孔子岂不欲中道哉?不可必得,故思其次也。……狂者又不可得,欲得不屑不絜之士而与之,是狷也,是又其次也(《孟子·尽心下》)。"所以,但凡以为庄子在《人间世》以接舆讽谏孔子即为贬低孔子,此意见偏狭之至。大而无当:言辞虚夸而不合情理。当,合。往而不反:只有去而没有回。指言语所述不能举一反三,没有实用价值。

③犹河汉而无极:像天上的银河一样泛漫而无际涯。成玄英《疏》:"所闻接舆之言,(怖)〔恢〕弘而无的当,一往而陈梗概,曾无反覆可寻。吾窃闻之,惊疑怖恐,犹如上天河汉,迢递清高,寻其源流,略无穷极也。"刘武以为"成说非",而正之曰:"'河、汉'句,系往而不返之譬况语,谓其言往而不返,无所归宿,犹如河、汉之水,滔滔长流,无所止极,非谓上天河汉之清高也。"刘说虽亦有见,但河(黄河)、汉(汉水)毕竟有源头、有终点,与本处文义仍有龃龉。大有径庭:指与人情物理差距很大。宣颖《南华经解》:"径:门外路;庭:堂外地。大有,谓相远之甚。"

径、庭原本不远，但此谓"大有"，则意谓差别、差距甚大，且有将本属连带之事物（即语言及其所指）相互割裂之意。

连叔曰："其言谓何哉？""曰：'藐姑射之山，有神人居焉。肌肤若冰雪，绰约若处子①；不食五谷，吸风饮露；乘云气，御飞龙，而游乎四海之外；其神凝，使物不疵疠而年谷熟。'吾以是狂而不信也②。"

【译文】

连叔问："他究竟说了什么？"肩吾回答说："他说：'在极遥远的地方有一座名字叫藐姑射的山，住着一位神人。此人肌肤若冰雪，绰约如处子；不食五谷，吸风饮露；乘云气，御飞龙，遨游于四海之外；他神情专注，使万物得以滋养，年丰岁熟。'我觉得这些话狂诞而不可信。"

【注释】

①藐姑射（yè）：山名，暗寓深远神妙之义，亦传为神山。藐，与"邈"通，极远的样子。刘武《庄子集解内篇补正》："简文仅取姑射为山名，非也。……藐姑射者，谓深远之旨，姑以下文所言影射之也。深远之旨何？下'其神凝'之神也。'神凝'二字，为本篇主旨，且为全书主旨，以其为神人之德，修道之果也。"郭象《注》："此皆寄言耳。夫神人即今所谓圣人也。"郭象言此处多为寄言，为当；言神人即圣人，为不确。盖庄子之至人、神人与圣人，虽皆为"真人"，但境界仍略有差等。圣人乃真人中最下、世人中最上者，不宜等而观之。绰（chuò）约：柔美轻

妙的样子。处子：指少年。

②飞龙：即《易》之《乾》卦中跃升至第五位（即"九五"之位）"飞龙在天"之"飞龙"。全句参见前文"御六气之辩"的注解。刘武《庄子集解内篇补正》："乘云气，承上'乘天地之正'说；御飞龙，承'御六气之辩'说。……总之，喻神人摄调阴阳于外也。惟《易·乾卦》言阳气在六位中之变化，故设六龙以喻之。此不言六龙，而言飞龙者，以飞龙应五爻而当五位。其上上九，则阳过亢；其下九四，则阳未盛。准之《慎子》之说，过亢者，阳极阳位也；未盛者，甫出阴位，方至阳位也。后之修炼家，以言火候之老嫩，皆在所不取也。惟九五之飞龙，纯阳正盛，无过不及，非老非嫩，控御此气，所以为神人也。"尽管刘武此处插入后来道家修炼法术而可能引致对庄子思想之正的误解，但其对"飞龙"的解释，仍颇为可取。神凝：精神极为专注。《达生》篇："孔子顾谓弟子曰：'用志不分，乃凝于神，其痀偻丈人之谓乎！'"使物不疵疠（cī lì）：使万物不遭受病害。疵疠，疾病。陆德明《经典释文》："疵，病也。疠，恶病也。本或作厉。"狂：即诳字，诳语。刘武还以为，自"藐姑射"至"使物不疵疠"，寓意精深，是本篇主文，且为庄子道要，因此，他对全句进行了贯通性解释，颇可详细参看。

连叔曰："然，瞽者无以与乎文章之观，聋者无以与乎钟鼓之声①。岂唯形骸有聋盲哉？夫知亦有之。是其言也，犹时女也②。之人也，之德也，将旁礴万物以为一③。世蕲乎乱，孰弊弊焉以天下为事④！之人也，物莫之伤，大浸稽天而不溺，大旱金石流、土山焦而不热⑤。是其尘垢秕糠，将犹陶铸尧舜者也,孰肯以物为事⑥!"

【译文】

连叔说:"你是不会相信的。不要呈花纹之美给盲人看,不要奏钟鼓之声让聋子听。其实,岂止人的形骸有聋盲啊!人的知识也一样。这句话说的,就是当下你的情况。而那种神人,他的德性足以广被万物而又汇通一体;这种神人,物不能伤他,滔天大水不能淹溺他,能使金石熔化、土山焦枯的大旱也烧灼不了他。既然现在的俗世之人等于是自讨其乱,那么,这种神人就不会把天下当回事儿而去苦心经营,反而会把经营天下之事看作是附着于身的尘垢秕糠。这种营营于天下的事情,只能成就尧舜的功业。神人才不会为之操劳呢!"

【注释】

①瞽者:盲人。无以与:不可给予。文章之观:有漂亮花纹的东西。

②知:知识。是:指示代词,与"其"同指接舆所说的话。王叔岷《庄子校诠》:"'是其',复语,其亦是也。"犹:仿佛,如同。时女:此时的你。时,当下,此时;女,同"汝",指肩吾。成玄英《疏》或据司马彪释"时女"为"处女"而进一步明确"时女"为"少年处室之女",失之。焦竑《笔乘》:"郭注(案实为成疏)谓如处女之为人所求,甚谬。"王叔岷《庄子校诠》引王引之对司马彪注的解释,可知司马彪原意非如成玄英所释:"《广雅·释诂》:'跱,止也。'《玉》篇引《尔雅》'室中为之跱。'今本作时,时与跱声近而义同。《大雅·绵》篇'曰止曰

时。'时亦止也,古人自有复语耳。……栖止谓之时,居止谓之时,其义一也。《庄子·逍遥游》篇:'犹时女也。'司马彪《注》云'时女,犹处女也。'处亦止也。"

③之人:这种人,指神人。之德:这种道德,指神人的道德。旁礴:混同,无分别状。万物以为一:视万物没有差别。

④世蕲(qí)乎乱:俗世人间就像是期盼世道混乱一样。世,俗世之人,与至人、神人、圣人(即《大宗师》篇之真人)相对。又尧、舜、仲尼,皆俗世所尊之圣人,他们下接世俗之人,上近神人、至人,故《庄子》一书,总置尧、舜、仲尼于一种不甚确定的真人地位,此点在读《庄子》全书时应特别留意;蕲乎,像是一种祈求、期望,此处近于一种虚拟语气。《庄子》中常有借助"乎"表示一种非真非假的状态。乱,混乱,指政道、国情失序,与"治"相对。此句是假定语,意谓迨至尧舜,后世君王往往以"有为"而求天下治,但这种追求,其结果恰恰事与愿违,导致了天下大乱。这等于说,天下大乱是后世君王、俗世之人主动追求所致。天下既乱,则圣人必隐。下一句便体现了这一因果关系。以往注家多有训"乱"为"治"者,失之。刘武《庄子集解内篇补正》:"'乱'字训治,虽出《尔雅》、《说文》,然于此文不合。《左》宣十二年《传》:'人反物为乱。'又宣十五年《传》:'民反得为乱。'其义适与'之德也,磅礴万物以为一'相反。盖此处以神人、世人对举,一正一反也。神人以无为之德,和万物为一,故曰'孰弊弊焉以天下为事';世人以有为为治,即弊弊以天下为事。如是,则不能磅礴万物为一;不一,则乱矣,故曰'世蕲乎乱'也。此义原于《老子》'为者败之'一语。"弊弊:苦心经营的样子。以天下为事:把经营天下当做最重要的事项。

⑤物：外物，事物。莫之伤：不能伤害神人。郭象《注》："夫安于所伤，则伤不能伤；伤不能伤，而物亦不伤之也。"大浸：大水。稽：至。不溺：不会溺亡。金石流：金、石熔化。郭象《注》："无往而不安，则所在皆适。死生无变于己，况溺热之间哉！故至人之不婴乎祸难，非避之也，推理直前而自然与吉会。"

⑥是其：同前注，亦复语，共同指上文之"以天下为事"及下文之"以物为事"。尘垢粃（bǐ）糠：皆细末离本之物，当其附着于身，则宜抖落之，亦所谓"新沐者必弹冠，新浴者必振衣"之谓。凡有道之神人，必不以此类尘垢粃糠为事。陶铸：锤炼，成就。句谓神人视"天下"、"物"均为尘垢粃糠，不以为事；尧舜虽以能治天下而有功名，但陶铸其功名的"天下"、"外物"也反倒可能成为尧舜的拘系所在。至此庄子已经开启非议尧、舜的思想源头。在以后各篇，虽尧、舜亦可谓成就了圣人事业，但仍未能算得晋身真人境界。也正因为如此，尧、舜均有常常自我反省、若有所失的时候。宣颖《南华经解》："尧舜，治功之盛者，借以抑扬，乃行文之势耳。或欲为二帝争气，则庄子当哑然一笑。"《淮南子·俶真训》："古之真人，立于天地之本，中至优游，抱德炀和，而万物杂累焉，孰肯解构人间之事，以物烦其性命乎？"

宋人资章甫而适诸越，越人断发文身，无所用之①。尧治天下之民，平海内之政。往见四子藐姑射之山，汾水之阳，窅然丧其天下焉②。

【译文】

宋国人到越国去贩卖殷代一种名为章甫的帽子，而越人的风俗是断发文身，帽子无所为用。尧帝本已把天下管理得民治政平，可一见到住在汾水北面藐姑射山上的四位得道之人，便怅然若失而无意于再经营其天下。

【注释】

①宋人：指宋国人，为殷商的后代。当时宋国被视为殷礼保留较好的国家，为孔子所推崇。《礼记·中庸第三十一》："子曰：'吾说夏礼，杞不足徵也。吾学殷礼，有宋存焉。吾学周礼，今用之，吾从周。'"孔子亦曾自述："丘少居鲁，衣缝掖之衣；长居宋，冠章甫之冠（《礼记·儒行第四十一》）。"资：贩卖，资给。章甫：殷商时期的礼冠。《仪礼·士冠礼第一》："章甫，殷道也。"宋为殷后，故尚殷冠。适：去，到。诸：于。越：越国。断发：剪断头发。文身：在身上刺上花纹。为古代一些民族的习俗，今日尚存。本句与下文一句，均为庄子评语，非连叔讲与肩吾的话。案庄子亦宋人，《庄子》中亦多有及于商汤之论。在本篇中，汤与棘也是《庄子》全书最先出场的一对人物。以《庄子》全书设计之严谨、神秘、巧妙，此恐非偶然，表明庄子所要讨论的话题，不外乎天道、圣道、人道这个框架，尤其关注"道"在三者间所扮演的贯通角色。所以此句庄子以宋人起譬，其中或有以宋人自居、以接舆自况的心理。此似是理解整句话内在深意的背景依据。由此观之，此句所喻，除了总结尧与许由、肩吾与接舆各有所取之外，也可能暗示庄子所主张的"道"，会像接舆说与肩吾的话那样遭遇"明珠暗投"的结局，即《老子》"吾言甚易知，

甚易行。天下莫能知，莫能行"之谓。此喻在接下来庄子与惠子的对话中也意有联属，其中惠子再次扮演了类似肩吾的求问角色，而庄子的角色则近于答问的连叔。观庄、惠两人一生的观点纠葛，都以惠子"天选子之形，子以坚白鸣"的结果而告终。这或许也是庄子在《齐物论》篇中说"万世之后而一遇大圣，知其解者，是旦暮遇之也"的一种必然心态吧。此句言宋人以礼冠资越人，既遭无所取用之遇，如同接舆之言为肩吾无所取用一样，紧承前"无以与乎"之义而进一步譬喻之，又总括肩吾问于连叔一段。

②"尧治"句：全句谓尧作为天子经营天下，民治政平，功名卓著，已是圣王气象。但在汾水北面的藐姑射山上见到四子之后，尧却产生了若有所失的怅然之感，不再觉得经营天下是最重要的事情了。四子：四个人。陆德明《经典释文》："四子，司马、李云：'王倪、啮缺、被衣、许由。'"《天地》篇："尧之师曰许由，许由之师曰啮缺，啮缺之师曰王倪，王倪之师曰被衣。"他们都是虚构的得道真人，而其境界又多在圣人之上。汾水之阳：汾水的北面。汾水，本出太原，但此处为庄子寓言，非必其实；阳，北面。窅（yǎo）然：怅然。丧：遗忘，失去，排遣。郭象《注》："夫尧之无用天下为，亦犹越人之无用章甫耳。"此句是对"尧让天下于许由"一节的引申，谓尧见四子而轻天下，对"弊弊焉以天下为事"生有"尘垢粃糠"之慨。在此，庄子将尧塑造为"上士闻道，勤而能行"（《老子》）的圣王，暗示尧之道德境界，比之四子，虽不能及亦不远矣，从而埋下了为其他各色人等定位、排序的伏笔。本句与"宋人"句，为庄子讲完两则寓言之后分别对其做结，给出自己的评论，并再导引下文两节寓言。庄子行文跌宕、摇曳之美，也于此可见。

三

惠子谓庄子曰:"魏王贻我大瓠之种,我树之成而实五石①。以盛水浆,其坚不能自举也;剖之以为瓢,则瓠落无所容,非不呺然大也。吾为其无用而掊之②。"庄子曰:"夫子固拙于用大矣。宋人有善为不龟手之药者,世世以洴澼絖为事③。客闻之,请买其方百金。聚族而谋曰:'我世世为洴澼絖,不过数金。今一朝而鬻技百金,请与之④。'客得之,以说吴王。越有难,吴王使之将⑤。冬,与越人水战,大败越人,裂地而封之⑥。能不龟手一也,或以封,或不免于洴澼絖,则所用之异也⑦。今子有五石之瓠,何不虑以为大樽而浮乎江湖,而忧其瓠落无所容?则夫子犹有蓬之心也夫⑧!"

【译文】

惠子对庄子说:"魏王曾赠我一种大葫芦的种子。我把它栽种并培植长大,所结的葫芦竟然大到能装下五石的东西。用它盛水浆,它不够坚固,无法提举;把它剖开做成瓢,就连放置它的地方都没有,它实在是太大了。因为无用,我就把它打碎了。"庄子说:"看来夫子根本不善于'用大'。宋国有人善于制作一种防止手足皲裂的药,世世代代都以漂洗丝絮为业。有一过路人听说了,愿出百金求购药方。那位宋国人便召集族人商量,说:'我们世世代代都以漂洗丝絮为业,所得不过数金。现在一旦卖出药方,便可得百金。就卖了吧。'过路人买得药方,便借此去游说吴王。当越国犯境之际,吴王便命此人为将。时值冬季,与越人展开水战,大败越人，吴王则以土地作为封赏。作为一个药方，其防止手足皲裂的功能在哪儿都是一样的。但有人借它得以分封土地，有人靠它漂洗丝絮，这就是'所用'的差异了。现在，你有可容五石的大葫芦，你为什么不考虑把它当做足够大的腰舟，靠它遨游江海呢，反倒忧虑它占地方太大而无处放置呢？看来夫子你还是一棵茅塞之心啊！"

【注释】

①惠子：姓惠名施，宋人，曾为梁惠王相，先秦名家四子之一，为庄子好友，与公孙龙同时而略早，俱好辩，以"坚白说"闻名。惠子死后，庄子很痛惜，自谓"自夫子之死也，吾无以为质矣，吾无与言之矣"。魏王：即魏惠王，姬姓魏氏，名罃，魏国安邑（今山西省夏县）人，前369—前319年在位，因魏都迁大梁，故又称梁惠王。贻（yí）：赠送。瓠（hù）：葫芦，匏（páo）类。树：栽植，培植。成：长成，成熟。实：容纳，盛装。石（dàn）：重量单位，十斗为一石。成玄英《疏》："惠子所以起此大匏之譬，以讥庄子之书，虽复词旨恢弘，而不切机务，故致此词而更相激发者也。"

②坚：硬度。举：承受。瓠落：指葫芦所占的空间。落，空间，占地，犹"聚落""部落"之"落"。无所容：没有什么能容纳得下。非不：不是不，实在是。一种夸张的强调方式。呺（xiāo）然：廓然巨大的样子。掊（pǒu）之：将它打碎。

③固：必是，实在。拙于用大：不擅长利用大物。此中之"大"，庄子寓有深意，暗指"达道"。善为：善于制作。龟（jūn）：同"皲"，手足皮肤因寒冷干燥而破裂。洴澼絖（píng pì kuàng）：漂洗丝絮。洴澼，漂洗；絖，通"纩"，棉絮。

④方：配方，药方。金：货币单位。秦代以黄金二十两为一金，汉代以黄金一斤为一金，因时而异，后亦谓银一两为一金。聚族：召集族人。鬻（yù）技：出卖技术。鬻，出售。与之：卖给他。郭象《注》："其药能令手不拘坼，故常漂絮于水中也。"

⑤说（shuì）：游说，说服。吴：周代诸侯国。越：周代诸侯国，春秋末年灭吴。有难：发难，犯难，进犯。使之将（jiàng）：命他为将。之，指进献洴澼洸的人。

⑥裂地而封之：分出一块地方封赐给他。裂地，分出一块地。

⑦能：即"能用"，指药物具备的功能，与后文"所用"是一对概念。一：相同，一样。所用：所发挥的作用。

⑧虑：考虑。樽：本指盛酒的大型器具。《吕氏春秋·壅塞》："戎主醉而卧於樽下。"可见樽器之大。这里庄子反其意而用之，建议惠子将大葫芦用作腰舟而遨游江湖。有蓬之心：如有蓬草蔽塞的心。犹说"茅塞"。郭象《注》："蓬[生]非直达者也。此章言物各有宜，苟得其宜，安往而不逍遥也。"

惠子谓庄子曰："吾有大树，人谓之樗。其大本臃肿而不中绳墨，其小枝卷曲而不中规矩①。立之涂，匠者不顾。今子之言，大而无用，众所同去也②。"庄子曰："子独不见狸狌乎？卑身而伏，以候敖者；东西跳梁，不避高下；中于机辟，死于罔罟③。今夫斄牛，其大若垂天之云。此能为大矣，而不能执鼠④。今子有大树，患其无用，何不树之于无何有之乡，广莫之野，彷徨乎无为其侧，逍遥乎寝卧其下⑤。不夭斤斧，物无害者，无所可用，安所困苦哉⑥！"

【译文】

惠子对庄子说:"我有大树,人称它为樗。它主干臃肿而不中绳墨,小枝卷曲而不中规矩,长在路旁,过路的匠人都不屑一顾。如今你所说的话,大而无用,人们也同样会充耳不闻的。"庄子说:"你就没见过野猫和黄鼬吗?它们往往卑身而伏,专等那些出行的小动物。它们能够东西跳梁,不避高下,但却可能碰触捕杀机关,死于罗网。而那身形巨大如垂天之云的牦牛,算是能'为大'的了,但它却连老鼠都捉不到。现在,你有大树,忧虑它无用,那你为什么不把它栽植在'无何有'之地,广漠之野,以便你能够彷徨其侧,无所作为,逍遥其间,寝卧其下。这样,它就不会遭到斤斧砍伐,受到外物伤害。无所可用,也就不会有什么困苦了!"

【注释】

①樗(chū):臭椿树。一种材质较差的落叶乔木。大本:主干。不中(zhòng)绳墨:指弯曲不直。中,合。绳墨,与下句"规矩"都是木匠常用的工具。绳墨划直线,规划圆,矩划方。

②立:生长。涂:通"途"。匠者不顾:工匠连看都不看。众所同去:大家都不赞同。去,抛弃。

③独:偏偏。狸狌(lí shēng):野猫和黄鼠狼。它们都是体型小而狡黠的动物,习于夜间出来活动。卑身而伏:使身体匍匐在地。卑,低。敖(áo)者:指附近出没的鸡、鼠之类。敖,通"遨",游荡。东西跳梁:时东时西地跳跃而行。跳梁,犹跳跶。避:避开。中(zhòng)于机辟:触动捕杀禽兽的装置。机辟,机关。王先谦《庄子集解》:"辟,所以陷物。《盐铁论·刑法

篇》'辟陷设而当其蹊',与此同义。"罔罟（gǔ）：网罗。罔，同"网"；罟，网的统称。

④斄（lí）牛：即牦牛。斄字又作"犛"。为大：做大事。刘武《庄子集解内篇补正》补："犛牛能负重耕田，即其所为之大也。"执鼠：捉拿老鼠。

⑤无何有：虚无。广莫：辽阔。莫，通"漠"。彷徨乎：心不在焉的样子。无为：无所事事。逍遥乎：放任无拘的样子。

⑥夭：早亡，夭折。斤斧：大斧头。郭象《注》："夫小大之物，苟失其极，则利害之理均；用得其所，则物皆逍遥也。"刘武《庄子集解内篇补正》："此段庄子因惠子谓其言大而无用，乃引狸狌能捕鼠，可谓小而有用矣，然不得其死；犛牛执鼠不如狸狌，非犛牛徒大而无用也，乃不得其用也。《秋水篇》云：'骐骥骅骝，一日而驰千里，捕鼠不如狸狌，言殊技也。'犛牛亦然。今患犛牛不能执鼠，何不使之负重致远，以譬患大树无用，何不树之于无何有之乡，广莫之野，以成其无用之大用乎？此针对惠子'大而无用'之言以驳之也。"

齐物论①

【题解】

物本不齐，论岂可齐？欲齐以论，必先知言。孟子自谓"知言"，真知之乎？若果知言，其犹尚"好辩"乎？故知言者大，而知言亦难。又言以声传，而声与言，其齐乎？其等乎？齐与不齐，等与不等，恰可为起论之端，故庄子《齐物论》，从"嘘"声始，继之以地籁、人籁、天籁之辨，再继之以深究言之性质、表现。总庄子所论可知：物若可齐，只可齐于道，而不能齐于变；言若可齐，只可齐于无辩，而不可齐于有辩。以此为宗，庄子终而将其主张推及言行上的"因是因非"之德。所以，若言世间法，以物之不齐，言则自不可齐，故言行之策，自当是无辩而因是因非，此乃《齐物论》之宏旨要归。综观《齐物论》之文，真一篇文采理玄之作，洋洋大观，古今无二，独步天下。

历来注家对庄子《齐物论》篇之题名多有异议、误解者。刘勰曾率先提出"庄周齐物，以论为名"（《文心雕龙·论说》）一说，开启了人们对篇名语义的争论。论者或以为庄子要齐"物论"，消除异见；或以为庄子要论"物齐"，以作为其"齐同物论"观的逻辑基础。其实，这两种见解均非庄子本意。庄子并没有要将言辩问题锚定于这样一个僵化的、大一统的、很可能会为独裁行为背书的宗旨上。按庄子当时之背景，学术界盛行有关"物"

之本质的争论,但在庄子看来,这些争论既没有能够触及物性之根本,也无法建构适当的因应物变之言行伦理,只能引发各执一词的浮泛之辩。因此,庄子的真正贡献在于,他依据老子"无为无不为"的思想,将这一根本性的道德观应用于解析人之"言辩"问题的本质,参悟人的言辩之道,明察人的言辩之策,从而为构建一个言辩上的"和谐社会"提供了坚实的理论基础。所以,庄子《齐物论》的真正主张,是"止于其所当止"之言辩观,其中自有"齐而不齐"之意,而非欲执其一端。庄子以"齐物论"三字题篇名,不过是照顾了当时社会的言辩风气而已。这也符合《庄子》一书内在贯穿着的"不论不议"之思想宗旨。

以上述思想为总线索,《齐物论》篇先以叙事手法言地籁、人籁、天籁,而地籁是叙述之重点,天籁则是理论之关键:凡天籁,怒者无他,咸由自取。而一句"言非吹也",则转而将"言"与"籁"相关联并做了根本的区分,指出凡言则所取在"我","有我"则彼此乃立,是非乃生,于是,庄子很轻松自如地确立了物本不齐、吹万不同、论亦难齐而欲齐其论则必当"言出如同天籁"之"不得已而言"的观点。

接下来,庄子承《逍遥游》篇"小知不及大知"之论,纵论"知"之特征,小知、大知俱谴,而以本于真宰、随其成心为尚。"成心"一出场,则言行之宗本便有了着落,即所谓言有宗、事有本。因此,庄子那句被误解数千年的"随其成心而师之"的话,原来是一句极要害的话,到了要还给它一个正解的时候了。

《庄子》一书本为回应春秋战国之际诸子百家之言辩风气而发,故《齐物论》作为《庄子》全书中至为重要的一篇,自然要以讨论"言语"这种言辩赖以展开的元素性工具同时又是现象性的事实为重点，因此，庄子严密地论证了"言非吹也"的根由：物分彼此，自有是非；是非之生，盖由立场所决定；立场的局限性，决定了是非之辩的无力和无谓。如此，便自然地推出了"莫若以明"而归于"道枢"的结论。

从《齐物论》所涵容的先秦思想之广度而言，可以肯定，当司马迁言庄子学说"无所不窥"时，他是独具慧眼的。《齐物论》理论所及，不仅本自老、孔，还明纳名家、墨家者流，暗应孟子学说，旁及诸子百家，汪洋恣肆，回环反复，而其最终所确立的，是源于各家而不同于各家之庄子独见。所以，庄子在论及语言的意指时，已经鲜明地展现了他以及公孙龙等人对现代被称之为符号学的理论基点之至论：即语言的能指和所指问题。每思及此，不免会对董仲舒"罢黜百家、独尊儒术"之议的功过颇有遗憾之感，因为先秦时期名家所发展起来的逻辑学和符号学，其高度、其光芒，本可令当下相关学科引为翘楚。而庄子因应名家观点而从符号学角度所做的展开，其终点却是伦理意义上的"方可方不可"和"因是因非"的言辩智慧：只要不执拗于"朝三"或"暮四"而能游于"朝三暮四"和"朝四暮三"，则无不可，无不逍遥。"两行"概念的推出，是这一论点的最强音。而庄子此意，又岂不是在这种"有辩"与"无辩"之自我矛盾的框架中，将董仲舒的倡议推向了一个尴尬境地！

当庄子其时，学界辩风如炽，其始作俑者，无非"知"也。学界中人，各怀所知，各逞其伎，邀名于当世，邀功于君王，是乃辩风所起之由。所以，庄子欲息辩风，必从知识论着手，以明言辩之所当止。他将古人的知识境界分出四个阶次，由"无物"到"有物而无封"，到"有封而无是非"，到"是非之成为主导"

以致道亏爱成，显然是他已将当世的知识境界归为最末一等，而将前三种作为至人、神人和圣人的境界加以彰明。庄子明言：欲归于大道，莫若以明。其所建立的论证逻辑是，圣人混同是非于天倪，故无辩；以天府为能知，以葆光为能养，故得养生主。于是，下一篇《养生主》的伏笔，恰已埋在《齐物论》当中。

不过，以上所言，亦言也，亦辩也，亦非吹也。谴人之辩为无谓，而自己又有辩，岂非"吊诡"乎？其非"无特操"乎？庄子似亦不知矣，故有梦。梦而不知周也、蝴蝶也，于是将自己推入"否定之否定"的深渊，而庄子似乎也认了，并以此为"物化"。"物化"二字一出，几如玄天垂露，又似一个休止符，让文章曲尽其妙。

【注释】

①齐物论：历来庄学界对此篇名之含义的解释有两种观点。一种是"齐物之论"，即认为万物是齐一的，无差别的；另一种解释是"齐同物论"，即认为有关物的讨论、辩论没有本质差别。庄子实际上并非其中的任何一种，而是在"道"的位次上看，万物（包括言辩）都是齐同的，从"变"的方面看，万物又都是有差别的。"变"是有是非、生言辩的根源，而"道"则是无是非、无言辩的归宿。二者之间存在着相互依存而又互相转化的辩证关系。郭象《注》："夫自是而非彼，美己而恶人，物莫不皆然。然故是非虽异，而彼我均也。"此篇当为庄子回应孟子、墨家和名家诸子之说而立。《孟子·滕文公上》："（孟子）曰：'夫物之不齐，物之情也。或相倍蓰，或相什百，或相千万。子比而同之，是乱天下也。巨屦小屦同贾，人岂为之哉？从许子之道，相率而为伪

者也，恶能治国家？'"伍非百《齐物论新义》："今观篇中一名一词，莫非取资于当时之辩者。则庄子以其人之术，破其人之学。其深通名辩，入据之，出击之，方且驾儒墨百家而上，其造诣可思矣。"

一

南郭子綦隐机而坐，仰天而嘘，荅焉似丧其耦①。颜成子游立侍乎前，曰："何居乎？形固可使如槁木，而心固可使如死灰乎？今之隐机者，非昔之隐机者也②？"子綦曰："偃，不亦善乎，而问之也！今者吾丧我，汝知之乎③？女闻人籁，而未闻地籁；女闻地籁，而未闻天籁夫④！"

【译文】

南郭子綦倚靠着几案而坐，仰面朝天地往外嘘气，样子看上去好像已经灵魂出窍了。弟子颜成子游正在跟前站立伺候，见状便说："这是怎么了？形骸倒是可以让它如同槁木，但心怎么也能让它如同死灰呢？今天这位倚靠着几案的人，已经不再是往日那位倚靠着几案的人了吗？"子綦说："偃，你这问题提得好啊！今天，我可谓'丧我'了，你不知道吧？谅你只听过人籁而没听过地籁，即使听过地籁，也没听过天籁！"

【注释】

①南郭子綦（qí）：楚昭王庶弟，楚庄王司马。居于城南，故以南郭为号，字子綦。陆德明《经典释文》引司马云："居南郭，

因为号。"隐：依凭，倚靠。机：通"几"，几案。嘘：吐气，特指略带声音、不由自主地向外呼气。因其非出于"刻意"，因此庄子下文喻之以"天籁"。钟泰《庄子发微》："下文'天籁'之义，盖已尽露于此矣。"荅（tà）焉：即嗒焉，身体极为松弛、失去精神控制的样子，情同《大宗师》篇颜回的"坐忘"。陆德明《经典释文》："荅焉，本又作嗒。……解体貌。"耦：通"偶"，成对的事物，此处指与形体相对的心神。丧其耦：魂魄已经走失了的样子，犹灵魂出窍。注家多以"耦"指形体，失之。形固在，只因意识走失，方如不在。庄子以"似"言"丧"，意亦在此。郭象《注》："同天人，均彼我，故外无与为欢，而嗒焉解体，若失其匹配。"宣颖《南华经解》："子綦此时，六处休复，同一湛然。"

②颜成子游：子綦弟子，复姓颜成，名偃，字子游。王叔岷《庄子校诠》："孔子弟子言偃，字子游。颜成名偃字子游，假托孔子弟子之名、字耳。"王说是。盖《庄子》中多有此类，作正、反之说，并寓有深意。立侍：犹侍立。居：安处，此特指子綦身心所处的状态。形：指身体、形骸。固：固然，本来。槁木：枯木。郭象《注》："死灰槁木，取其寂寞无情耳。夫任自然而忘是非者，其体中独任天真而已，又何所有哉！故止若立枯木，动若运槁枝，坐若死灰，行若游尘。动止之容，吾所不能一也；其于无心而自得，吾所不能二也。"

③而：你。吾丧我：特指一种无我、无己的状态。吾，本然之我；我，心虑念念之我，即"有身体之我"。郭象《注》："吾丧我，我自忘矣。我自忘矣，天下有何物足识哉！故都忘外内，然后超然（俱）[自]得。"罗勉道《南华真经循本》："子綦荅焉

之际,韬神于寂,身心俱灭,故曰'今者吾丧我'。"释德清《庄子内篇注》:"吾,自指真我。丧我,谓丧忘其血肉之躯也。此《齐物论》以'丧我'发端,要显世人是非,都是我见。要齐物论,必以忘我为第一义也。故逍遥之圣人,必先忘己,而次忘功、忘名。此其立言之旨也。"案庄子"吾丧我"中"吾"、"我"之别,亦可借助弗洛伊德的"本我"、"自我"、"超我"三个概念加以理解,其间有可通之处。

④籁:本为"箫"的别称,此处借指各种孔窍及由其所发出的声音,有人籁、地籁、天籁之别。人籁如"刻意"论是论非的言辞,地籁如风吹孔窍的声音,天籁则为自主、自然之声。子綦以自己之"仰天而嘘"为天籁,并以子游为未闻。释德清《庄子内篇注》:"将要齐物论,而以三籁发端者,要人悟自己言之所出,乃天机所发,果能忘机,无心之言,如风吹窍号,又何是非之有哉?明此三籁之设,则大意可知。"憨山之释,大体得庄子之旨。但其将"无心之言"比同"风吹窍号",又有差误。盖庄子将后者比为"地籁",而前者才是"天籁"(即子綦之"嘘")。

子游曰:"敢问其方①。"子綦曰:"夫大块噫气,其名为风②。是唯无作,作则万窍怒呺③。而独不闻之翏翏乎④?山林之畏佳,大木百围之窍穴⑤,似鼻,似口,似耳⑥;似枅,似圈,似臼⑦;似洼者,似污者⑧。激者、謞者、叱者、吸者、叫者、譹者、宎者、咬者⑨。前者唱于,而随者唱喁⑩。泠风则小和,飘风则大和,厉风济则众窍为虚⑪。而独不见之调调、之刁刁乎⑫?"

【译文】

子游说:"请问其中的道理。"子綦说:"大地发出的气息,其名为风。风,不作则已,一旦发作,便是万窍怒号。你没留意那种刮大风的声音吗?大风起时,跌宕崔嵬的山林中百围大树上那些窍穴,都能发出声音。这些窍穴形状各异,有的像鼻孔,有的像口腔,有的像耳洞,有的像榫孔,有的像凹杯,有的像舂臼,有的像水洼,有的像污坑。它们发出的声音也大不相同,有的如水流相激,有的如飞镝过耳,有的如大声呵斥,有的如急促唏嘘,有的如尖叫,有的如哭号,有的悠远,有的切近。风过大树,大枝摇晃其声悠长,小枝摆动其声窸窣,音声相和,前后相随。风小则小和,风大则大和;狂风一停,则众窍归于空寂无声。你就没有见过此类林涛汹涌、枝摆树摇的景象吗?"

【注释】

①方:道理,道术。成玄英《疏》:"方,道术也。虽闻其名,未解其义,故请三籁其术如何。"

②大块:天地、自然的原初状态,亦造化之机。郭庆藩《庄子集释》引司马云:"大块,谓天也。"此处单说地籁,故尤指大地。噫(ài)气:本指人打饱嗝儿发出的气息,意为气壅塞而忽通。释德清《庄子内篇注》:"言大风乃天地之噫气,如《逍遥》六月之风为息,此拨弄造化之意。"

③作:发作。呺(háo):同"号",呼啸,吼叫。郭象《注》:"言风唯无作,作则万窍皆怒动而为声也。"

④而:你。翏(lù)翏:悠长的风声。郭象《注》:"长风之声。"

⑤畏佳（wèi cuī）：通"嵔崔"，高低参差、起伏摇动的样子。郭象《注》："大风之所扇动也。"林云铭《庄子因》："山林高低曲隈之处，所以受风也。"释德清《庄子内篇注》："畏佳，摇动也。"围：两手合抱为一围。窍穴：指树木的孔洞。浅小者为窍，深大者为穴。

⑥鼻、口、耳：皆为人体器官，此处用其孔洞来描摹树木窍穴的形状。

⑦枅（jī）、圈、臼（jiù）：以器物上的孔洞来描摹树木窍穴的形状。枅：柱上的横木，此或指横木端处衔接立柱的孔洞，类于榫卯结构的孔眼。陆德明《经典释文》引《字林》云："柱上方木也。"林云铭《庄子因》："柱上横木承栋者，窍方。"林注甚明。圈：杯状物。陆德明《经典释文》："杯圈也。"臼：舂米的工具，形若凹。

⑧洼、污：以地面坑洼处的形状来描摹树木窍穴的形状。洼：深池。污：浅坑。

⑨"激者"至"咬者"：均指树木窍穴发出的声音。激者：急流声。謞（xiào）者：鸣箭声。叱者：呵斥声。吸者：喘息声。叫者：叫喊声。譹（háo）者：号哭声。宎（yǎo）者：杳然将逝的声音。宎，室内的东南角，喻深室。咬者：如在耳畔的声音。咬，小鸟叫，喻切近之声。《诗·国风·秦风》："交交黄鸟，止于棘。"《三家诗》作"咬咬"。马瑞辰《毛诗传笺通释》："交交，通作'咬咬'，鸟声也。"

⑩于（yú）、喁（yú）：均指风吹树动、前后相随发出的声响。刘武《庄子集解内篇补正》："《吕氏·淫辞篇》：'今举大木，前呼舆譻，后亦应之。'此盖引举木呼应之声，以喻风声也。"于，

舒缓悠长之声；喁，琐细窸窣之声。刘凤苞《南华雪心编》："韩非曰：'芋为五音之长，故曰唱于。喁者，众窍进开，如鱼之噞喁也。'"郭象《注》："夫声之宫商，虽千变万化，唱和大小，莫不称其所受而各当其分。"林希逸《庄子鬳斋口义》："于之声轻，喁之声重，言风之前去，其声如唱于，随其后而至者，则如唱喁，轻重相和也。"

⑪泠（líng）风：小风。飘风：大风。《老子·二十三章》："飘风不终朝，骤雨不终日。"厉风：烈风。济：停止。虚：空寂。郭象《注》："烈风作则众窍实，及其止则众窍虚。虚实虽异，其于各得则同。"

⑫而：你。调调：树干、大枝摇摆晃动的样子。刁刁：枝叶起伏摆动的样子。郭象《注》："调调刁刁，动摇貌也。言物声既异，而形之动摇亦又不同也。动虽不同，其得齐一耳，岂调调独是而刁刁独非乎？"释德清《庄子内篇注》："调调、刁刁，乃草木摇动之余也。意谓风虽止，而草木尚摇动而不止。此暗喻世人是非之言论，而唱者已亡，而人人以绪论各执为是非者。此长风众窍，只是个譬喻，谓从大道、顺造物，而散于众人，如长风之鼓万窍，人各禀形器之不同，故知见之不一，而各发论之不齐，如众窍受风之大小、浅深，故声有高低、大小、长短之不一。此众论之所一定之不齐也。故古之人唱于前者小，而和于后者必盛大，各随所唱而和之，犹人各禀师承之不一也。前之唱者已死，而后之和者犹追论之不已，若风止而草木犹然摇动之不已也。"

子游曰："地籁则众窍是已，人籁则比竹是已，敢问天籁①。"子綦曰："夫吹万不同，而使其自己也②。咸其自取，怒者其谁邪③？"

【译文】

子游说："如此，地籁就是风吹过各种窍穴发出来的声音了，人籁就是人吹奏排箫等乐器发出的声音了。那请问什么是天籁？"子綦回答说："由'吹'所发出的声音有万千不同的来源。天籁，就是物自己发出的声音。既然都是自发自取，还需要别的谁来发动它吗？"

【注释】

①比竹：多支竹管并列而成的乐器，如笙、竽、箫之类。比，并。

②吹万不同：意谓地籁、人籁、天籁所发出的音声多种多样。此句用法颇似释家之"如恒河沙数"。使其自己：让声音自主发出。使，主使，支配；自己，出于自己。"己"字与前"吾"字相应。宣颖《南华经解》："使声由窍自出。"句谓天籁的声音都出于自发，不借外力，亦非刻意，咸为自然流露的声音，不同于人籁、地籁那样须由外力吹动窍穴才能发声。如子綦之"嘘"者，即为天籁。这是一句至为关键的话，后世注家或轻而视之，或多有歧解，失其庄子本意。郭象《注》所做的阐述，当可决疑："此天籁也。夫天籁者，岂复别有一物哉？即众窍比竹之属，接乎有生之类，会而共成一天耳。无既无矣，则不能生有。有之未生，又不能为生。然则生生者谁哉？块然而自生耳。自生耳，非我生也，故以天言之，所以明其自然也，其苍苍之谓哉！而或者谓天籁役物使从己也，夫天且不能自有，况能有物哉！故天者，万物之总

名也。莫适为天,谁主役物乎?故物各自生而无所出焉,此天道也。"郭象之意,尤其强调"众窍比竹之属",当其"会而共成一天",便成天籁。出乎自然,咸由自取,是天籁的特性所在。

③自取:取决于自己,即自主地加以择取而非由外力推动。这里的外力包括"刻意用心",因"刻意用心"所做的择取并非真正"从心",而是由外力拖曳其心并进而鼓动其为。这时,只有"拣择",而非"自己",也即不是出自"本我"。咸:都。怒:发动、奋起、推动。罗勉道《南华真经循本》:"'怒'字不可专作'喜怒'解。"郭象《注》:"物皆自得之耳,谁主怒之使然哉!此重明天籁也。"

二

大知闲闲,小知间间;大言炎炎,小言詹詹①。其寐也魂交,其觉也形开②。与接为构,日以心斗③。缦者、窖者、密者④。小恐惴惴,大恐缦缦⑤。其发若机栝,其司是非之谓也⑥;其留如诅盟,其守胜之谓也⑦;其杀如秋冬,以言其日消也⑧;其溺之所为之,不可使复之也⑨;其厌也如缄,以言其老洫也,近死之心,莫使复阳也⑩。喜怒哀乐,虑叹变慹,姚佚启态⑪。乐出虚,蒸成菌⑫。日夜相代乎前而莫知其所萌⑬。已乎,已乎!旦暮得此,其所由以生乎⑭!

【译文】

大知闲闲,小知间间;大言炎炎,小言詹詹。人们睡着的时候梦魂为扰,醒着的时候四体奔劳。与人接触机关算尽,日常交往勾心斗角。或漫不经心,或心机阴隐,或秘而不宣。小恐则惴惴不安，大恐则失魂落魄。言语之际，有的话一旦出口，便如离弦之箭，一发而不可收，仿佛一直在伺察一个辩驳是非的机会；有的却始终缄默不语，好像与谁发誓订了盟约一般，这便是所谓以守致胜；还有的言语一点点没了底气，就如同秋冬被霜打过的植物一样逐渐萎靡；那些沉溺于己见的，简直是九牛不回；那些固步自封的，其言语总是倚老卖老，仿佛心灵已经僵化，不复再有生机。以上言语百态，都是欣悦、嗔怒、悲哀、快乐、思虑、嗟叹、易变、枯守、浮躁、恣肆、放纵、矫饰之情的外在表现。音声出于空管，细菌生于腐朽，言语也同样有其根源。这些与人情世态日夜相伴的言语表现究竟由什么所发动，人们其实并不知晓。是的，是的！一旦明了这一点，也就洞悉了言语的本源。

【注释】

①"大知"四句：为本节讨论的核心。闲闲：广博、自得的样子。间间：琐细、执着于辨别的样子。炎炎：盛气凌人的样子。詹詹：啰啰嗦嗦的样子。郭象《注》以为上述四句，盖因"知之不同"而有"言语之异"。成玄英《疏》："闲闲，宽裕也；间间，分别也；炎炎，猛烈也；詹詹，词费也。"钟泰《庄子发微》："'大知'、'小知'，承上篇'小知不及大知'言，然上篇褒大贬小，此篇则大小俱遣，不可不知也。"钟泰以为"上篇褒大贬小"，其实未为准确。盖庄子言"小知不及大致"，其"不及"，仅在于陈述知识范围的广、狭之别，却无是非、好坏之价值趣取。此为《庄子》之宗旨，不可有半点动摇。

②魂交：心神烦乱，噩梦不断。陆德明《经典释文》："魂交，

司马云：'精神交错也。'"形开：四体不安、疲于奔劳的样子。自此句至"大恐缦缦"，总言世人在日常交往中的行为、心思因蛊惑于名利而不自安，与真人形成对照。《大宗师》篇："古之真人，其寝不梦，其觉无忧。"郭象《注》："此盖寤寐之异。"陆西星《南华真经副墨》："言人旦昼之间，寐则魄与魂交而为梦，觉则魂与形开而应事，故与物相接而营拘之心生焉。"

③与接为构：与接触的人周旋。接，交接；构，本亦作"拘（gòu）"，图谋，设计陷害。日以心斗：整天勾心斗角。陆德明《经典释文》："与接为构，司马云：'人道交接，拘结驩变也。'"释德清《庄子内篇注》："接，谓心与境接，心境内外交拘，发生种种好恶取舍，不能暂止，则境与心交相斗拘，无一念之停也。"宣颖《南华经解》："与物相接而营拘生，各用心计相角。"

④缦者、窖者、密者：描述心斗的情状。缦，缓慢、散漫；窖，心机阴隐；密，私藏不露。郭象《注》："此盖交接之异。"林希逸《庄子鬳斋口义》："'缦者'，有一种人做事慢恒恒地。又有一种人出着言语，便有机穽，故曰'窖'。又有一种人思前算后，不漏落一线路，故曰'密'。"

⑤惴惴：提心吊胆的样子。缦缦：沮丧落魄的样子。郭象《注》："此盖恐悸之异。"成玄英《疏》："惴惴，怵惕也。缦缦，沮丧也。夫境有违从，而心恒忧度，虑其不遂，恐惧交怀，是以小恐惴栗而怵惕，大恐宽暇而沮丧也。"林希逸《庄子鬳斋口义》："事之小者，则惴惴然而惧，故曰'小恐惴惴'；事之大者，则忧深思远，若失若疑，故曰'大恐缦缦'。"钱穆《庄子纂笺》引曹受坤曰："前三形容其心思之精密，此二形容其神志之不宁。而后者由前引起。"

⑥发：发动、发言。机栝（kuò）：弓弩上的装置。机，弩牙，即发射箭的扳机；栝，箭尾扣弦处。陆德明《经典释文》："机，弩牙；栝，箭栝。"司是非：执着于是非、对错的观念。司，同"伺"，窥伺、守候、斯守。成玄英《疏》："言发心逐境，速如箭栝；役情拒害，猛若弩牙。唯主意是非，更无他谓也。"案自此句至"莫使复阳也"，总言人在言语上表现出的各种态度、情态，非关行为之"动止"，更无涉"人"之生理条件。这一点如果不明察而对庄文误加解释，就会置庄子于对"人"有成见甚至对"老病"有歧视的不伦之地。

⑦留：保留，闷声不发言。诅盟：诅咒发誓订立盟约。守胜：以守致胜，犹"以退为进"之谓。成玄英《疏》："言役意是非，由如祝诅；留心取境，不异誓盟。坚守确乎，情在胜物。"王先谦《庄子集解》："留不发，若诅盟然，守己以胜人。此语、默之异。"

⑧杀（shài）：衰微、衰败。消：衰减、销铄、削弱。以言其日消也：谓其言语日渐呈现衰微之态。盖此处庄子专论人之言语，而非论人。庄子无意攻击人身，否则于其学之宗旨大相违逆。

⑨溺：泥陷、沉迷。之：于。马其昶《庄子故》引吴汝纶曰："王伯申说'之犹于也'。此'溺之'，当训'溺于'。"所为：指言辩。之：指言辩的观点，即是非、对错之念。复：恢复，返回，归于本原。

⑩厌：闭藏、保守。缄：本指束箧的绳子，引申为束缚、固执。老洫：指言语上倚老卖老的顽固姿态。洫（xù）：本指田间水沟、护城河，引申为保守、固步自封。复阳：恢复生机。王叔岷《庄子校诠》："《礼记·大学》：'见君子而后厌然。'郑《注》：'厌读为黶，黶，闭藏貌也。'此文厌，亦闭藏也。'其厌也如缄'，

谓心之闭藏如缄封也。泪借为恤，《说文》：'恤，静也。'"

⑪喜怒三句：此十二字两两相对，描述人在言说之际的种种心思情态。虑：事前的思虑；叹：事后的悔叹；变：变化无常；慹（zhí）：同"执"，固执；姚：轻佻；佚：通"逸"，安逸；启：放恣；态：作态。郭象《注》："此盖性情之异者。"成玄英《疏》："凡品愚迷，（则）[耽]执违顺，顺则喜乐，违则哀怒。然哀乐则重，喜怒则轻。故喜则心生欢悦，乐则形于舞忭，怒则当时嗔恨，哀则举体悲号，虑则（意）[揆]度未来，叹则咨嗟已往，变则改易旧事，慹则屈服不伸，姚则轻浮躁动，佚则奢华放纵，启则开张情欲，态则娇淫妖冶。"案郭、成于此句之注疏，虽意有贴近，但终不确切。不仅有超出言语这一既定情境之外的倾向，还有将言语问题归结为人性、人品问题的鄙陋，对后人亦有所误导。此皆非庄子原意。

⑫乐：音乐。出：出于。虚：空洞，代指各种管乐器。蒸：细小的木柴、秋秸。《左传·昭公二十年》："薪之薪蒸，虞候守之。"《诗·小雅·无羊》："尔牧来思，以薪以蒸。"均以薪、蒸相对。木大叫薪，木小叫蒸。成：化成，生育。菌：菌类生物。郭象《注》："此盖事变之异也。"全句意谓：音乐发自空虚的箫管，细菌生于朽烂的柴草。总言事物之成化皆有原由，以喻人们言语百态必然也有其根源。各家之注，皆训"蒸"为地气蒸发甚至蒸煮之气，颇为难解，亦使"成"字失其"化成"、"物化"之本义。郭象以为"自此以上，略举天籁之无方"，显然他误将世人出于机心而刻意为之的"言语"百态当作天籁了。须知，凡人籁，庄子说得非常清楚，"比竹是已"，一方面，它属于人借助某种管道来发声，另一方面，这种声音似不应该挟带太多的价值或是非判

断。如此看来，则"言非吹也"，意指言语比那种吹奏出来的声音更加远离"籁"的性质了。这是庄子即将推出"不辩"之论的理论前提，不可不察。就是说，以言语形式发出的声音，连作为人籁的"吹"都算不上，又怎么能算得上是天籁呢？除非搞清楚了这些言语的"怒者其谁邪"并确定它们确实是受"真君"的主宰而发出，否则这些言语就不会是天籁。而这些内容，正是庄子在后文以及此后的篇章中要逐步予以回答的。

⑬相代：相互迭代，相互交替，指人们每天与人相接所呈现的各种语言情态。萌：肇始，发动，催生。郭象《注》："日夜相代，代故以新也。夫天地万物，变化日新，与时俱往，何物萌之哉？自然而然耳！"

⑭已乎：叹词，总结前述各种语言情态而发出，有作结、终了之意。旦暮：早晚，犹"一旦"。王叔岷《庄子校诠》："旦暮，言极短之时，喻偶然间也。"此：指前面所说的言语百态的"推动"者，即后文将要引出的"真宰"、"真君"。其：指前述之言语百态。所由以生：即所萌、"怒者"，也即"此"之所指。郭象《注》："言其自生。"林希逸《庄子鬳斋口义》："已乎已乎，犹今人言是了是了，意谓所萌之地虽不可知，然旦暮之间，不过得此而已。'此'者，造物也。这一'此'字甚重，不是轻。下'非彼无我'这'彼'字，却是上面'此'字。"案就此句所涉及的具体情境而言，这里所说的造物所成就之物，乃是各种各样的言语表达，故林希逸提示的这个"此"字，当指萌生特殊的语言表达的主导力量。

非彼无我，非我无所取①。是亦近矣，而不知其所为使②。若有真宰，而特不得其眹③。可行已信，而不见其形，有情而无形④。

【译文】

在主使言语表达的动力中，并非没有"我"的存在，并非此"我"不能做任何择取。但不知道主使这种动力背后的"主使者"又是什么。就仿佛另有某个真宰存在一样，但它却又不留行迹。它笃行守信，却不显露形态；它有性理寓于中，却无实体形于外。

【注释】

①非彼无我：并非这个主导力量中完全没有我的存在。彼，指前述发动并成就言语百态的根源，即上句之"此"所喻示者，以及后文的真宰、真君。郭象《注》："彼，自然也。"非我无所取：并非我在其中无所择取。取，拣择，择取。此处庄子的文意十分微妙，须仔细辨别。首先，全句与全篇以讨论"言"的问题为主题是一致的，而又集中于"言"的发动者（"怒者其谁邪"）；其次，"非彼无我"一句，说得十分婉转，既未直接说"是"，也没有直接说"不是"，而是用"非"和"无"这样一个带有双重否定的文字表达方式，建立了一个似是而非、似非而是的判言，表明"我"（注意此"我"即篇首之"吾丧我"的"我"，而不是那个属于"本我"的"吾"）在主导"我的"言语方面只是一部分力量而非全部，反映了言语的复杂性，这也是后文说"是亦近矣"的理由；其三，如果直接以肯定的"是"来描述，那么，言语的"怒者"便都是"我"之"自取"（"咸其自取"）了，如此，言语便都成了"天籁"，果真如此，也就没有必要大费周章予以讨论

了;其四,"非我无所取"一句,进一步明确地点破了"我"在言语中扮演的角色,即在是非、对错、好恶方面的择取角色,从而才使得前文庄子用十二个字描述的言语百态最终成为现实(即也成了"物");最后,庄子揭示"我"对语言的近于主导、实为干预的作用,目的在于最终推出一个背后更为有力的主导者——"真宰"或"真君",并通过发现"真宰"与天道的内在关系,来构建一个以"无己"(无我)为总动力,能屏蔽"我"的干扰,从而使人的行为始终合于天道、圣道的行为机制。此句后世注家多将文意与前文彻底切断,以致纷纷陷入歧解,连带影响了对整篇《齐物论》的理解,甚至也错误地制约了对《庄子》全书和整个庄子思想的理解。

②是亦近矣:指"我"和"我取"在言语中扮演的角色,接近于(但实际上又不完全是)言语的真正主使者的角色。而不知其所为使:但又不知到底谁是真正的主导者。陈寿昌《南华真经正义》:"验造化于己身,相去故不甚远,究不知使者属谁。"在这里,庄子还没有说明究竟这个"怒者"是什么,但郭象《注》却过早地、并且比较含糊地给出了答案,即"理"。这可能是导致后来注家不能突破传统注释藩篱的原因之一。加上成玄英所做的顺势铺陈,使后人对这一句以及这一节的理解,就一直处在纷乱和错误之中。郭象《注》:"凡物云云,皆自尔耳,非相为使也。故任之而理自至矣。"成玄英《疏》:"言我秉受自然,其理已具。足行手捉,耳听目视,功能御用,各有司存,亭之毒之,非相为使,无劳措意,直置任之。"显然,郭、成之注疏,只是综合全篇甚至庄子全书大意而归纳之,虽无错误,但于原句本义已无瓜葛,盖未能将本句中所隐含的"我"(类于自我)和"真宰(类于真

我、本我、超我)"在决定人的言语方面所扮演的角色加以区别。

③若有：仿佛有。真宰：身心的根本主宰者，与真君义近，亦即道在人心中的体现，因此也可以视为"道"的代名词。朕（zhèn）：同"朕"，征兆，迹象。案这是一句十分要害、关键的结论、推论。庄子自此推出了他的关于言语之"怒者"的真正答案：真宰、真君。王叔岷《庄子校诠》："真宰谓道，特犹乃也。朕谓迹象也，道无迹象。《淮南子·并略篇》：'凡物有朕，唯道无朕。所以无朕者，以其无常形势也。'可发明《庄子》此文之义。《老子·二十一章》：'道之为物，惟恍惟惚。'恍惚则未全脱迹象，《庄子》所谓道，则超绝迹象矣。"

④已信：自己的规律。信，准确，有规律，信用。《管子·任法》："如日月之明，如四时之信。"《吕氏春秋·贵信》："天行不信，不能成岁；地行不信，草木不大。"情：情实，实情，实理。郭象《注》："今夫行者，信己可得行也。"林希逸《庄子鬳斋口义》："可行者，言天行之可见者也；已信者，甚实也，造物之所行，信乎有之。而但不见其形，即莫知其所为使也。有情，言有实也，即已信也；无形，即不见其形也。"陈寿昌《南华真经正义》："情，实也。若有真宰者，道之为物，惟恍惟惚也。可行己信者，其精甚真，其中有信也。有情无形者，迎之不见其首，随之不见其后也。"

百骸、九窍、六藏，赅而存焉，吾谁与为亲？汝皆说之乎？其有私焉①？如是皆有为臣妾乎？其臣妾不足以相治乎？其递相为君臣乎②？其有真君存焉！如求得其情与不得，无益损乎其真③。一受其成形，不亡以待尽④。与物相刃相靡，其行尽如驰，而莫之能止⑤。不亦悲乎！终身役役而不见其成功，苶然疲役而不知其所归，可不哀邪⑥！人谓之不死，奚益⑦！其形化，其心与之然，可不谓大哀乎⑧？人之生也，固若是芒乎？其我独芒，而人亦有不芒者乎⑨？

【译文】

　　人体的百骸、九窍、六藏，它们一体共存。我将更属意于其中的哪一部分呢？你都一样悦纳它们吗？还是有所偏私？如此众多的组成部分，它们都处于同样的从属地位吗？这足以让它们彼此相安无事吗？还是它们彼此间要轮流变换主从关系？一定是别有某个真君——真正的主宰——存在！不管你在情境中能否获得事物的真情实理，都对真君的"真性"无所损益。人的身体一旦禀赋成形，这个真君便会与人相伴以终。它每天伴人与事相接，与物相刃相靡；它的运行如同骤驰，快得根本无法阻止。这能不令人感伤吗？终身役役于人事却劳而无功，疲于奔命却不知所归，这有多么可怜啊！像这样的人生，就算久生不死，又何益之有？随着形体的衰颓，其心也跟着枯槁，这难道不是一种"大哀"吗？人之生，本就如此令人迷茫吗？还是只有我自己如此迷茫，而别人并不像我这样迷茫？

【注释】

　　①百骸、九窍、六藏：指人体的构造。骸，骨节。九窍，指口、目、耳、鼻、前后阴九窍。六藏，指心、肝脾、肺、双肾。赅（gāi）：周备。亲：亲近。说：通"悦"，悦纳。其：抑或。私：偏爱。案庄子用人体结构的各个组成部分及其相互关系，来

推论其中是否有主宰者存在。

②臣妾：附属，附庸，奴仆。治：安定太平，相安无事。递：轮流，交替，依次。《荀子·天论》："列星随旋，日月递炤。"郭象《注》："夫时之所贤者为君，才不应世者为臣。若天之自高，地之自卑，首自在上，足自居下，岂有递哉！"

③真君：即上文所说的"真宰"。如求得其情与不得：对"情实"的探求，不管最终能否获得答案。真：指真君或大道的真性。吕惠卿《庄子义》："人莫不有真君，不为求得其情而加益，不得其情而加损。"林希逸《庄子鬳斋口义》："我虽如此推求，欲见到实处，然见得与见不得其所谓君者，初何加损乎？情，实也。"案林氏将所"求"指定为"君"，失之。刘武《庄子集解内篇补正》："真者，真君也。求者，非求真君所在，乃求遂其情也。言如求得遂其情，于真君无益；不得，于真君无损。是以下瞿鹊言圣人不喜求也。"刘说良是。陈寿昌《南华真经正义》："真君者，元神之喻，即真宰也。凡后天有形之物，皆属幻躯。唯此真君，虚空同体。一灵自耀，众妙俱融。人能尊而亲之，庶于冥冥之中，独见晓焉。"

④受：秉受，禀赋。其：指真君。形：形体，身体。亡：消失，指真君。待：等待，对待，伴随。尽：终其天年，指人的形体、寿命。褚伯秀《南华真经义海纂微》引林疑独注："夫物在造化中，其变无极而真君固不亡。世人偶得为人，遂至于有'我'，而不知有不亡者。"林希逸《庄子鬳斋口义》："大抵人之形体，非我自有，必有所受者。既受此形于造物，则造物与我相守不亡，以待此形之归尽而后已。"

⑤相刃相靡：指真君在伴随着人与物相接时所出现的违逆、

随顺等种种情形。刃、靡对举，以极言道无所不在。相刃，相摩擦、相冲突。相靡（mǐ），相随顺、相因应。其行：指道的流行。如驰：极言其快。止：使其停止。

⑥不亦悲乎：指后文之"终身役役"，非接前文。此句旧读属上句，失之。役役：忙碌的样子。成功：成就功名。苶（nié）然：疲顿的样子。陆德明《经典释文》："简文云：'疲病困之状。'"归：归属，归宿。以上均指人之日常所为。郭象《注》："夫物情无极，知足者鲜。故得（止）[此]不止，复逐于彼。皆疲役终身，未厌其志，死而后已。故其成功者，无时可见也。凡物各以所好役其形骸，至于疲困苶然，不知所以好此之归趣云何也。"

⑦不死：喻长寿。奚：疑问代词，什么，何。益：益处，好处。郭象《注》："言其实与死同。"释德清《庄子内篇注》："世人如此昏迷之至，其形虽存，人谓不死，有何益哉？"

⑧形化：指形体变化、衰老。与之然：指与形体一同变化、衰老。大哀：指最可悲哀的事情。郭象《注》："言其心形并驰，困而不反，比于凡人所哀，则此真哀之大也。然凡人未尝以此为哀，则凡所哀者，不足哀也。"《田子方》篇："夫哀莫大于心死，而人死亦次之。"

⑨固：本来。芒：同"茫"，昏昧，迷惘。陆德明《经典释文》："芒，芒昧也。"郭象《注》："凡此上事，皆不知其所以然而然，故曰芒也。今夫知者皆不知所以知而自知矣，生者[皆]不知所以生而生矣。万物虽异，至于生不由知，则未有不同者也，故天下莫不芒也。"

夫随其成心而师之，谁独且无师乎①？奚必知代而心？自取者有之，愚者与有焉②！未成乎心而有是非，是今日适越而昔至也，是以无有为有③。无有为有，虽有神禹且不能知，吾独且奈何哉④！

【译文】

如果人们能以物来照应的"成心"为师来应事、待物，那么，谁没有自己的老师呢？何必非要用"知"来替代你的"心"？凡是无所偏私、不囿于成见而能够自主应事的人，都有此成心，愚钝的人也不例外。事未成于心便产生是非、善恶之念，这就和那种说"我今天启程去越国而昨天就已赶到"一样荒谬。这便是将"无有"视为"有"，将不存在的事物视为已然存在的事物。若将"无有"视为"有"，那么，连神明的大禹都会为之感到茫然，我又能怎么样呢！

【注释】

①成心：现成、即成之心，犹"物来照应"之际的真切心意，义近于儒家的"诚心"、"诚意"、"率性"，亦近于道，特指人心于物来之际而对事物形成的当下情境性总体认知，非指俗常所谓"成见"。《中庸》："诚者自成也，而道自道也。诚者物之始终，不诚无物。是故君子诚之为贵。诚者非自成己而已也，所以成物也。成己，仁也；成物，知也。"褚伯秀《南华真经义海纂微》引赵以夫虚斋注："成心，即子思所谓诚者自成也。"师：取法。案此节"成心"二字之解，乃《庄子》全书又一关键处。以往注家多释"成心"为"成见""偏见"，以至于文意不通，造成

庄子观点前后自相矛盾，极有害于对庄子思想的理解，殊不可取。在很少几家未曾岐离庄子本意的注家中，郭象《注》为其中最先者，其后亦有从者："夫心之足以制一身之用者，谓之成心，人自师其成心，则人各自有师矣。人各自有师，故付之而自当。"吕惠卿《庄子义》："至人之心，其静如鉴，非有待于外而然也，得其成心而已矣。……则人诚能随其成心而师之，谁独且无师乎！奚必知代其故习！而心自取者有之，虽愚者与有，所谓不芒而可以师者也，不知求之耳。成心者，吾所受于天而无所亏者也。"陆西星《南华真经副墨》释此句亦得其正："若能认得真君，随其成心而师之，则谁人无师？成心者，见见成成，不假补凑，乃天命之本然，吾人之真宰也。是心者，人人有之。"释德清《庄子内篇注》："现成本有之真心也。"又刘方苞《南华雪心编》："成心，谓成其天然之妙用，不假作为，即真君所在也。人人皆有真宰，则人人能自得师，所以付之而各当。"陈寿昌《南华真经正义》："人非能自得师，无以复其明。然师亦不待外求也，即此天理纯全，无少缺欠之心，从而师之可也。"

②奚必三句：旧读为"奚必知代而心自取者有之？愚者与有焉。"或以"奚必知代"为读，皆非，径改。奚必：何必。知（zhī）代：用知识来代替。知，知识，即常识、成见。《庄子》全书对知识（包括大知、小知）的态度，基本持有否定意见，且几乎均不可改为"智"或"知（zhì）"。代，替代。而：你。心：即成心。自取：自主择取。即前文由讨论天籁而导出并不断申明的内在自主行为动力，所谓"咸其自取"者，它不受功名利禄的左右。之：指成心。愚者：世俗所谓无知的人。与有：同样也有。成心应而合于道，故愚者与有之，此符合庄子在《知北游》篇所

明确表达的思想："东郭子问于庄子曰：'所谓道，恶乎在？'庄子曰：'无所不在。'"郭象《注》："夫以成代不成，非知也，心自得耳。故愚者亦师其成心，未肯用其所谓短而舍其所谓长者也。"案郭象的意思是，用即成之心代替未成之心，非藉于知识，而是慧心自得。这种慧心，智力残缺的人一样有，他们也赖之而求温饱，而不会刻意逞个人所短而弃其所长。成心之遍在，即真宰之遍在，即道之遍在。陈寿昌《南华真经正义》："不待知相代化，能自领取者有之。"

③未成乎心：事物未成则于心亦无成。指事已过或事未至，此时心本当处于空明状态。有是非：持有是非、对错的观念。案"未成乎心而有是非"，则如《韩非子·显学》所言："无参验而必之者，愚也。"亦类于老子所谓"前识"："前识者，道之华，而愚之始（《老子·三十八章》）。""先物行先理动之谓前识。前识者，无缘而妄意度也（《韩非子·解老》）。"所有基于既有知识而教条地确定其当下行为的，无不在此范围之内。适：去，前往。越：越国。至：到达。无有：不存在的事物。有：存在的事物。"无有"和"有"都是《庄子》中十分重要的概念。郭象《注》："今日适越，昨日何由至哉？未成乎心，是非何由生哉？明夫是非者，群品之所不能无，故至人两顺之。"陈寿昌《南华真经正义》："未尝实到，全是臆度之词。此当时辩士语，取之以为妄言之证。"

④无有为有：将没有发生的事情看作已经发生的事情。此义类于《墨子·非命下》所言："彼用无为有，故谓矫。若有而谓有，夫岂谓矫哉！"神禹：神明的大禹。郭象《注》："理无是非，而惑者以为有，此以无有为有也。惑心已成，虽圣人不能解，故付之自若，而不强知也。"盖郭象此处所用"惑心已成"，则是

世俗所谓"成见",与"成心"正相对照,惜后世学者未能明察,以致误解淹留至今。而误解肇端,则自成玄英《疏》始:"夫域情滞著,执一家之偏见者,谓之成心。"

三

夫言非吹也①。言者有言,其所言者特未定也②。果有言邪?其未尝有言邪?其以为异于鷇音,亦有辩乎?其无辩乎?③道恶乎隐而有真伪?言恶乎隐而有是非④?道恶乎往而不存?言恶乎存而不可⑤?道隐于小成,言隐于荣华⑥。故有儒墨之是非,以是其所非而非其所是⑦。欲是其所非而非其所是,则莫若以明⑧。

【译文】

人类所发出的"言"或言语,与各种"吹"都有所不同。言者虽然"有言",但其"所言"的意指,并非总有确切所指。因此,闻有言语,我们不妨可以问:他果真有言吗?还是他根本未尝有言呢?如果以为那言语的音声与雏鸟的叫声无异,那么,这种音声中还会有什么特殊意指吗?还是根本就没什么特殊意指?这样的问题关乎言与道的关系。道在什么情况下才隐匿不露,从而使人们对事物形成真伪之判?言又在什么情况下才丧失确切意指,从而使人们对事物产生是非之辩?如果道隐而不见,那它究竟跑到哪里去了?既然言出而凿凿,可为什么它又失去确切的意指?道所以会隐匿不露,是因为满足于小有所成;言所以会失其意指,是因为醉心于粉饰浮夸。正因为如此,才产生了儒、墨两派之间的是非之辩,彼此将对方所认为是"错的"肯定为"是",

把对方所认为是"对的"否定为"非"。这样的是非之辩,都近于虚妄。执念于去肯定别人所否定的或否定别人所肯定的,不如将此心归于空明,也即"明"的状态。

【注释】

①言:言语,语言,尤指前者。案言语属于情境中的对话,是庄子所关注者;而语言是言语的工具,本无对错、好坏之别。吹:指吹动窍穴而出声者。地籁、人籁,皆为"吹",子綦之"嘘"也是"吹",属天籁,三者之别,在于"怒者"各个不同。而"言"则与此三者又不同,它通常是"言者"刻意为之才得以发生,而一旦刻意其言,则言非天籁矣。郭象《注》:"各有所说,故异于吹。"案此节首开一句,点破本节宗旨,进一步明确本篇所讨论的言语这一主题。前文数节,行文几经跌宕、摇曳,表面上似乎并非始终保持在这一主题上,其实不然。这一判断所以产生,乃后人未能理解庄子之全部句法、笔法和词法,以致对庄子文意和主旨产生误解。实际上,《庄子》作为认识论或知识论之书,总以讨论语言的本质为核心,这一点,与维特根斯坦所谓"哲学的本质是语言学"的思想有相通之处,不可不察。

②言者:发出言语之人。有言:讲话。所言者:指言语的内容、意指。未定:不完全确定。郭象《注》:"我以为是,而彼以为非;彼之所是,我又非之;故未定也。未定也者,由彼我之情偏。"郭象此解,已经稍显差池。庄子本意,在说言语起于情境,而情境则化而又化,未尝停歇,正是"万物皆流"之义,故利用"语言"而形成的"言语",其意指必须在情境中才能获得正确的理解,即得"情实"。由于情境的极端具体性或个体性,因此,

借助"语言"来理解"言语",必将面临情境变化所导致的意指内容难以确定的挑战。郭象将庄子此意略过,直接进入"是非"界面来解释"所言者特未定"之义,则不能不有所失。成玄英从其解,后人随之,终成歧误不断。

③鷇(kòu)音:雏鸟的叫声。成玄英《疏》:"鸟子欲出卵中而鸣,谓之鷇音也。言亦带壳曰鷇。"辩:通"辨",区别。陈寿昌《南华真经正义》:"异乎不异乎?"案雏鸟之鸣,咸其自取,最近于天籁。但其竟无所指耶?若有所指,其指又究竟孰能解之?谅人类必非其类!庄子以鷇音作喻,将人类言语之复杂性一旦揭露,有辩无辩,皆在其中,如此两难问题,尽在"鷇音"二字,行文何其经济而又通透!郭注成疏于此句所做其他解释,因径以鷇音为有辩、有是非而显然失其所宜。

④恶乎:怎样,如何。隐:藏匿,遮蔽,不显露。真伪:指事实之辩,属于真理判断。是非:指对错之辩,属于价值判断。庄子总言"道无所不在",但观人间世种种迹象,人们常常悖道而行,那么,道究竟跑到哪里去了,才使得人们有"真伪"之辩呢?道究竟以其怎样的失位,而导致人们在言语上执着于是非、对错之辩呢?郭象《注》:"道焉不在?言何隐蔽而有真伪,是非之名纷然而起?"案此句与下句均就现象设问,非就情理作答。

⑤往:离去。存:存在,显现。不可:不被认可或接受。郭象《注》:"皆存。皆可。"成玄英《疏》:"存,在也。陶铸生灵,周行不殆,道无不遍,于何不在乎?所以在伪在真,而非真非伪也!"

⑥小成:指功名方面小的成就,即前文"终身役役而不见其成功"之"成"。荣华:指浮夸不实之辞。郭象《注》:"夫小成

荣华，自隐于道，而道不可喻。则真伪是非者，行于荣华而止于实当，见于小成而灭于大全也。"成玄英《疏》："小成者，谓仁义五德，小道而有所成得者，谓之小成也。世薄时浇，唯行仁义，不能行于大道，故言道隐于小成。而道不可隐也。故老君云：'大道废，有仁义。'荣华者，谓浮辩之辞、华美之言也。只为滞于华辩，所以蔽隐至言。所以老君云：'信言不美，美言不信。'"

⑦儒墨：儒家和墨家。成玄英《疏》："儒者，祖述尧舜，宪章文武，行仁义之道，辩尊卑之位，故谓之儒也。墨者，禹道也，尚贤崇礼，俭以兼爱，摩顶（至）[放]踵，以救苍生，此谓之墨也。"是其所非：肯定他人所否定的。是，肯定；其，指辩论的对立一方。非其所是：否定他人所肯定的。郭象《注》："儒墨更相是非，而天下皆儒墨也。故百家并起，各私所见，而未始出其方也。"

⑧以明：用"明"，保持"明"的状态。明，澄澈，空明，即能知大道之空灵心态，为《庄子》的一个非常重要的哲学概念。《老子》："复命曰常，知常曰明。"崔大华《庄子歧解》引藏云山房主人注云："明者，真宰之自然明通也。释家之明心见性者即此明，吾儒之明明德者，亦此明也。"钟泰《庄子发微》："'明者'，脱然于是非之外，而以鉴别夫是非者，《应帝王》篇所云'至人之用心若镜'是也。"既然"非非则无非，非是则无是（郭象语）"，则莫若离于是非之辩，让自心保持在一种"空明"的状态。

物无非彼，物无非是①。自彼则不见，自知则知之②。故曰：彼出于是，是亦因彼，彼是方生之说也③。虽然，方生方死，方死方生；方可方不可，方不可方可；因是因非，因非因是④。是以圣人不由而照之于天，亦因是也⑤。是亦彼也，彼亦是也⑥。彼亦一是非，此亦一是非。果且有彼是乎哉？果且无彼是乎哉⑦？彼是莫得其偶，谓之道枢。枢始得其环中，以应无穷⑧。是亦一无穷，非亦一无穷也。故曰：莫若以明⑨。

【译文】

观物的立场，通常无非彼此两面，从而形成"彼物"和"此物"的认知。所以，物无非彼，物无非此。自彼观物，则此物便不会显现；自此观物，则此物即为观者所知。可以说，彼物自此物而出，此物因彼物而有，这便是彼此方生的理论。不过还要注意，方生实际上与方死相伴，它们相互依存，从而构成万物总是处在方生方死、方死方生的永续流动状态，由此也产生了价值判断上方可方不可、方不可方可的是非准则，进而也启发了人们在行为上因是因非、因非因是的是非随缘智慧。圣人不拘成见而物来照应，就是"是非缘成"观的体现。从这种观点出发，此也就是彼，彼也就是此。如果彼能混同其是非观，此也能混同其是非观，那么，最终还会有什么彼此之别吗？还是根本不会有什么彼此之别？一旦彼此间这种相互对待的关系消弭不存，这种状态便可称为"道枢"，它是道所蕴含的周流变化功能的终极形态。道的运行会形成这样的轴心，而它足以因应无穷的变化。所以，既然所谓的"正确"终将统一于无穷，所谓的"错误"也将统一于无穷，那么，最好是让此心归于空明状态。

【注释】

①"物无"二句：指观物的角度一般总有彼此之分，从而形成见解的片面性。此节自此句至"莫若以明"，应为庄子响应邓析《转辞》的观点而立。陈高傭《公孙龙子邓析子尹文子今解》："世间悲哀喜乐，嗔怒忧愁，久惑於此，今转之。在己为哀，在他为悲；在己为乐，在他为喜。在己为嗔，在他为怒；在己为愁，在他为忧。在己彼，若扶之与携，谢之与让。故之与古，诺之与已，相去千里也。"《荀子·解蔽》篇："凡人之患，蔽于一曲，而暗于大理。……凡万物异则莫不相为蔽，此心术之公患也。"彼，对方，对象。是，此。庄子以"是"代"此"，当非不故意，谅唯"是"方能兼及"此是彼非"之义。庄子之大慧与小巧，能自由贯通于一身，实属千古莫见。郭象《注》："物皆自是，故无非是；物皆相彼，故无非彼。无非彼则天下无是矣，无非是则天下无彼矣。无彼无是，所以玄同也。"成玄英对郭象此注佩服备至，竟然道出一句"此注理尽，无劳别释"，足见郭注确实值得仔细玩味。王先谦《庄子集解》："有对立，皆有彼此。"王叔岷引章太炎说，以为"此下彼、是对举者，即非是对举也"，可通。

②自彼：从彼方的立场出发。不见：看不到。自知：即自是，从此方的立场出发。"知"当为"是"之误。王叔岷《庄子校诠》："'自知'疑当作'自喻'。既'自知'矣，何待言'则知之'邪？"王所疑者固是，但所正者似非，盖其未能照顾下文"彼""是"皆义为"彼""此"之故。知之：获得相关认知。之，指此方所认为正确的认知。

③彼出于是，是亦因彼：言彼、此相互依赖，是对立统一的两方。彼是方生之说：彼此方生的理论，指惠施的"物方生方死"

之说（见《天下》篇），认为彼与此、生与死、是与非之间存在相依相伴关系并处在周流永续的状态。崔大华《庄子歧解》引刘辰翁："有彼方生得此，故曰'彼是方生之说'。"从这一句以及下文专门讨论"指物"并进而使用儒家的"庸"来讨论"用"等问题的内容可以看出，庄子之学问不仅"无所不窥"，而且还兼容并包，综合百家，扬之弃之，终而集成其大。方，正当，正在，刚刚。《庄子》擅于用"方"字描述"万物皆流"、转瞬即逝的状态。此句再度彰显了庄子哲学的辩证法原理。郭象《注》："夫物之偏也，皆不见彼之所见，而独自知其所知，则自以为是。自以为是，则以彼为非矣。故曰'彼出于是，是亦因彼'，彼是相因而生也。"

④"虽然"六句：先言事物方生方死的客观变化，次言人因此而当持有的方可方不可的价值取向，再言人当采取的因是因非的行动策略。三者间有极强的内在因果关联。方可，刚好可以。因是因非，顺应是非之变。是，对的。非，错的。与前文统言，当"是非"相对，则言对错；当"彼是"对举，则言彼此。"方可方不可"，当即"两可"之说，为邓析子所主张。《列子·力命第六》："邓析操两可之说，设无穷之辞。""因"为本篇最重要的关键词之一，也是庄子哲学中伦理学意义上的一个大词，体现庄子主张个人行为在依循道的前提下，应采取顺应是非、和同对错的态度。庄子所用的"因"，也与管子之"因"取义一致，值得注意。《管子·心术上》："无为之道，因也。因也者，无益无损也。以其形因为之名，此因之术也。名者，圣人之所以纪万物也。"郭象《注》："夫生死之变，犹春秋冬夏四时行耳。故死生之状虽异，其于各安所遇，一也。今生者方自谓生为生，而死者方自谓生为

死，则无生矣；生者方自谓死为死，而死者方自谓死为生，则无死矣。无生无死，无可无不可。故儒墨之辩（《续古逸丛书》本"辩"作非），吾所不能同也；至于各冥其分，吾所不能异也。"宣颖《南华经解》："随起亦随仆，随仆亦随起；有是即有非，有非即有是；不能为同，不能为异，从而因之。"

⑤不由：不用，意谓不刻意为用。崔大华《庄子歧解》引吴羽纶注云："由，用也，下文'不用而寓诸庸'即申释此文之恉。'寓诸庸'即'照之于天'之说也。"《荀子·不苟》篇："见由则恭而止，见闭则敬而齐。"照之于天：指以空明之心应对外物。照，如镜之明鉴，反映。天，自然之心。此即智由心出，而此心亦前文之"成心"。因是：即前文因是因非的省文，意谓因顺是非而不执己见，即下文"是不是，然不然"之意，也与后文"朝三暮四"一段的"亦因是也"相照应，是《齐物论》一文的本旨。《养生》篇有"依乎天理，因其固然。"林希逸《庄子鬳斋口义》："古之圣人不用一偏之见，而照之以天理者，即因其是而已矣。前说因是因非，此又只言因是，省文也。"《管子·心术》篇："无为之道，因也。因也者，无益无损也。以其形，因为之名，此因之术也。"又云："因也者，舍己而以物为法者也。感而后应，非所设也；缘理而动，非所取也。故道贵因。"刘武以为"二者均足为本处参证（刘武《庄子集解内篇补正》）"，并认为此句意谓"圣人不由是非之涂，而照之于自然之天，亦惟因之而已"。郭象《注》："夫怀豁者，因天下之是非而自无是非也。故不由是非之涂，而是非无患不当者，直明其天然而无所夺故也。"

⑥是亦彼也，彼亦是也：此即是彼，彼即是此。强调彼此之间相互依存的关系，即从对立统一的角度互看彼此。

⑦彼亦一是非：彼也能混同是非。一，和同，混同，为《庄子》的一个关键词和老、孔、庄的重要观点。是非，对错。果：果然，结果。且有：还会。彼是：彼此。此句谓：假如彼此双方都能混同是非，那么，最终还会有什么彼此之别吗？还是根本不会有什么彼此之别？答案当然是没有了。也就是说，彼此会失去相互对立的对方。这便是下句"彼是莫得其偶"的含义。此句中"是"与"此"混用，须视语境加以区别。

⑧偶：成对，匹配。道枢：道之本源。枢，本源，枢要。枢始：指道的发动和周流运转。环中：指围绕中心运动。后文有"道通为一"、"休乎天钧"等语，皆承此"枢始得其环中"旨意。此句谓：当事物失去其对立的两面时，这时便达到了统一，这种状态叫作"道枢"，它就是道的终极、中心与起始，以它为中心可以应对周流不息、无穷无尽的事物之变。至此，庄子借助一个严密、完美的推理过程，推导出言语（当然也包括其他事物）背后支持其发生的最根本力量——道枢。《淮南子·原道训》："经营四隅，还反于枢。"刘武《庄子集解内篇补正》："上言'是亦彼也，彼亦是也'，则彼亦可谓之是，是亦可谓之彼。彼是两浑，则彼是并不对立而为偶。不对立为偶，则无是非之辩，此即道之枢要也，亦可谓道之本也。……《淮南子·原道训》云：'得道之柄，立于中央。'又云：'执道要之柄，而游于无穷之地'，可与此互相发明。枢犹之柄也。譬之规然，以一端居中，即枢也；他端旋之则成圆。如是，可以圆转无穷。以喻大道无我，尚何有彼？既无彼我，更何有是非？执无彼我之道，犹之执枢然，置之环之中心，可以圆转无穷矣。"

⑨"是亦"二句：言自不同立场观物而形成的是非、对错之

辨,最终都将统一于无穷。是,正确;非,错误;一,统一于。释德清《庄子内篇注》:"言是非泯同于大道,则是亦是道,非亦是道,如庄子诽薄尧、舜,此一于大道也。"庄子至此从前文探讨"彼此"这种属于认识论立场的角度,转而进入价值论的是非判断上来。因此,这里的"是"不再是前文与"彼"相对的"此"。故下文重申"莫若以明",强调以空明之心照应无穷的是非变化。

四

以指喻指之非指,不若以非指喻指之非指也①;以马喻马之非马,不若以非马喻马之非马也②。天地一指也,万物一马也③。

【译文】

试图用某个特定的"能指"来说明其实际所指并非其本义所指——即"非指",不如直接用某个特定的否定性"能指"来说明此"能指"之实际所指并非其本义所指。想依然用"马"这一能指来说明此"马"并非其本义所指的马,不如直接用"非马"这一否定性的能指来说明此"马"的实际所指并非此"马"的本义所指。在语言这个系统里,"天地"二字,也不过是一个能指罢了;同样,"万物"这一能指,也本可以用来指代马。

【注释】

①"以指"二句:句意谓试图用某个特定的"能指"来说明其实际所指并非其本义所指——即"非指",不如直接用某个特定

的否定性"能指"来说明此"能指"之实际所指并非其本义所指。此句直接针对公孙龙《指物论》中"物莫非指,而指非指"以及《白马论》中"白马非马"的观点而起。理解此句,须回到公孙龙的语言逻辑框架当中,还要运用现代符号学理论,并始终不岐离庄子的根本思想。此句中的第一个和第二个"指",即符号学中的"能指",是语言学中的表意符号(如"马"这一术语)。"非指"作为一个组合词,本身也是一个能指,但其中的"指"作为单字在句子中的意义,则与前两个"指"不同,它是符号学中的"所指",是表意符号所指代的实际事物(如实体的、实在的马)。能指与所指,对应的是先秦理论界名家所关注的"名实关系"。庄子在这里(以及本篇所涉及的惠子等人的学说)并未完全否定公孙龙等人的观点,而是采取扬弃的态度,在探讨"言"和"道"这一核心问题时,很好地发展了相关学说。正是由于"言者有言,其所言者特未定也"("所言者"即"所指"),才使庄子在此可以进一步申明自己的观点,形成"此刻"言说的必要性。整个此节文字,都是探讨语言学中的能指与所指以及二者的本质和关系问题。庄子的解决方案,其实已经进入技术层面。郭象《注》对"指"没有作定义性的解释,而其行文中的"我指"和"彼指",极易被误解为"我的手指"和"你的手指"。成玄英《疏》果断释"指"为"手指",开了一个错误的先河。陆德明《经典释文》引崔云:"指,百体之一体。"可见唐时对先秦名家的把握已经失其宗绪,对庄子所言之"指"已产生普遍误解。但宋之吕惠卿以"名实关系"解释此"指"与"非指",已经接近捕捉到了庄子的本意,只是仍有含混之处(《庄子义》):"以指喻指之非指,虽有名实大小之辩,而不出于同体也,曷足以为非指乎!"唯陈景元最早论及庄子之"指非指"与公孙龙《指物论》的关系。据崔大华引陈景元:"'指马'之喻自司马彪、向秀、郭象至有唐名士,皆谓漆园寓言构意而成,斯喻遂使解者归指不同。今阅公孙龙六论,内《白马》、《指物》二论有'白马非马'而'指非指'之说,乃知漆园述作有自来也。"陈说甚是。又章太炎虽然于《齐物论释》中也曾明确庄子此处所言乃针对公孙龙的理论,并直接提出了"能指"、"所指"的区分,但章氏对两个"指"字何者为能指,何者为所指,其意见与此处笔者的立论相左,谅亦非自觉地呼应现代符号学的理论,因此备而不取:"指马之义,乃破公孙龙说。《指物论》篇云:'物莫非指,而指非指',……彼所谓指,上指,谓所指者,即境;下指谓能指者,即识。"

② "以马"二句:句意谓想依然用"马"这一能指来说明此"马"并非其本义所指的马,不如直接用"非马"这一否定性的能指来说明此"马"的实际所指并非此"马"的本义所指。此命题直接针对公孙龙《白马论》中"白马非马"的观点而起。句中的第一个和第二个"马",都是符号学中的"能指",两个"非马"作为组合词也是一个能指,但第一个"非马"中的"马",作为单字在句子中的意义已经是一个所指了。

③ "天地"二句:"天地"、"万物"、"马",皆为能指符号,且各有其对应所指,即天地、万物和马的实体。这些能指与所指之间的关系,并无严格的可与不可的规定。《荀子·正名》:"名无固宜,约之以命,约定俗成谓之宜,异于约则谓之不宜。名无固实,约定俗成谓之实名。名有固善,径易而不拂,谓之善名。"

可乎可,不可乎不可①。道行之而成,物谓之而然②。

恶乎然？然于然。恶乎不然？不然于不然③。物固有所然，物固有所可④。无物不然，无物不可⑤。故为是举莛与楹，厉与西施，恢恑憰怪，道通为一⑥。其分也，成也；其成也，毁也。凡物无成与毁，复通为一⑦。唯达者知通为一，为是不用而寓诸庸⑧。庸也者，用也；用也者，通也；通也者，得也；适得而几矣，因是已⑨。已而不知其然，谓之道⑩。劳神明为一而不知其同也，谓之"朝三"⑪。何谓"朝三"？曰：狙公赋芧，曰"朝三而暮四"，众狙皆怒；曰"然则朝四而暮三"，众狙皆悦⑫。名实未亏而喜怒为用，亦因是也⑬。是以圣人和之以是非而休乎天钧，是之谓两行⑭。

【译文】

从价值判断的立场出发，可则可，不可则不可。道路在人们的行走当中形成，物名在言语称谓中才获得它的意指。为什么如此称谓？原因是人们都如此称谓；为什么不那样称谓？原因是人们都不那样称谓。如果"物"就其言语称谓来说本有其所指，那么，就其功能效用而言就自有其可取之处。于是，就没有一个能指之"物"会完全失其所指，也没有一个能指之"物"会完全一无是处。如此说来，举凡草茎与楹柱之小大，厉女与西施之丑美，以及心意上的恢、诡、憰、怪之是非判断，都将统一于道。就物的实体而言，它总是处在分、成、毁的运动之中。其分中则有成，其成中亦有毁。于是，物也就无所谓成与毁，它总是统一于道。只有圣达之人才能洞悉万物统一于道这一至理，并因此而能自寓于"庸"却不刻意而为。所谓庸，就是用；所谓用，就是通；所谓通，就是得。得就是一种几近于道的境界。此间的原则不过"因是因非"罢了。做到了"因是因非"却又并不知晓其中的缘由,这就叫做"道"。相反,那种劳心费神偏执于一端而不懂道通为一之理者,可以称之为"朝三"。什么叫"朝三"?答案在此:狙公给所养的猿猴喂食橡实,当他说"早晨三个,晚上四个"的时候,所有的猿猴都不高兴;于是狙公说"早晨四个,晚上三个",众猿猴便都很欣悦。对于狙公来说,他的言行只是因顺猿猴们的喜怒来达到他饲养猿猴的目的,名实之间并无什么不当,这也是一种"因是因非"的策略。所以,圣人总是能够和同是非之别而笃定于事物的终极均衡状态,善于因顺自然而明于变通。这种情况也叫做"两行"。

【注释】

①"可乎"二句:指对事物是非对错和命名方面的取舍态度,尤其在名实关系上的态度。可,认可,接受;乎,于,则。郭象《注》:"可于己者即谓之可。"成玄英《疏》:"夫理无是非而物有违顺,故顺其意者则谓之可,乖其情者则谓之不可。违顺既空,故知可不可皆妄也。"《淮南子·泰族训》:"周公诛管叔、蔡叔,以平国弭乱,可谓忠臣也,而未可谓弟也;汤放桀,武王诛纣,以为天下去残除贼,可谓惠君,而未可谓忠臣矣;乐羊攻中山未能下,中山烹其子,而食之以示威,可谓良将,而未可谓慈父也。故可乎可,而不可乎不可;不可乎不可,而可乎可。"刘武谓淮南之说可为参证。

②道行之而成:道路是人们踩踏出来的。这里的"道"不是道理或大道之"道",而是普通的道路。庄子以此比兴手法开启下文。物谓之而然:物的称谓是通过命名形成的,如称为"马",

称为"白马",称为"羊牛"等。此及以下数句皆庄子针对公孙龙《指物论》之"物莫非指,而指非指"观点而发。然,指物名与其意指之间有实在的对应关系,也即物的称谓(如"马"这个名词,为能指)与其所指代的实体或实物(如具体的马的实体,即所指)之间的指称关系真实存在。后文的"然",都与称谓中的名实关系是否一致相关。罗勉道《南华真经循本》:"夫道本无名,人行之而成道之名;物本无名,人谓之而立物之名。则然与不然者,亦人强谓之耳。因而然之、不然之,可也。"宣颖《南华经解》:"道,凡路;物,凡物。"王先谦《庄子集解》:"宣云:'道,路也。'按:行之而成,《孟子》所云'用之而成路'也。为下句取譬,与理道无涉。"

③"恶乎"四句:句谓为什么如此称谓?原因是人们都如此称谓;为什么不那样称谓?原因是人们都不那样称谓。此以对举的方式说明能指与所指之间约定俗成的指称关系及其不稳定性。参见前文注"天地"二句所引《荀子·正名》。

④"物固"二句:句谓"物"就其言语称谓来说本来有其所指,因此,就其功能效用而言也一定有其用处。物,泛指一切以语言命名的称谓,如"牛"与"马"、"厉"与"西施"这些名谓。此句追溯观物的特征(物见彼此、方生方死)和对待这些特征的价值取向(方可方不可),借此来建立"方可方不可"的是非观。

⑤"无物"二句:句承上一句并以之作为前提条件,表明没有一个能指的"物"会完全失其所指,没有一个能指的"物"会完全一无是处。它们在价值上都具有方可与方不可的内在逻辑。

⑥举:言及,举凡。莛:草茎。楹:屋柱。厉:丑恶。成玄

英《疏》："厉，病丑人也。"恑憰怪：通指心意的种种变异。道通为一：从道的角度看并无差异。以上言物在指称上所形成的名实关系中，名不能尽达其实。所以，只有不执著于名谓，才能使名实关系统一于道。这个观点在"道"的层面显与公孙龙的"守白"观点有所不同，但庄子所强调的"道有情有信"，其"情实"观又与公孙龙的"守白"观有内在一致性。

⑦分：分析，分解。成：合成，完成。毁：陨毁，消灭。复通为一：指道一贯于事物的分、成、毁状态。《庚桑楚》篇："道通其分也，其成也，其毁也。"此句进一步阐述在物之分、成、毁的辩证关系中"道通为一"的普遍性。郭象《注》："夫物，或此以为散，而彼以为成。我之所谓成，而彼或谓之毁。夫成毁者，生于自见而不见彼也。故无成与毁，犹无是与非也。"案庄子之分、成、毁三字，看似飘然一过的几个字，但其所关涉的问题，实为现当代分析哲学与现象学共同面对的现象世界的核心问题。

⑧达者：圣达之人。不用：不刻意为用。寓：寄托，贮藏。庸：平常，日常。宣颖《南华经解》："去私见而同于寻常。"郭象《注》："夫达者，无滞于一方，故忽然自忘而寄当于自用。自用者，莫不条畅而自得也。"案"不用"之际的庸，是一种恒常态，如深渊静水，故曰"寓诸庸"。而"用"之际的庸，则无过无不及。此是儒家中庸之道的核心意涵。朱熹《四书章句集注·中庸章句》："喜怒哀乐之未发，谓之中；发而皆中节，谓之和。中也者，天下之大本也；和也者，天下之达道也。注云：'中者，不偏不倚、无过不及之名。庸，平常也。'又注云：'子程子曰：不偏之谓中，不易之谓庸。'"儒家所谓中庸者，与庄子所言的道，本

无二致，只是语言表达上的差异，故此庄子所言的"庸"，与儒家之"庸"，近于一致。从中亦可见庄子对儒学的发扬光大，大有贯通之概。

⑨通：畅达无碍，亦指合于道。得：得当，适当，契合，指事成之合于道。以上四句，层层递进式地阐明庸与用的关系以及以庸御用的道理，体现了道在其间始终不离的作用。适：刚刚，恰好。几：指接近大道。因是已：因顺自然而得事成。因是，为因是因非的省语，即混同是非、顺应自然，不以对错为执念；已，而已。句中的"得"，又通"德"。《管子·心术上》："故德者，得也；得也者，其谓所得以然也。以无为之谓道，舍之之谓德。故道之与德无间，故言之者不别也。间之理者，谓其所以舍也。"王弼《老子·三十八章》注："德者，得也。常得而无丧，利而无害，故以德为名焉。何以得德？由乎道也"。又《五十一章》注："道者，物之所由也；德者，物之所得也，由之乃得。"

⑩已：事成，作罢。不知其然：不知其缘由。极言成事而不受执念的干扰。郭象《注》："达者因而不作。夫达者之因是，岂知因为善而因之哉？不知所以因而自因耳，故谓之道也。"宣颖《南华经解》："通为一则无所用其分别。道，孰有妙于因乎！"郭、宣所见之"因"，何其重要的一个概念！

⑪劳：烦扰，操劳。神明：心。为一：刻意求其一端。或解为"刻意求通于一"，亦通。庄子用"为"，往往有"刻意"之意，即"助长"。如"为用"、"为天下"等。同：指本来相同、相通。朝三：早晨三个。庄子在此单言朝三，特指劳心而固执于一端，不识变通，因此，"朝三"是被当做一个重要的概念提出的。下文狙公善于在朝三暮四和朝四暮三中变通，故言"亦因是也"，乃

为赞语。庄子既反对执意于朝三，也反对执意于暮四。各家注解于此处皆误会庄子本意，几无例外。

⑫狙（jū）公：养猿猴的老翁。狙，猿猴。赋：给予，分发。芧（xù）：橡子。

⑬名实未亏：名和实都没有减损。亏，短缺，亏损。喜怒为用：因顺其喜怒而成用。用，养狙。庄子举猿猴这种灵长类动物来象征其知数之多寡而又偏执于朝四，举狙公的养狙身份来象征对众狙的超越地位，这种超越最终体现在他不仅有关于数量多寡的知识，而且还能变通地应对是非成见。狙公之行，乃同于大道的因是因非之行。

⑭和：调和，混同。休：息，止。天钧：天轮，天的轴心、中枢，义近于道。钧，本或作"均"，制作陶器的转轮。陆德明《经典释文》："钧，本又作均。崔云：'钧，陶钧也。'"刘武《庄子集解内篇补正》："凡陶钧有枢。上文'道枢'，天钧之枢也。"又见于《庚桑楚》篇："知止乎其所不能知，至矣；若有不即是者，天钧败之。"《寓言》篇："万物皆种也，以不同形相禅，始卒若环，莫得其伦，是谓天均。天均者天倪也。"两行：即因是因非之行，意谓因顺自然而明于变通，犹"方可方不可"之谓。郭象《注》："任天下之是非。"成玄英《疏》："不离是非而得无是非，故谓之两行。""天钧"、"两行"亦为庄子学的重要概念。

五

古之人，其知有所至矣①。恶乎至？有以为未始有物者，至矣，尽矣，不可以加矣②！其次以为有物矣，而未始有封也③。其次以为有封焉，而未始有是非也④。是非之彰也,道之所以亏也。道之所以亏,爱之所以成⑤。果且有成与亏乎哉?果且无成与亏乎哉?有成与亏,故昭氏之鼓琴也;无成与亏,故昭氏之不鼓琴也⑥。昭文之鼓琴也,师旷之枝策也,惠子之据梧也,三子之知几乎,皆其盛者也,故载之末年⑦。唯其好之也,以异于彼;其好之也,欲以明之彼⑧。非所明而明之,故以坚白之昧终⑨。而其子又以文之纶终,终身无成⑩。若是而可谓成乎,虽我亦成也;若是而不可谓成乎,物与我无成也⑪。是故滑疑之耀,圣人之所图也⑫。为是不用而寓诸庸,此之谓"以明"。

【译文】

上古之人,他们的知识有着不同的境界。有哪些境界?一种境界认为世界本无一物,这种观点至精至妙,无以复加。次一等的境界认为世界有物,但诸物同一,并无界限、区别。再其次的境界,认为世界之物虽有界限、区别,但并无是非、对错之别。一旦是非、对错观念成为主导,大道便随之亏缺了。大道所亏缺的地方,恰是偏私所滋生的地方。世界真有所谓成全和亏缺吗?还是根本无所谓成全与亏缺呢?说有成全与亏缺也可以,比如昭文鼓琴的时候;说没有成全与亏缺也可以,比如昭文不鼓琴的时候。昭文的鼓琴而歌,师况的击策而舞,惠子的据梧而吟,三人的知识境界相仿,都是出类拔萃的,所以能终其一生而不辍。只是他们本来所好各有不同,却又想各以其所好而使他人服膺于己。这种不分对象而强求他人接受己见的做法,最终仍不免昧于"离坚白"之辩。就连终生习练父亲鼓琴之技的昭文之子,到头来也还是达不到其父的成就。像他们这样也算有所成吗?果真算的话,我也算有所成了。像他们这样还算不得有所成吗？果真不算的话，我与别人便都无所谓成了。所以，有一种可被称为"滑疑之耀"的显相方式，以其似耀非耀、虚灵不定、滑和随顺的光相，成为圣人所追求的现身显相之道。圣人为达到这样的境界，并不刻意而为，常置心于庸然状态，让心归于空明，这也同样是所谓的"以明"。

【注释】

①知（zhī）：知识，认识。有所至：各有其所能达到的不同境界。至，到达，企及。以下分述可能达至的各种境界之不同。以往注家多以"知"读为"智"，训"至"为"极"，失之。一者《庄子》中之"知"，多无"智"意。二者，以本节语境论，只有下文之"至矣，尽矣，不可以加矣"之"至"，方有"极"义，其"知"方近于"智"而又不是"智"，而其后各境界之"知"，均为一般之"知识"；三者，此处庄子言"古之人"而非"古之真人"，故情理当中，古人不可能人人达到"知之极处"甚至"智之极处"，而事实上庄子所摆定的事实，也恰恰并非如此。《庄子》文义甚明，本无可辩，但自郭象始，因失其诂，而致后人误解不止。

②以为：认为。未始：未曾，无。有物：存在某种实在的事物。至：极，最高点，此就空间言。尽：穷尽，终极，此就时间言。不可以加：无以复加。加，追加，重叠，谓更在其上。句谓拥有最高智慧的古人是那些认为世界本无一物的人，这些人的境界已经达到了知识的顶点、尽头，就知识的境界而言，已经没有比他们更高的了。这是"无"或"无有"及"无极"的境界，对此庄子在以后的篇章尤其是《知北游》篇中多有回应。郭象

《注》:"此忘天地,遗万物,外不察乎宇宙,内不觉其一身,故能旷然无累,与物俱往,而无所不应也。"此论或为后来佛教传入中国并发扬光大而出禅宗一脉的思想渊源。《坛经》载六祖慧能的偈语云:"菩提本无树,明镜亦无台。佛性常清净,何处染尘埃。"其中见其思想源流中浓厚的庄学成分。

③封:疆域,界域,界限。与后文"畛"相比,虽同为表示界限的词语,但封更为严格,而畛仅是宽松的界限。句谓处于次一等道德境界的古人是那些认为世界有物的存在但物与物之间却没有差别和界限的人。这是"有"或"有有"与"有无"及"太极"的境界,对此庄子在其他篇章也有回应。郭象《注》:"虽未都忘,犹能忘其彼此。"

④"其次"句:句谓处于再次一等境界的古人是那些认为物物之间虽然不同但并无对错、好坏、是非之别的人。这是能"混同是非"的境界,可比为阴阳有分的状态。其善于乘、御者,《庄子》全书是以此类人(其代表则是孔子)为核心加以褒扬、赞美的,而当此类人的境界几近于此而又未达时,庄子则或以批评的口吻予以警示、讽劝,或以由其自省的方式以彰显圣人孜孜于提升境界的风范。郭象《注》:"虽未能忘彼此,犹能忘彼此之是非也。"

⑤彰:凸显。爱:偏私。成:成就,形成。道亏:亏缺,伤害。陈寿昌《南华真经正义》:"浑然之体伤矣。"句谓一旦是非、对错观念成为主导,大道便随之亏缺了。大道所亏缺的地方,恰是偏私所滋生的地方。此是世俗人常常泥陷的境界,古人亦不能免。庄子列举,以警后人,以立其论。郭象《注》:"无是非,乃全也。道亏则情有所偏而爱有所成,未能忘爱释私、玄同彼我

也。"以上数句,综述古人四种知识境界,暗寓有知、无知、得道的道德修为阶次。其中"有以为"三字,明标所言为认识论而非宇宙论范畴。后人忽略此三字,致使理解上出现偏误。朱得之《庄子通义》:"此一段固是自天地之初说来,然会得此理,眼前便是。且如一念未起,便是未始有物之时;此念即起,便是有物。因此念而后有物我,物我便是有封。因物我而有好恶,便是有是非。于此回思,但见胸次胶扰,便是道亏而爱成。及此念一过,依然无事,何尝有成亏?"

⑥昭氏:姓昭,名文,善鼓琴。故:则,即。师旷:字子野,晋平公的乐师,精通音律。郭象《注》:"有之与无,斯不能知,乃至。夫声,不可胜举也。故吹管操弦,虽有繁手,遗声多矣。而执龠鸣弦者,欲以彰声也。彰声而声遗,不彰声而声全,故欲成而亏之者,昭文之鼓琴也;不成而无亏者,昭文之不鼓琴也。"

⑦枝策:持杖击节以成韵律。枝,持;策,杖。陆德明《经典释文》:"枝策,崔云:'举杖以击节。'"惠子:即惠施。据梧:倚靠着梧桐树。陆德明《经典释文》曾引司马、崔二人释"梧"为"琴瑟",失之。一者如成玄英言:"昭文已能鼓琴,何容二人共同一伎?况查典籍,无惠子善鼓琴者也。"二者,在《德充符》篇,庄子语惠子云"据槁梧而瞑",《天运》篇言"倚于槁梧而吟","梧"字前均置"槁",乃为明梧之槁,必非为明琴之槁也;三者,如刘师培言:"槁梧与树并文,似非乐器(据崔大华《庄子岐解》)。"三子之知(zhī):三人的知识境界。几:接近,相若。王先谦《庄子集解》:"三子之智[知],其庶几乎!"盛:美大,盛大,负有盛名。载:行事,从事。末年:晚年。刘武《庄子集解内篇补正》:"载之末年者,言三子于其所知,行之于晚年,犹

言从事至于终身也。与下文'其子又以文之纶终'其意相同。所以如此者，由其好之也。"盖惠子与庄子同时，虽早死，但庄子不能知其事迹是否会载入史册，故释"载之末年"为"记载之传于后世"，非是。郭象《注》："夫三子者，皆欲辩而非己所明以明之，故知尽虑穷，形劳神倦，或枝策假寐，或据(捂)[梧]而瞑。"成玄英《疏》："三子之能，咸尽于此。"此句及下句至"坚白之昧终"，为叙述昭文之事时连带引申出的内容，类如夹叙夹议。

⑧"唯其"四句：句谓只是他们本来所好各有不同，却又想各以其所好而使他人服膺于己。其，指三子。彼，三子间相对各方。明，明示，晓谕。此四句连同以下二句，各注家读法不一。如钟泰便以"以异于彼其好之也"八字为句（《庄子发微》），并指出："'彼其'叠用，古多有之，如《诗》'彼其之子'是也。'欲以明之彼'句，盖言三子之所好，各以与他人之好者异，故恒欲明之于人也。不知道非所明，而强明之，'故以坚白之昧终'。"林云铭《庄子因》："惠子之所好独嵩，故欲明之独切，不知非所当明而明焉，是以终于坚白之昧而不悟也。"然虽各家句读不同，但对全句意旨的领会大体接近。郭象《注》："言此三子，唯独好其所明，自以殊于众人。明示众人，欲使同乎我之所好。"陈寿昌《南华真经正义》："自以为异于人，且欲以晓于人。"

⑨"非所"两句：句谓这种不分对象而强求他人接受自己的做法，最终仍不免昧于"离坚白"之辩。所明，所欲明示之人，即言辩中要说服的对象。坚白，即"离坚白"之说，出于公孙龙《坚白论》，认为石头的颜色之白与触性之坚是可以分离而独立存在的，关键在于要坚持物物之间存在着是非之别。此句言及坚白，

总指三子均有认同该说所持的坚执于言辩的倾向，并非单言惠子。以往注家因庄子在《德充符》篇有讥惠子"天选子之形，子以坚白鸣"之语，而误以为此两句单指惠子而言，致使语句冗出于上下文，而文意也不可解。郭象《注》："是犹对牛鼓簧耳！彼竟不明，故己之道术，终于昧然也。"

⑩其：有两解，一者指昭文，二者指惠子。文：亦有二解，一者指昭文，二者指文章。纶：亦有二解，一者指琴弦，二者指纶绪，线索，此二解亦相通。两种解释各有其逻辑，但因缺乏史实考证，难以定夺。此处乃据语境文意而从第一解，意谓昭文之子受昭文鼓琴之教却终身不得，是乃"非己所明而明之"这种徒劳之举在教育下一代这件事上也有所体现。盖父子乃为彼此最能肖似之人，倘若子承父业还不能有所成，则足以说明说服他人之难。《天道》篇轮扁之叹，正申此意："臣不能以喻臣之子，臣之子亦不能受之于臣，是以行年七十而老斫轮。"郭象《注》："昭文之子又乃终文之绪，亦卒不成。"成玄英《疏》："言昭文之子，亦乃荷其父业，终其纶绪，卒其年命，竟无所成，况在他人，如何放哉？"

⑪若是：如果这样，果真如此，指三子尚辩、欲明于人。成：成全，成就，成事。与前文"亏"正相对照。庄子自以为他此时之著文、与人言辩，与三子的行为本质上是一样的，故有是谓。物与我：外物与我。物，指我之外的一切人、事、物，它们在与"我"相对待中而存在。郭象《注》："此三子虽求明于彼，彼竟不明，所以终身无成。若三子而可谓成，则虽我之不成，亦可谓成也。物皆自明而不明彼。若彼不明即谓不成，则万物皆相与无成矣。故圣人不显此以耀彼、不舍己而逐物，后而任之，各宜

其所能，故曲成而不遗也。今三子欲以己之所好明示于彼，不亦妄乎！"

⑫滑疑之耀：以光的形式呈现一种顺滑、虚灵的外部形象。滑，润滑，光滑，圆滑，指平滑、流利的样子。《说文》："滑，利也。"疑，怀疑，玄惑，虚幻，指虚灵、迷离的样子。耀，照耀，即光的显现、流布。图：谋取，追求。以明：任由于明，指放心于空明虚静的状态。以，凭借；明，空明。圣人于世，亦有行迹、形相外示于人，耀如光照，但圣人必不求刻意明示于人，惟求呈现某种充满不确定性同时也有无限可能性的形象。这与释家之如来、千手观音等佛之显相，又何其相似！此句注家历来众说纷纭且不免牵强曼衍，甚至将此"滑疑"完全解为贬义之辞，所据多自陆德明《经典释文》引司马云："滑，乱也。屈求物反。"这与原文"圣人之所图"正相违背。在《庄子》一书中，举凡与"滑"相关而组合成的词语，有滑和（《德充符》篇）、滑欲（《缮性》篇）、颉滑（《胠箧》篇、《徐无鬼》篇）、能滑（《田子方》篇）、滑心（《天地》篇）、滑成（《庚桑楚》篇）、滑涽与滑疑（《齐物论》篇），其中的"滑"字义，实际上有着微妙差异，不可不细加辨察而笼统待之。刘武《庄子集解内篇补正》于此论之甚详且当，宜从之："所谓滑疑之耀者，似耀非耀，疑而不定之光，因滑以和之也。故兼有《老子》'和其光，同其尘'之意。下文'摇光'，亦此类也。本书中有'天光'，有'人光'。《庚桑楚篇》：'宇泰定者发乎天光。'此不炫耀之光也，庄子之所取也。《列御寇》之'形谍成光'，此炫耀之人光也，庄子之所去也。滑疑之耀，因为庄子所取，故曰'圣人之所图也'。"

今且有言于此，不知其与是类乎？其与是不类乎？类与不类，相与为类，则与彼无以异矣①。虽然，请尝言之：有始也者，有未始有始也者，有未始有夫未始有始也者；有有也者，有无也者，有未始有无也者，有未始有夫未始有无也者②。俄而有无矣，而未知有无之果孰有孰无也③。今我则已有谓矣，而未知吾所谓之其果有谓乎？其果无谓乎④？天下莫大于秋豪之末，而大山为小；莫寿乎殇子，而彭祖为夭⑤。天地与我并生，而万物与我为一⑥。既已为一矣，且得有言乎？既已谓之一矣，且得无言乎？一与言为二，二与一为三。自此以往，巧历不能得，而况其凡乎⑦！故自无适有，以至于三，而况自有适有乎⑧！无适焉，因是已⑨！

【译文】

下面要说的话，不知它们与上述所论是同属一类呢，还是不属于一类？不管是否同属一类，既然相互间可以作为类别对照，那么，这些话所表达的，就与前文所论没有什么差异了。虽本毋庸多言，但不妨还是试着说一下。人们对世界的认识，观点是不同的。从时间的角度看，有认为世界是有开端的，有认为世界是不曾有开端的，有认为不曾有认为世界是不曾有开端的。从空间的角度看，有认为世界是有物自存的，有认为世界是无物自存的，有认为未曾有认为世界是无物自存的，有认为未曾有认为未曾有认为世界是无物自存的。一会儿认为有物自存，一会儿认为无物自存，却又不知道这"有"和"无"，究竟是什么"有"、什么"无"。现在，我已经有所言说、称谓了，但我实不知我所言说、称谓的，到底是有所称谓呢，还是根本无所称谓呢？如果说天下没有比秋毫之末还大的东西，那么，大山也算是小的；如果说没有什么比夭折的小孩还长寿，那么，彭祖也算是短命的。天地与我，同有生死；万物与我，同为一类。既然同属一类，还有什么值得辩说的呢？既然言说也与之同为一类，那可以不与辩说吗？从有所区别的角度看，一物加上其言说或名谓，便已经是二物了；此二物再加上相应的名谓，又成为三物了。如此下去，再精于计算的人，也无法算尽其结果，更何况平常人呢！从无到有，从无、有还可以到三，何况此后还可以从众有到万有呢！算了吧，不要刻意去谋求一个合适的称谓、言说，还是因顺自然、是非随缘吧！

【注释】

①有言：指下文"有始"以下之言，乃针对上文古人"知有所至"的多重境界，回应前文"言者有言"、"物谓之而然"，进一步推进对"今我则已有谓矣"的"有谓"和"无谓"问题的讨论。是：此，总括上文之论。类：同。彼：即前"是"之所指。此句话语转折，因而彼此互换其位，意指亦随之而对调。郭象《注》："今以言无是非，则不知其与言有者类乎不类乎？欲谓之类，则我以无为是，而彼以无为非，斯不类矣。然此虽是非不同，亦固未免于有是非也，则与彼类矣。故曰类与不类，又相与为类，则与彼无以异也。然则将大不类，莫若无心。既遣是非，又遣其遣，遣之又遣之，以至于无遣，然后无遣无不遣，而是非自去矣。"

②尝：尝试。有始：认为有开始。有，认为有；始，时间的起源。未始：未曾，未尝。王先谦《庄子集解》："成云：'未始，

犹未曾也。'案：事端未露。"有有：认为有物自存。有无：认为无物自存。《知北游》篇有"光曜问于无有"一节，其中"无有"是比"有无"更高的终极状态，指不管在知识还是本体层面，世界都是"无"，与此处"有未始有夫未始有无也者"对等。此处所言之"无"，即为"无极"之所在，"有"则为"太极"之始。周敦颐言"无极而太极，太极本无极"，虽可追至《易》，亦当本于《庄子》（参见《朱子语类·易七》）。自"虽然"后数句，从时间和空间两个角度讨论"物之其有其无"的问题。与前文"知有所至"所列举的境界差异相比，这里的陈述顺序正好与之相逆，是先从"有始"和"有有"（前文所谓"有物"即合并此二者）开始的。其中有始、有有当中的两个"有"，前一个作为修饰语，表示"认为有"，乃从知识层面立意；后一个作为主词，表示"物的存在"，乃属本体论范畴。合此二者，便是认识论问题。

③俄而：转眼之间，极言时间流动之速或识见变化之快。有无：有与无，指物的存在与否。孰：谁，什么，怎么。郭象《注》："此都忘其知也，尔乃俄然始了无耳。了无，则天地万物，彼我是非，豁然确斯也。"

④有谓：有所言说、有所称谓，即说话。无谓：未曾言说、无所称谓。此处的"有"、"无"亦为修饰语，均有"认为有"和"认为无"的含义，是就知识论层面而言的。庄子此处"有谓"、"无谓"之说，亦从回应公孙龙《名实论》之"谓"与"不谓"起论："夫名实，谓也。知此之非也，知此之不在此也，则不谓也；知彼之非彼也，知彼之不在彼也，则不谓也。"

⑤秋豪：即秋毫，秋天鸟兽新生的毫毛。末：末端。大山：又本作"太"。成玄英《疏》："太，大也。"寿：长寿。殇子：夭

折的小孩。彭祖：见《逍遥游》篇注。此四句设假言于前，得推论于后，关键是为了建立一种辩证关系，目的在于推演出以言辩来决定是非、对错之妄。陆西星《南华真经副墨》："四句虽是矫辞，然亦却有至理。盖大小寿夭，皆夫人意见所立之名；一受其名，便有封畛，不可通而为一。"郭象《注》："夫以形相对，则太山大于秋毫也。若各据其性分，物冥其极，则形大未为有余，形小未为不足。[苟各足]于其性，则秋毫不独小其小，而太山不独大其大矣。若以性足为大，则天下之足未有过于秋毫也。"

⑥并生：同有生死。为一：同为一类。一，一体，一类，即可以和光同尘者。郭象《注》："苟足于天然而安其性命，故虽天地未足为寿而与我并生，万物未足为异而与我同得，则天地之生又何不并，万物之得又何不一哉！"

⑦巧历：指精于计算的人。历，数，算。凡：指凡庸之人。此处内含的语言学逻辑，正与《公孙龙子·通变论》的"鸡足三"一致，可以参看。郭象《注》："夫以言言一，而一非言也，则一[与]言为二矣。一既一矣，言又二之，有一有二，得不谓之三乎？夫以一言言一，犹乃成三，况寻其支流！凡物殊称，既有善数，莫之能纪也。故一之者，与彼未殊；而忘一者，无言而自一。"注家通常将此段文字与《老子》"道生一，一生二，二生三，三生万物"相提并论，以为是同一逻辑。其实不然，勉强加以比附，则庄子文意便不能得。老子所论，唯在本体论；庄子所论，兼有本体论和认识论：自存之物固是本体论的，而言语、称谓属于知识论的。人类由于创造了语言这一独立的存在体系（此拙见收于《灵水识谭》中之"诡谲的第二系统"一文），因此才使世界上的自存之物硬是增加了一个系统。庄子此处所论，逻辑基点

便在此。庄子以"有言"、"谓之"、"无言"、"一与言"等表述，反复申明他之所论，显然在兼顾本体论和知识论。

⑧自无适有：从无到有。适，往，去，至。以至于三：指"无"本是个"一"，"有"则是另个"一"，继而若以言称谓此"无、有"，则又有个"三"。自有适有：从众"有"到万"有"。郭象《注》："夫一，无言也。而有则至三，况寻其末数，其可穷乎？"

⑨无适：不刻意寻求称谓、言说的适宜。无，同"勿"；适，此处指刻意调节以求其合适。因是已：和同是非、因顺自然罢了。此句谓言辩当止于顺应，其理在于得道之行乃在于"因是因非"，故言亦必"应"而"无适"。案庄子此论，虽为针对公孙龙的"名辩"之论，但其所本，当宗老子之"大音希声"，及管子之"不言之言"，故有"大辩不言"之论。《老子·七十三章》："天之道，不争而善胜，不言而善应。"《管子·心术上》："'不言之言'，应也。应也者，以其为之人者也。执其名，务其应，所以成之，应之道也。无为之道，因也。因也者，无益无损也。以其形，因为之名，此因之术也。名者，圣人之所以纪万物也。人者，立于强，务于善，未于能，动于故者也。圣人无之，无之则与物异矣。异则虚，虚者，万物之始也，故曰'可以为天下始'。"郭象《注》："各止于其所能，乃最是也。"成玄英《疏》："故无所措意于往来，因循物性而已矣！"

夫道未始有封，言未始有常，为是而有畛也①。请言其畛：有左，有右；有伦，有义；有分，有辩；有竞，有争；此之谓八德②。六合之外，圣人存而不论；六合之内，圣人论而不议③。春秋经世，先王之志，圣人议而不辩④。故分也者，有不分也；辩也者，有不辩也⑤。曰：何也？圣人怀之，众人辩之以相示也。故曰：辩也者，有不见也⑥。

【译文】

由于"道"周遍万物而无所区别，而"言"的意指又不稳定，因此，言语中便要用到一些表意的范畴。我试着说说这些范畴：它们有"左"和"右"，有"伦"和"义"，有"分"和"别"，有"竞"和"争"。这些范畴就是所谓的八德。对于八德所表征的现象，在六合之外的出世间，圣人根本不予述及；在六合之内的世间，圣人述而不议。圣人孔子撰著《春秋》，目的在于经纬世事，传承先王之志，其中即使有所评议，也并不与人以言锋相争。因为，强作区分，便有不可区分之处；强为争辩，便有不可争辩之处。也许你会问：为什么？因为圣人以不辩为怀，而众人所以与人相争，就是为了标举己见。所以说，争辩的根源是人们有所不见。

【注释】

①道未始有封：道并不存在界别、疆域。郭象《注》："冥然无不在也。"有常：有确定的意指。为是：为此，所以。另有一说"是"为是非之是，句谓"只为争得一个'是'字"，于义未当，不取。查《庄子》中用"为是"组词之处共有8处，其中《齐物论》篇中有4处，分别是"为是而举莛与楹"、"为是不用而寓诸庸"（2处重出）、"为是而有畛也"；《天运》篇中有"以富为是者，不能让禄；以显为是者，不能让名"2处；《庚桑楚》篇有

"为是举移是"1处;《寓言》篇有"同于己为是之,异于己为非之"1处。仔细核对各处用法,凡以"为是"起句者,其义均表"为此"而与是非之义无关。畛(zhěn):田间小路,田畴,界限,范围。"畛"虽与"封"义近,但并不相同。封之界或在国,畛之界在阡陌,二者范围略有差等。此处"畛"尤指内涵较为宽泛但其外延仍有边界的语言范畴,与一般术语的概念性定义(术语的确切意指)所要求的严格性有所区别。

②八德:指八种品行表现。左、右:左右之分,实属相对。在我为左者,在彼或为右。故郭象《注》言:"各异便也。"《老子·三十四章》:"大道泛兮,其可左右。"庄子此所谓左、右,亦兼左卑右尊之义。伦、义:指轨范、义理上展现的行为差别。郭象《注》:"物物有理,事事有宜。"成玄英《疏》:"伦,理也;义,宜也。"分、辩:区分与辨别。辩,别。郭象《注》:"群分而类别也。"竞、争:比拼与争执。郭象《注》:"并逐曰竞,对辩曰争。"案此所论之八德,都属于建立在个人主体性基础上形成的相互对立又互相依存、可以相互转化的辩证关系,因此也成为当时儒、墨争论的焦点。先秦时期,道、德、知是三个极为重要、相互关联因此也经常被相提并论的学术概念,而名家及庄子又通过名实关系将"言"纳入其中予以讨论,从而建立起更为宏大的理论体系。《管子·枢言》:"德者,道之舍,物得以生,生知得以职道之精。故德者,得也。得也者,其谓所得以然也。以无为之谓道,舍之之谓德。故道之与德无间,故言之者不别也。"案道之精在无,德之精在有,德主要是直接指导人的行为,至德则当合于道,至言自然亦合于道。契道至言,乃不言之言,"应"而已。亦参见前注。

③六合：天地，因天地为东、西、南、北、上、下六方所围，故又称六合。六合之外，喻出世间；六合之内，喻世间。存：持存，藏。论：叙述，陈及，就事实之真伪言。议：评论，就是非、对错言。句谓：尽管有上述八德之分，但在出世间，圣人对此乃和而同之，并不述及；在世间，圣人乃仅陈其事，不议其是。

④春秋：即孔子所撰《春秋》，借以言圣人治史之惯例。详解可参见刘武《庄子集解内篇补正》和钟泰《庄子发微》。经世：治世。王先谦《庄子集解》："经纬世事。"先王之志：指先王治世之志。辩：以言锋相争执。案或有疑此《春秋》非指孔子所撰之《春秋》，非是。刘向《说苑·君道》："孔子曰：'夏道不亡，商德不作；商德不亡，周德不作；周德不亡，《春秋》不作；《春秋》作而后君子知周道亡也。'"成玄英《疏》："祖述轩顼，宪章尧舜，记录时代，以为典谟，轨辙苍生，流传人世。而圣人议论，利益当时，终不执是辩非，滞于陈迹。"

⑤"故分"句：强作区分，便有不可区分之处；强为争辩，便有不可争辩之处。郭象《注》："夫物物自分，事事自别，而欲由己以分别之者，不见彼之自别也。"

⑥不见：指所见不能全面。接前文"物无非彼，物无非是。自彼则不见，自是则知之。"郭象《注》："不见彼之自辩，故辩己所知以示之。"

夫大道不称，大辩不言，大仁不仁，大廉不嗛，大勇不忮①。道昭而不道，言辩而不及，仁常而不成，廉清而不信，勇忮而不成②。五者圆而几向方矣！故知止其所不知，至矣③。孰知不言之辩，不道之道？若有能知，此之谓天府④。

注焉而不满，酌焉而不竭，而不知其所由来，此之谓葆光⑤。

【译文】

大道不用指称，大辩不以言说，大仁不求施仁，大廉不执逊让，大勇不恃猛悍。道彰则不导人，言辩则不及义，廉清则难取信，勇忮则不成勇。总此五端，圆通与圭方之间的转换仅在须臾。所以，若能以不知作为知的休止之处，便达到了知识的至高境界。谁能知道不用言语的辩论、无可称说的大道呢？如果有谁知道，那就仿佛有某种"能知"的存在，它就是所谓的"天府"。天府的特点是，无论如何向其中灌注也不会满溢，无论如何从其中汲取也不会干涸。谁也不知道它从何而来，这就叫做"葆光"。

【注释】

①大道不称：道因其大而不能以名谓称之。称，称谓，指称。《老子·二十五章》："有物混成，先天地生，寂兮寥兮，独立而不改，周行而不殆，可以为天下母。吾不知其名，强字之曰道，强为之名曰大。"大辩无言：即所谓至言无言。辩，争于是非之辩。大道混同是非，故无别，则不置言于辩。《老子·五十三章》："知者不言，言者不知。"《二章》："是以圣人处无为之事，行不言之教。"大仁不仁：大仁无所偏私，故不独仁于人。郭象《注》："无爱而自存也。"《韩非子·解老》："仁者，谓其中心欣然爱人也。其喜人之有福，而恶人之有祸也；生心之所不能已也，非求其报也。故曰：'上仁为之而无以为也。'"大廉不嗛（qiān）：合于道的廉不会刻意谦让。嗛，通"谦"，逊让。大勇不忮：大勇则不以武力为能。忮（zhì），强悍，猛恶。《老子·七十三章》："勇于

敢则杀，勇于不敢则活。"《淮南子·诠言训》亦有相近表述："大道无形，大仁无亲，大辩无声，大廉不嗛，大勇不矜。五者无弃，而几向方矣。"但其中"五者无弃，而几向方矣"则在诠释后文"五者圆而几向方"这一相反之意。此节为庄子总结前言、统而论之之语。

②道昭而不道：道本隐约，如果昭彰显著，便不会发挥其导人的功能。道昭，道彰，道显；不道，不能导人。第一个"道"字，为"天道"、"大道"之道，第二个"道"字，义为引导。言辩：指言辞雄辩，能争善辩。不及：词不达意。仁常：指求仁而不能变通，为仁而仁，将仁作为常态。不成：不成仁，意谓执于求仁则仁不能周成于事。奚侗《庄子补注》："成，江南古藏本作周。郭《注》'常爱，必不周'，是郭本亦作周。"奚侗所改，义曲故不取。廉清：指廉洁到了至清的程度。俗语所谓水至清则无鱼之谓也。勇忮而不成：指勇武到了猛悍的地步，则不成其勇武。

③五者圆而几向方：五者本圆但也几乎可以变为方。五者，指道、仁、辩、廉、勇；圆，圆通，圆融；几向，近于朝向，可能变为；方，方形。案《淮南子·诠言训》所谓"五者无弃，而几向方矣"即本此句，意谓若执念于五者，则"圆"亦转而几成"方"矣。"无弃"二字是字眼所在。前文所列五者，就其本义而言，均有几于道的圆融品质，可谓"五圆"。但若执为教条而刻意为之，则必陷入助长之过而成背道之行。罗勉道《南华真经循本》："'大道不称'至'大勇不忮'，五者本圆活道理；'道昭而不道'至'勇忮而不成'，五者却拘执了，是几向方矣。"庄子言"八德"，言"五圆"，皆就"德"上言，而其用意，在于彰显老子"无为"之旨并发扬之。凡刻意于"五圆"者，皆有悖于老

子"无为"之意。《韩非子·解老》:"所以贵无为、无思为虚者,谓其意无所制也。夫无术者,故以无为、无思为虚也。夫故以无为、无思为虚者,其意常不忘虚,是制于为虚也。虚者,谓其意无所制也。今制于为虚,是不虚也。虚者之无为也,不以无为为有常。不以无为为有常,则虚;虚,则德盛;德盛之谓上德。故曰:'上德无为而无不为也。'"知止其所不知:以不知作为知的休止之处,即寓知于不知,与寓用于庸相类。至:极致,至高境界。案以知不知为知之至,举凡东西方古代圣智之人,皆有此"无知"之明,如孔、老、释诸子及苏格拉底,盖无例外者。

④不道之道:不以言语传达、陈述之道。第一个"道",谓以言指称;第二个"道"犹"大道"。能知:具有认知功能的某种存在,为道之所存之处,与所知相对,类于王阳明所谓"心之体",亦即庄子所谓"天府"。天府:能涵容天地万物者,即能知,也即心体,亦管子称之为"宫"者。《管子·心术上》:"'洁其宫,阙其门'。宫者,谓心也。心也者,智之舍也,故曰'宫'。洁之者,去好过也。门者,谓耳目也。耳目者,所以闻见也。"

⑤注焉而不满:向里边注水却永远不满。酌焉而不竭:从里边汲水却永不枯竭。所由来:来处。葆光:敛育光芒。此句极言"天府"之深广冥昧,有光而内敛。成玄英《疏》:"夫巨海深宏,莫测涯际,百川注之而不满,尾闾泄之而不竭。体道大圣,其义亦然。万机顿起而不挠其神,千难殊对而不忤其虑,故能囊括群有,府藏含灵。又譬悬镜高堂,物来斯照。能照之智,不知其所由来,可谓即照而忘、忘而能照者也。"

故昔者尧问于舜曰:"我欲伐宗、脍、胥敖,南面而不释然①。其故何也？"舜曰："夫三子者，犹存乎蓬艾之间②。若不释然，何哉？昔者十日并出，万物皆照，而况德之进乎日者乎③！"

【译文】

所以，从前尧帝曾问舜："我想征伐宗、脍、胥敖三国，但总是犹豫不决。这是为什么啊？"舜回答说："这三个国家，都还是未开化之地。征伐三国，你何必如此犹豫不决！以前，天上十日并出，都能普照万物，何况你的美德比太阳的光辉还要灿烂呢？"

【注释】

①故：所以，意谓此节乃承前文"葆光"而发。舜：上古帝王之一，姓姚，字重华，父名瞽叟，为颛顼的六世孙，于三十三岁时受尧帝禅让而临帝位。宗、脍（kuài）、胥敖：传说尧时小国名。或谓《人间世》篇所说丛、枝、胥敖三国，亦此三国。陆德明《经典释文》："司马云：'宗、脍、胥敖，三国名也。'"南面：帝王居位称为南面。此处特指临朝行令。释然：放心、怡悦的样子。郭象《注》："于安任之道未宏，故听朝而不怡也。将寄明齐一之理于大圣，故发自怪之问，以起对也。"此节主要言尧帝和舜均未解脱于是非、利害之扰。从此节开始，直到罔两问景一节，庄子分别以四对问答和二大段议论，阐明从有别、有为、有辩，到无别、无为、无辩几个不同的境界差异和道德水平。在《庄子》中，舜与尧、许由等相比，于"有为"一端，更其甚之，而于"无为"一端，则有每况愈下之概。此节舜赞尧德"进乎日"而力劝其光被万物，与上一节"葆光"之旨便正好相反，由此便可见

庄子本意。

②三子：指三小国国君。蓬艾：蓬蒿艾草，喻未开化之地。王叔岷《庄子校诠》："蓬艾之间，卑贱之地。"案舜帝此语，显有高临之意，几脱自然之概。

③若：你。十日并出：神话传说，语亦见《淮南子·本经训》。庄子此处所彰显的是舜的观点而不是庄子自己的观点。舜力赞十日并出而能光被万物之德，劝尧帝伐三国以布德泽于万民，乃属刻意"为天下"而不知"葆光"者，由此可知舜的境界固不如尧。进：胜过，超过。此节为此后孔子以"名实者，圣人之所不能胜也，而况若乎"来劝诫颜渊埋下话头（见《人间世》篇）。

六

啮缺问乎王倪曰①："子知物之所同是乎？②"曰："吾恶乎知之！""子知子之所不知邪？"曰："吾恶乎知之！""然则物无知邪？"曰："吾恶乎知之③！虽然，尝试言之。庸讵知吾所谓知之非不知邪？庸讵知吾所谓不知之非知邪④？且吾尝试问乎女：民湿寝则腰疾偏死，鳅然乎哉？木处则惴栗恂惧，猨猴然乎哉？三者孰知正处⑤？民食刍豢，麋鹿食荐，蝍蛆甘带，鸱鸦耆鼠，四者孰知正味⑥？猨猵狙以为雌，麋与鹿交，鳅与鱼游⑦。毛嫱丽姬，人之所美也；鱼见之深入，鸟见之高飞，麋鹿见之决骤，四者孰知天下之正色哉⑧？自我观之，仁义之端，是非之涂，樊然殽乱，吾恶能知其辩⑨！"啮缺曰："子不知利害，则至人固不知利害乎？"王倪曰："至人神矣！大泽焚而不能热，河汉沍而不能寒，疾雷破山、[飘]风振海而不能惊⑩。若然者，乘云气，骑日月,而游乎四海之外,死生无变于己,而况利害之端乎⑪!"

【译文】

啮缺问王倪:"你知道万事万物归根结底都具有同一性吗?"王倪回答说:"我哪里知道!"啮缺问:"你知道自己的这个'不知'吧?"王倪说:"我哪里知道!"啮缺问:"怎么,物的本性就是无知吗?"王倪说:"我哪里知道!尽管如此,我还是可以试着谈谈这个问题。你怎么知道我所说的'知'并非'不知'呢?你又怎么知道我所说的'不知'就不是'知'呢?现在让我试着来问问你:人穴居在潮湿的地方就会患上腰病和半身不遂,泥鳅也会这样吗?人巢居于树上就会战栗恐惧,猿猴还会这样吗?人、泥鳅、猿猴,三者谁更知道哪里才是最好的居所?人食畜肉,麋鹿食草,蜈蚣食蛇,猫头鹰和乌鸦食鼠类,此四者又谁更知道哪一种食物才是最好的美味?猵狙喜欢将雌性的猿作为配偶,麋喜欢与鹿交欢,泥鳅喜欢与鱼交游。人类所喜好的,则是毛嫱丽姬这样的美人,可是,游鱼一见她们,便都避入水底,鸟儿一见她们,则飞上高空,麋鹿一见她们,撒腿就跑。此四者,究竟谁更知晓天下的美色呢?在我看来,仁义之端绪,是非之路径,其间的界限若有若无,错综复杂,我怎么能知道其间的差别!"啮缺又问:"你不知利、害,是不是至人本来就都不知利、害?"王倪说:"哪里!至人可就神了!山泽中焚烧大火他不会感觉灼热,江河冻结成冰他不会感觉寒冷,雷霆撼动山岳、疾风激荡大海也不能让他为之惊骇。像这样的人,能乘云气、骑日月,遨游于四海之外,完全脱离了生死变化的影响,哪还会考虑什么利、害呢!"

【注释】

①啮缺：当为虚构的人物。成玄英《疏》："许由之师，王倪弟子。"王倪：据《高士传》云，为"尧时贤人也"；又《天地》篇云，为"啮缺之师"。庄子每为虚构人物拟名，皆有深意，与所讨论的主题高度相关，当仔细玩味，以会得其真意。

②子：你。同是：为"同是同非"的省词，犹"混同是非"，即"同一性"或"同然之性"。蒋锡昌《齐物论校释》："'同是'者，即同一之也。如下文所谓'正处'、'正味'、'正色'是也。"对此"同是"二字，后世注家所解往往莫衷一是。褚伯秀《南华真经义海纂微》："诸解于啮缺首问'物之所同是'一句，似欠发明。窃考经意，盖谓人物之所同者性，所异者情；性流为情，物各自是，彼此偏见，以至肝胆楚越，父子路人者。其患实始于'知'之一字，妄生分别。故王倪三答'吾恶乎知之'，欲啮缺反求其所不知，得其同然之性。"褚伯秀抓住了庄子的用意。庄子巧意设计，兀然以啮缺一句似无厘头的问题发问，其中寓有深意。此后对话，也确实在此逻辑上延伸开来。案全句或可理解为指代前文有关的是非之论，或指代二人当下对话所涉及的某些是非、言辩，承接"类与不类，相与为类"之旨，但最终都归结为"道通为一"。

③恶乎知之：怎么会知道。郭象《注》："所同未必是，所异不独非，故彼我莫能相正，故无所用其知。都不知，乃旷然无不任矣。"陈寿昌《南华真经正义》："三问三答，皆曰不知。非不知也，不欲用其知也。"

④庸讵（jù）：复语词，怎么。女：通"汝"。

⑤湿寝：睡在潮湿的地方。木处：在树木上搭巢居住。远古

先民有穴居、巢居的习惯。偏死：半边身子不能动弹，即半身不遂。惴栗：害怕得发抖。恂惧：害怕，恐惧。鳅：泥鳅。猨：同猿。正处：最适当的住处。正，正确，恰当。下文正味、正色，都表示价值判断或是非选择上的"最正确"之义。郭象《注》："此略举三者，以明万物之异便。"

⑥刍豢（chú huàn）：指家养牲畜。食草者为刍，食谷者为豢。陆德明《经典释文》："司马云：'牛羊曰刍，犬豕曰豢。以所食得名也。'"荐：茂盛的草。蝍蛆（jí jū）：蜈蚣。甘：甜，用作动词，以为甜美。带：指蛇。鸱（chī）鸦：猫头鹰和乌鸦。耆（shì）：通"嗜"，喜好。

⑦猨（yuán）猵狙（biān jū）以为雌：猵狙以猨为雌。猵狙，猕猴的一种，与猨同属不同种。句谓猵狙会以为雌猨也是同类。交：交欢。游：嬉游。

⑧毛嫱（qiáng）、丽姬：皆为美貌之人。决骤：疾驰而去。郭象《注》："此略举四者，以明天下所好之不同也。不同者而非之，则无以知所同之必是。"

⑨端：端绪，头绪，端点，这里指看事物的一个维度，即仁义与否的种种不同取舍态度。涂：通"途"，路径，这里指是非、对错的种种取舍态度。樊然：似有区别而又不完全确定的样子。樊，篱栅，藩篱，界限。《尔雅·释言》："樊，藩也。"殽（xiáo）乱：繁乱，混同。殽，通"淆"。郭庆藩《庄子集释》："《说文》：'殽，杂错也。'"辩：通"辨"，区别。"樊"字之训，历来均以陆德明《经典释文》所训为准："樊音烦。"未知何据。王叔岷《庄子校诠》又细加考据："樊与烦通。《周礼·考工记》弓人：'夏治筋则不烦。'郑《注》：'烦，乱。''樊然'，乱貌。'殽

乱'，复语，《广雅·释诂》三：'殽，乱也。'"王氏从陆训，曲为解释，但似并不能令人信服。按其所释，则庄子所用四个字，字义几无不同，岂非赘语？考先秦典籍，凡"樊"之用，均无"烦"义。如《诗经·风八·齐》："折柳樊圃，狂夫瞿瞿。"《小雅·莆田之什》："营营青蝇，止于樊。"《管子·乘马第五》："樊棘杂处，民不得入焉，百而当一。"《管子·侈靡第三十五》："犹不尽，故有次浮也，有差樊，有瘗藏。"《管子·地员第五十八》："其地其樊，俱宜竹、箭、藻、龟、楢、檀。"迨至汉代，"樊"之用见于《淮南子·精神训》："明白太素，无为复朴，体本抱神，以游于天地之樊，芒然仿佯于尘垢之外，而逍摇于无事之业。"王充《论衡·道虚》篇："顾见卢敖，樊然下其臂，遁逃乎碑下。"凡此种种，无一例可释"樊"为"烦"。反观《庄子》书中，除本篇之外，还有四篇用及"樊"字，亦无一字可训为"烦"。此处征引不厌其烦，为证陆训为不可取。案此"樊"字乃呼应前文之"封"、"畛"及此句中的"辩"，皆是庄子集中讨论的内容，在此又以一"然"字缀于"樊"后，便呈现了一个"不确定的确定"和"似有是非而又是非难辨"的状态，句意则紧扣上文。此种笔法，庄子亦常用。又，细读郭象《注》，也可体会"樊"正在其注解之义中："夫利与彼者或害于此，而天下之彼我无穷，则是非之境无常。故唯莫之辩而任其自然，然后当然俱得。"

⑩固：本来。泽：聚水的洼地，山泽。沍（hù）：冻，结冰。郭象《注》："夫神全形具而体与物冥者，虽涉至变而未始非我，故当然无蛩介于胸中也。"

⑪变于己：使自己产生变化。成玄英《疏》："夫利害者，生涯之损益耳。既死生为昼夜，乘变化以邀游，况利害于死生，曾

何足以介意矣！"

瞿鹊子问乎长梧子曰①："吾闻诸夫子：'圣人不从事于务②。不就利，不违害，不喜求，不缘道，无谓有谓，有谓无谓③，而游乎尘垢之外④！'夫子以为孟浪之言，而我以为妙道之行也。吾子以为奚若⑤？"长梧子曰："是黄帝之所听荧也，而丘也何足以知之⑥！且女亦大早计，见卵而求时夜，见弹而求鸮炙⑦。予尝为女妄言之，女以妄听之⑧。奚旁日月，挟宇宙⑨？为其吻合，置其滑涽⑩。以隶相尊，众人役役⑪；圣人愚芚，参万岁而一成纯⑫。万物尽然，而以是相蕴⑬。予恶乎知说生之非惑邪！予恶乎知恶死之非弱丧而不知归者邪⑭！丽之姬，艾封人之子也⑮。晋国之始得之也，涕泣沾襟。及其至于王所，与王同筐床，食刍豢，而后悔其泣也⑯。予恶乎知夫死者不悔其始之蕲生乎！梦饮酒者，旦而哭泣；梦哭泣者，旦而田猎⑰。方其梦也，不知其梦也。梦之中又占其梦焉，觉而后知其梦也⑱。且有大觉而后知此其大梦也，而愚者自以为觉，窃窃然知之⑲。君乎！牧乎！固哉⑳！丘也与女皆梦也，予谓女梦亦梦也㉑。是其言也，其名为吊诡㉒。万世之后而一遇大圣，知其解者，是旦暮遇之也㉓。既使我与若辩矣，若胜我，我不若胜，若果是也㉔？我果非也邪？我胜若，若不吾胜，我果是也？而果非也邪㉕？其或是也？其或非也邪？其俱是也？其俱非也邪？我与若不能相知也，则人固受其黮暗，吾谁使正之㉖？使同乎若者正之，既与若同矣，恶能正？使同乎我者正之，既同乎我矣，恶能正之？使异乎我与若者正之，既异乎我与若矣,恶能正之?使同乎我与若者正之,既同乎我与若矣,恶能正之?然则我与若与人俱不能相知也,而待彼也邪?㉗"

【译文】

瞿鹊子问长梧子:"孔夫子曾跟我说过:'圣人做事,不求其必。不唯利是趋,不唯害是避;不热衷于求得,不捐心于缘道。说了等于没说,无说也算有说。圣人做事,能自由遨游于世俗利害关系的束缚之外!'孔子以为这些话都还是空洞不实之言,而我却觉得照此去做就都合于大道。先生你觉得这些话如何?"长梧子回答说:"这些话黄帝听了都会觉得未必真实,而孔夫子当然不会自以为知道呢!而且你也太过心急了,就像见到鸡蛋便想到能够报晓的公鸡,见到弹弓就想到可以炙烤的鸭鸟。我且试着跟你随便说说,你也姑妄听之吧。比如,到底怎么才能与日月同行,与宇宙同一?其关键便是,临于事务则求其吻合于道,搁置知识而进入心境上的澄明状态。凡俗之众不谙此道,总是役役于人际关系的尊卑贵贱。圣人则不然,无执而混混沌沌,能和合分、成、毁三变,从而达到道通为一的境界。万古旦暮,无不如此;万事万物,理无不然。我怎么知道悦生就不是一种虚妄啊!我怎么知道恶死就不同于小时从家里走失而不思归去啊!丽戎国的一个封地叫艾地,其首领的女儿叫丽姬,在晋国征伐丽戎国的时候,丽姬被晋献公所掳,当时哭得涕泣沾襟。等她到了晋献公的王宫住所,与晋献公同床共枕,尽享美味佳肴,便后悔自己曾痛哭流涕。我怎么会知道死者不后悔他当初的求生态度呢!梦见自己饮酒的人,醒来却哭哭啼啼;梦见自己哭泣的人,醒来却打猎去了。当他还在做梦的时候,并不知道那是梦;在梦中还去占卜询问那是不是梦，到醒来时才知道那都是梦。或许有人彻悟之后，会知道这醒后的觉悟也无非是大梦一场。只有那些愚昧之人，才自以为清醒，窃窃然一副无所不知的样子。其实，所谓君主，所谓臣僚，种种隶役关系是何其固陋不堪啊！孔丘和你，都在梦中；我说你在梦中，也是在梦中。所有这些奇奇怪怪的话，人们称作'吊诡'之言，貌似不可理喻。真要是有某一位至圣之人，能够通晓其中奥义，即使是万世一遇，也如同旦暮之遇一样。假使我就此而与你去争辩这些吊诡之言孰是孰非，即使你胜了我，我输给了你，那么，你就真对了吗？我就真错了吗？即使我胜了你，你输给了我，那么，我真就对了吗？你真就错了吗？是我们有对有错呢，还是可能都对都错？如果我和你的知识都不足以对此进行判断，那么，考虑到人人都可能固守己见，我们又该找谁来加以评判呢？让观点与你相同的人来评判？既然他的观点与你相同，那他如何能评判！让观点与我相同的人来评判？既然他的观点与我相同，那他如何能评判！让观点与你我都不同的人来评判？既然他的观点与你我都不同，那他如何能评判！让观点与你我都相同的人来评判？既然他的观点与你我都相同，那他如何能评判！如此可见，我与你以及他人的知识，都不足以对此加以判断。既然如此，我们还要依靠其他人的判断吗？"

【注释】

①瞿鹊子、长梧子：皆为虚构的人物，其中长梧子或可按谐音"长无知"理解，或即庄子本意。瞿鹊子为弟子辈，曾向孔子请教，在此又求教于长梧子。

②夫子：指孔子，下文长梧子呼之为丘。不从事于务：不强

为行事且务必求其成，即不以"有我"之心而刻意为事。务，务必，一定，助长。《尔雅·释诂第一》"鹜、务、昏、暓，强也。"此句言圣人做事，不刻意而求。案此意可反复见于儒家经典。如《论语·子罕》："子绝四：毋意，毋必，毋固，毋我。"《庄子》中也处处体现这一思想。如《达生》篇："达生之情者，不务生之所无以为；达命之情者，不务知之所无奈何。""圣人不从事于务"一句，总括圣人不刻意为事，由此决定了全句的宗旨，亦是理解这段文字乃至全篇的枢纽。以下数句分言圣人所"不"，皆为"不刻意"、"不苛求"之意，而非指圣人完全与之隔绝。旧注自郭象之后多释此句为"圣人不从事凡俗之事"，若是如此，圣人则不是人了，完全不食人间烟火了。郭象《注》："务自来而理自应耳，非从而事之也。"自"圣人"至"尘垢之外"数句，为孔子引用当时属于老子一脉的学术观点。盖当时的主流学术观点，必以"有为"于天下为尚。如《管子》一书，便大肆推重于"务"。此仅举数例："凡有地牧民者，务在四时，守在仓廪。……不务天时则财不生，不务地利则仓廪不盈（《牧民》）。""此四务者，安危之本也。……君之所务者五（《立政》）。""不虑则不生，不务则不成，不傲则不失（《乘马》）。"此种务求于事的观点落实到为政、教民方面，便常常有"助长"之病，此为老、孔、孟所共同反对者。但孔子在引用老子一脉的观点后，却以"孟浪之言"结之，从而给后人留下了误解。一者后人不知庄子给孔子赋予的地位，已经近于"知言"的境界，如此，一切言辩，一切言教、主张，在孔子看来，都不出"孟浪"之樊，不可执为教条。这便是庄子所谓之"吊诡"，即"又主张又不主张"、"有谓而无谓"，其根在孔子主张"无知"（《论语·子罕》："子曰：'吾有知乎哉？无知也'。")。二者,从瞿鹊子口中可知,孔子所评论的仅是"言"之"孟浪",而并不及于行,因为当时二人言语交流之际,与言语表述内容上的"行"毫无牵涉。因此,孔子视老子一脉的高论为"孟浪之言",乃《齐物论》行文至此自然会达到的境界,也意味着孔子学问境界已经达到的"有知而无知"、"有谓而无谓"的境界。三者,瞿鹊子自言以上"高论"为"妙道之行",已经涉及到"行"了。本来无事发生,瞿鹊子却言"妙道之行",此正是前文"未成乎心而有是非"者,所以,长梧子责其"太早计"。四者,此节中,庄子明显将孔子与黄帝相提并论,又可比肩于长梧子,只是欠缺一个"不知"的明确表态而已。但孔子所亲言过的那句"吾有知乎哉?无知也",已经表明孔子的知识境界之高,而庄子也正是按照这一境界设计《庄子》中孔子的角色及其地位的。最后,通过对比去看"孟浪之言"和"妙道之行",可以看出庄子措辞之严谨,几近无以复加。置换一个位置、替换一个字,皆为不可。以往或有注庄、解庄者,凡属自己不能理解之处,便率作增、删、改,真其不堪解庄语者也。

③就利:趋就于利益。《论语·里仁》:"子曰:'富与贵,是人之所欲也;不以其道得之,不处也。'"《论语·述而》:"子曰:'富而可求也,虽执鞭之士,吾亦为之。如不可求,从吾所好。'"违害:规避伤害。《论语·子罕》:"子曰:'知者不惑,仁者不忧,勇者不惧。'"喜求:热衷于求得。缘道:这里指循迹而因由于道。无谓:没有说。有谓:有说。案此句中的"不缘道"三字,向来注家颇多疑惑,不得其旨,以至于对庄子思想多有曲解,尤其对庄子与孔子的关系,形成千古误解。欲破此困惑,必须回到庄子思想的本源,即"无为无不为"。凡刻意所为,即是"有为",

而不是"游"于"有为"和"无为"。所以，此处必须破解"缘道"二字在当下语境中的"真义"。《韩非子·解老》："夫缘道理以从事者，无不能成。无不能成者，大能成天子之势尊，而小易得卿相将军之赏禄。夫弃道理而妄举动者，虽上有天子诸侯之势尊，而下有猗顿、陶朱卜祝之富，犹失其民人而亡其财资也。众人之轻弃道理而易妄举动者，不知其祸福之深大而道阔远若是也。故谕人曰：'孰知其极？'"贾谊《新书·道术》："缘法循理谓之轨，反轨为易；袭当缘道谓之道，反道为辟。"韩非子和贾谊所论"缘道"，皆当时通常的见识，也是《庄子》中"缘道"的本意。但庄子此处于"缘道"前特加一"不"字，主要在于强调"不刻意"，言圣人不循迹缘道，不刻意缘道。一旦刻意，则道必失。此正是破"常识"而依"成心"之意。《大宗师》篇"不以心捐道"，即此意。《庄子》专置《刻意》一篇，其意旨也与此相呼应。

④游：此"游"字一仍《庄子》首篇"逍遥游"之"游"的宗旨，乃指人之行为的最高精神境界。这样的境界，即所谓"至矣，不可以加矣"，即使在俗世、俗务当中，也能超然自如，无所羁绊。《庄子》中反复以类似表述申明此意。如《逍遥游》篇言列子有待于风，继而言"若夫乘天地之气，御六气之辩，以游无穷者，彼且恶乎待哉！"言藐姑射山之神人"不食五谷，吸风饮露，乘云气，御飞龙，而游乎四海之外。"本篇上文亦有："乘云气，骑日月，而游乎四海之外。"尘垢：比喻轻贱之物。举凡人间世事所有利害得失、希求偏好，以至于那些刻意循道而为之事，均在其列。

⑤夫子：指孔子。孟浪之言：浮夸不实之言，即离于事实的空言。凡无事成乎心便有是非、生言辩者，皆属孟浪之列。陆德

明《经典释文》:"孟浪,李云:'犹较略也。'"成玄英《疏》:"孟浪,犹率略也。"李、成说近是。我:瞿鹊子自指。妙道之行:符合高妙道法的行为。本来事未发生,瞿鹊子却以"行"言之,这不啻为"今日适越而昔至",故长梧子责之"太早计"。庄子在此已将黄帝、孔子、长梧子、瞿鹊子四人的关系和知识境界,通过表现他们对待"知识"的观点,做了隐而不露但却实实在在的展现。观《庄子》全书,对孔子的知识境界的定位,其实是始终一贯的。吾子:瞿鹊子对长梧子的尊称。奚若:怎么样。

⑥听荧:听上去闪烁不明。荧,古字"熒",又通"萤",指闪烁、微弱、昏眩之光点,如玉石上的光耀、萤火虫的闪光。陆德明《经典释文》:"司马云:'听荧,疑惑也。'"举凡在知识层面谈论听者对说教的反应,庄子多以褒义用此"荧"字,即如此际的听荧,指由不明其言义而造成的貌似困惑而实为"自认无知"的知识态度,带有褒义而非贬义。《知北游》篇黄帝赞无为谓不言、狂屈欲言又止为"真是"、"似之",而自称"予与若终不近也,以其知之也",则知黄帝闻圣人之教而听荧,乃是有所悟而欲言不能的状态,因为他已经领略了道不可言传、不宜议论的妙义。孔子虽则尝言之,但却警以"孟浪之言",说明孔子是清醒的,所以长梧子补赞谓"丘何足以知之"(《庄子》中以"无知"为尚),而自己仅愿意作"妄言之"的尝试之论。所以,从境界上言,此四子以黄帝、孔子为上,长梧子近之,而瞿鹊子为最低。孔子虽然已经知道圣道为"不从事于务",但毕竟有为之心尚在,从而仍有言教于"中人以下"的瞿鹊子,因此不免失之于"有谓","孟浪"之警兹由此出。关于孔子学问境界,还可参看《德充符》篇王骀一节有关叔山无趾的注释,则更为清晰。

⑦大早：太早。计：考虑，谋划。卵：鸡蛋。时夜：指司夜之鸡。时，通"司"。弹：弹弓。《战国策·楚策四》："不知夫公子王孙，左挟弹，又摄丸，将加己乎十仞以上。"鸮（xiāo）：猫头鹰一类的猛禽。或以为斑鸠，亦通。炙：烧烤。刘凤苞《南华雪心编》："见弹弓而即求鸟炙。"瞿鹊子执孔子之言而求证于长梧子，属于"未成乎心而有是非"，即并未临事而欲有言辩，所以长梧子并不赞许。郭象《注》："夫物有自然，理有至极，循而直往，则冥然自合，非所言也。故言之者孟浪，而闻之者听荧。"由郭注可知，瞿鹊子听而不荧，直呼"知了，知了"，是不知也。吕惠卿《庄子义》："夫道不可以言传，不可以耳听者也。"

⑧尝：尝试。妄言、妄听：随便说说，随便听听。本句长梧子极言其对尚未临事时而"有言"、"有谓"的不确定感，唯恐陷入"今日适越而昔至"的错误，体现了庄子"言者有言，其所言者特未定也"和圣人"物来照应"的思想。郭象《注》："言之则孟浪也，故试妄言之。若正听妄言，复为太早计也，故亦妄听之（何）。"

⑨奚：如何，怎样。林云铭《庄子因》："奚者，谓何道以至此也。诸解无谓。"旁：通"傍"，依傍，伴行。挟：夹在腋下或指间，拥揽，携持。案"旁日月、挟宇宙"两句，亦当时学术界之熟语，亦类于"乘云气、骑日月"等，在《庄子》中多次出现。庄子在此借长梧子之口，来解释它们究竟寓有何意，进而回应如何做才能达此境界。以下为长梧子尝试之答。郭象《注》："以死生为昼夜，旁日月之喻也；以万物为一体，挟宇宙之譬也。"

⑩为：作为，有为，从事。其：指前文"闻诸夫子"者，即孔子谓之"孟浪之言"而瞿鹊子谓之"妙道之行"的教条或知

识。吻合：与道和合。句承前文所言之"道通为一"，圣人在此大原则下做事，因是因非并达到"两行"状态。置：处置，放置，使处于某种状态。其：同上，指既有知识或教条。滑（huá）涽（hūn）：顺滑而混沌的样子，承前文"无封、无畛、无辩"之旨，有混同是非、因顺而行之意。两句合作一处，言圣人做事，必要搁置原有的知识成见而与道和合。郭象《注》："故为吻合自然之道，莫若置之勿言，委之自尔。"林云铭《庄子因》："第为其吻合，不立异同之见；置其滑涽，不求辩论之明，则庶几矣。诸解无谓。"吕惠卿《庄子义》："道之尊，非可以知知、以识识也。"释德清《庄子内篇注》："至人不与物伍，故一切置之而无心也。"庄子此句宗旨很有胡塞尔现象学的"悬隔"而"直观本质"的意味，也足可见庄子哲学的思想高度与先见之明。后世注家多以贬义释"滑涽"为混乱昏暗，失之甚。

⑪隶：附属，隶属，即人际的上下级关系。相尊：相互尊重。指人们以功名场上的隶役关系决定尊卑。役役：为满足物欲而忙碌奔波的样子，即郭象所说的"驰骛于是非之境"。释德清《庄子内篇注》："隶，犹言隶役也。言自天子、卿、大夫、士，皆是以隶役相役而相尊也。"芚（chūn）：通"钝"。陆德明《经典释文》："司马云：'浑沌不分察也。'"《老子》："我愚人之心也哉，沌沌兮。俗人昭昭，我独昏昏；俗人察察，我独闷闷。"林云铭《庄子因》："故有分别高下，如官之相辖以隶属而相尊者，众人所以役役而徒劳也。圣人则不然，惟若愚芚无知而已。"

⑫参万岁：即"天地与我并生"之意。参，并，比。《荀子·解蔽》："明参日月，大满八极，夫是之谓大人。"一成纯：将成与分视为一个统一体。纯，疑为"分"之音误。案后世注家对

此三字的解释历来纷纭不一。盖三字并列，虽每个字单独解释都各有其义，但联合一处，便不可解，改"纯"为"分"，则文意畅然。一，使通而为一，作动词用；成纯，即成、分。一成、分，乃承前文"其分也，成也；其成也，毁也。凡物无成与毁，复通为一。唯达者知通为一。"林云铭《庄子因》："圣人则不然，惟若愚芚无知而已。虽万岁之久，事变之杂，合而一之，混然纯备，则死生无变矣。诸解无谓。"全句言圣人能和合分、成、毁，知通为一，万古一如旦暮，莫不如是。以上"为其吻合，置其滑涽。以隶相尊，众人役役；圣人愚芚，参万岁而一成纯"数句，王孝鱼点校本《庄子集释》（中华书局，2012年版）标点与此有所不同，此处为据文意而改。

⑬是：此。指上述分、成、毁之间的和合变化，终而相通为一的至理。相蕴：共有而相通。蕴，蓄积，蕴藏。林云铭《庄子因》："言积然于万物，而万物尽然，则是非不起矣。此句顶上'有谓无谓'二句，生下'我与若辩'一段，言万岁则无不齐之时，言万物则无不齐之类矣。诸解无谓。"

⑭恶乎：复语词，怎么。说：通"悦"。弱丧：从小走失在外的人。弱，年少；丧，亡失。郭象《注》："死生一也，而独悦生，欲与变化相背，故未知其非惑也。少而失其故居，名为弱丧。夫弱丧者，遂安于所在，而不知归于故乡也。焉知生之非夫弱丧？焉知死之非夫还归而恶之哉？"

⑮丽之姬：即丽姬，晋献公夫人，为晋献公伐丽戎国时所掳。封人：指春秋时丽戎国艾地首领。成玄英《疏》："昔秦穆公与晋献公共伐丽戎之国，得美女一，玉环二。秦取环而晋取女，即丽戎国艾地守封疆人之女也。"

⑯王所：国王的住所，即王宫。筐床：即匡床，安适之床。《商君书·画策》："是以人主处匡床之上，听丝竹之声，而天下治。"郭象《注》："一生之内，情变若此。当此之日，则不知彼，况夫死生之变，恶能相知哉！"

⑰蕲：通"祈"，求。旦：早上。这里指醒来。郭象《注》："此寤寐之事变也。事苟变，情亦异，则死生之愿不得同矣。故生时乐生，则死时乐死矣。死生虽异，其于各得所愿，一也，则何系哉！"

⑱方：正当，刚刚。占：占卜，占问。郭象《注》："由此观之，当死之时，亦不知其死而自适其志也。夫梦者乃复梦中占其梦，则无以异于寤者也。当所遇，无不足也，何为方生而忧死哉！"释德清《庄子内篇注》："言世都在迷中，而自不知其迷，如梦中不知其梦也。而世人且自以为有知，为是而辩于人。此如梦中占梦，其实不自知其在迷也。"陆树芝《庄子雪》："幻之中又有幻，竟不自知其幻，觉而后知其幻。"

⑲且：抑或，还是，表示选择。大觉：彻悟。此：这个，指醒来之后知道自己原来是在做梦这件事。大梦：一辈子不醒悟。窃窃：指自以为明察的样子。钟泰《庄子发微》："'窃窃'，私小貌。"之：指梦的真相。《关尹子·六匕》："世之人，以独见者为梦，同见者为觉，殊不知精之所结，亦有一人独见于昼者；神之所合，亦有两人同梦于夜者。二者皆我精神，孰为梦？孰为觉？世之人以暂见者为梦，久见者为觉，殊不知暂之所见者，阴阳之气；久之所见者，亦阴阳之气。二者皆我阴阳，孰为梦？孰为觉？"释德清《庄子内篇注》："必有大觉之圣人，乃能正众人之梦语也。而世之愚人，好执是非之辩者，而不自知在迷中，而自

以为觉,故窃窃然私自以为知者,故夸示于人。此举世古今昏迷之通病也。"陆树芝《庄子雪》:"浮生若梦,梦固梦,觉亦梦也。又必有大觉,而后知一世皆大梦也。"

⑳君:君主。牧:主官,这里指代君王以下各级官员,承此前"以隶相尊"之意。固:固陋,浅薄。

㉑丘:孔丘。女:你。予:我。

㉒是其言:以上有关梦的话。吊诡:荒诞不经,怪异,自相矛盾。郭象《注》:"夫非常之谈,故非常人之所知,故谓之吊当卓诡,而不识其悬解。"陈寿昌《南华真经正义》:"吊,至也;诡,异也。名曰吊诡,实则大有妙道存其中也。"案"吊诡"一词,亦庄子学说中一关键词。它实际上隐含了一种深刻的形式逻辑上的冲突,反映了论者对借助语言来立论而不得不采取的自我否定之否定的表达形式,以保证命题的周延性。

㉓万世:与前文"万岁"相类,均比喻时间久远。其:指上述吊诡之言。旦暮:比喻时间短暂,一如当下。此句言万世与旦暮的辩证统一,又是一种"吊诡"的表达方式。郭象《注》释此句为:"言能蜕然无系而玄同死生者,至希也!"郭注未能尽达庄意,只是又将所指推回到一般的得道真人层面,而忽略了庄子这是在为自己独特的写作方式所造成的领会之难发出的莫可奈何之叹!

㉔若:你。辩:辩论,争辩。指对吊诡之言进行辩论以定是非、对错。我不若胜:这是宾语前置,即我不胜若。后文"若不吾胜""吾谁使正之",句法相同。果:果真,果然。

㉕而:你。

㉖则:那么。黮(dǎn)暗:暗昧不明的样子。正:证明,

评判。

㉗待：依赖，倚靠，凭借。彼：指其他或可作为评判的人。此句设问，暗喻当无待于他人参与置评，而对此吊诡之言当以"和之以天倪"的态度应之。《关尹子·六匕》："世之人，以我思异彼思、彼思异我思分人我者，殊不知梦中人亦我思异彼思，彼思异我思，孰为我，孰为人？世之人，以我痛异彼痛、彼痛异我痛分人我者，殊不知梦中人亦我痛异彼痛，彼痛异我痛，孰为我，孰为人？爪发不痛，手足不思，亦我也，岂可以思痛异之？"

"何谓和之以天倪？①"曰："是不是，然不然。是若果是也，则是之异乎不是也，亦无辩；然若果然也，则然之异乎不然也，亦无辩②。化声之相待，若其不相待③；和之以天倪，因之以曼衍，所以穷年也④。忘年忘义，振于无竟，故寓诸无竟⑤。"

【译文】

瞿鹊子又问："什么叫'用天倪和合万物'？"长梧子回答说："将你所认为是'错的'言辩，看作可能是'对的'；将你所认为是'假的'事情，看作可能是'真的'。'对的'如果真的就是'对的'，那么，'对的'与'错的'本就不同，则无须再辩；如果'真的'果然就是'真的'，那么，'真的'与'假的'本就不同，也无须再辩。将言辩的相互对立状态转化为不相对立的状态，用'天倪'和合万物，以如如因顺的态度顺应事物的无穷变化和发展，这样，便可以尽享天年。不计岁月，无问是非，与无穷相随相伴，于是也便能寄身于无穷。"

【注释】

①和:因顺和合。天倪:天之极处,天钧。倪,极点,端点,头绪,分际。《寓言》篇有"天均者,天倪也"的表述,故天倪与天钧同,都表示处在"中央之极"并兼有"至大无外、至小无内"的无限性特质和"能化"的功能,其"所化"即为万事万物。《大宗师》篇:"反复终始,不知端倪。"庄子以天倪、天钧比作永动世界的极处那种恒常状态,就如同陶钧无论如何快速旋转,其中心的极点似如不动一样。句谓因顺和合于天道的终极和中心之处。此句是瞿鹊子的进一步追问,承前"和之以是非,而休乎天钧"之说,是相同观点的另一种表达形式,《庄子》中多有此种文句变换之妙。

②是不是:指对言语是非对错的态度。然不然:指对言语所表征的事实是真、是伪的态度。第一个"是"和"然",都表达"此"或"我"所持的一种肯定、接受的态度和认知,而"不是"和"不然"则指对方或"彼"所持有的不同态度和认知。郭象《注》:"是非然否,彼我更对,故无辩。无辩,故和之以天倪,安其自然之分而已,不待彼以正之。"

③化:转化,改变,化育,与下文"和"、"因"二字,连贯成为一体。声:言声,即言辩,以"声"代替"言",乃回应篇首自"声"起论的行文节奏。相待:相互对立。指言辩双方的相互依存关系。若:仿佛。表示一种如如因顺之态。上文几处用"若",亦有此义。不相待:没有相互对立。此句明显承上文"而待彼也邪"之问,并以"不相待"为言语的最高境界,既延续了《逍遥游》篇的主旨,也回应本篇此前一以贯之的论证逻辑。以往注家多释"化声"为"梦中之言"、"是非之言"等,俱非。且诸

注皆将"若其不相待"句与下句"和之以天倪"文意相关联,已经严重背离《庄子》本旨:"不相待"本乃天倪、天钧,何必要再和之以天倪?故本处句读与《庄子》通行本皆不同。《金刻本庄子全解》(即吕惠卿《庄子义》)"若其不相待"无"其"字。

④和:和合,调和。因:因顺,随顺。曼衍:流变,变化,扩展。指事物的千变万化。所以:如此,藉此。穷年:享尽天年。此句的主旨是:天倪处于中,变化环于中,圣人守中而应万变,如此则可以尽享天年。郭象《注》:"和之以自然之分,任其无极之化。寻斯以往,则是非之境自泯,而性命之致自穷也。"

⑤忘年忘义:不计岁月,无问是非。振:振动鼓舞。竟:穷尽。寓:寄托。郭象《注》:"夫忘年,故玄同死生;忘义,故弥贯是非。是非死生,荡而为一,斯至理也。至理畅于无极,故寄之者不得有穷也。"陈寿昌《南华真经正义》:"此盖于证古后自述其本旨也。是是非非,无从辨正。即辨其非是,而是非益生。因天倪以游衍之,无彼我,无同异,无是非,亦无生死也。相忘于不齐之谓齐,齐物论者,如是而已。"

七

罔两问景曰①:"曩子行,今子止;曩子坐,今子起。何其无特操与②?"景曰:"吾有待而然者邪?吾所待又有待而然者邪③?吾待蛇蚹蜩翼邪④?恶识所以然!恶识所以不然⑤!"

【译文】

罔两问影说:"刚才你在行走,现在你又停下来;刚才你在坐着,现在却又站立起来。你这样是不是太没有操守了?"影说:"我是有所待才那样的吗?是我所待的又有所待才那样的吗?我所待的,是不是如同蛇蚹蝉翼一样的东西呢?谁知道我为什么这样啊!谁知道我为什么会不这样啊!"

【注释】

①罔两、景:均为虚构的人名。景,同"影"。郭象《注》:"罔两,景外之微阴也。"钟泰《庄子发微》:"'罔两',景外微阴,即有二光时,景外别一景也,故曰两。曰罔者,言其罔罔然若有若无也。"吕惠卿于《庄子义》中对此二名字的诠释,可增进对此节文本的理解,故统而录之于此:"罔两之于景,则同类也,而不知景致无待于形。犹我之与若与人,亦同类也,而不知其无待于彼也,故以况焉。盖景之为物,行止坐起,唯形之随,则无特操者也。然景无情者也,岂知有待哉?苟以为有待,则景之所待者形也,彼形者有何待而然邪?则景之待形,非若蛇之待蚹而行,蜩之待翼而飞也。恶识所以然,恶识所以不然哉?虽然,此以人情而况之也。苟通乎物之无知,则蛇之蚹,蜩之翼,亦无待而已。故言'邪',以疑之也。言此者,以明万物之不相待,不相待则彼是莫得其偶矣。"

②曩(nǎng):刚刚,从前,以往。子:你。无特:为"特无"的倒置用法,意谓"如此缺乏"。操:操持,操守,品德。成玄英《疏》:"庄子寓言以畅玄理,故寄景与罔两,明于独化之义。"

③有待:有所依赖。影的动、止,要取决于两个条件:一是有形的实体,二是能形成光影的光源。影所说的"有待"即指此

二者。所待：所依赖的东西。郭象《注》："言天机自尔，坐起无待。无待而独得者，孰知其故，而责其所以哉？若责其所待而寻其所由，则寻责无极，（而）[卒]至于无待，而独化之理明矣。"

④蛇蚹（fù）：蛇腹下代足爬行的横鳞。陆德明《经典释文》："蛇蚹，司马谓：'蛇腹下龃龉可以行者。'"蜩（tiáo）翼：蝉的翅膀。蛇蚹和蝉翼虽然都是保证蛇行、蝉飞的条件，但它们又都是依附于身体而且可从身体上蜕脱的东西。庄子在此用二者比喻有待和所待二者关系的不确定性。郭象《注》："若待蛇蚹蜩翼，则无特操之所由，未为难识也。今所以不识，正由不待斯类而独化故耳。"

⑤识：知道。句谓变化无穷、天机难识。郭象《注》："世或谓罔两待景，景待形，形待造物者。请问夫造物者有邪？无邪？无也，则胡能造物哉？有也，则不足以物众形。故明众形之自物，而后始可与言造物耳！是以涉有物之域，虽复罔两，未有不独化于玄冥者也。故造物者无主，而物各自造。物各自造而无所待焉，此天地之正也。故彼我相因，形景俱生，既复玄合而非待也。明斯理也，将使万物各反所宗于体中，而不待乎外。外无所谢，而内无所矜，是以诱然皆生而不知所以生，同焉皆得而不知所以得也。今罔两之因景，犹云俱生而非待也，则万物虽聚而共成乎天，而皆历然莫不独见矣。故罔两非景之所制，而景非形之所使，形非无之所化也。则化与不化，然与不然，从人之与由己，莫不自尔，吾安识其所以哉！故任而不助，则本末内外，畅然俱得，泯然无迹。若乃责此近因而忘其自尔，宗物于外，丧主于内，而爱尚生矣。虽欲推而齐之，然其所尚已存乎胸中，何夷之得有哉！"成玄英《疏》："夫待与不待，然与不然，天机自张，莫知其宰，

岂措情于寻责而思虑于心识者乎！"

昔者庄周梦为胡蝶，栩栩然胡蝶也。自喻适志与，不知周也①。俄然觉，则蘧蘧然周也，不知周之梦为胡蝶与？胡蝶之梦为周与？周与胡蝶则必有分矣②。此之谓物化③。

【译文】
曾有一次，庄周梦见自己变化成了蝴蝶，一只翩然飞舞、栩栩如生的蝴蝶。他自觉得十分惬意，竟然忘了自己原本是庄周。突然醒来，恍惚之间觉得自己是庄周，但却又不能肯定究竟是庄周在梦中化为蝴蝶，还是蝴蝶在梦中化为庄周？庄周与蝴蝶，看来必然有所区分吧。这就叫做物化。

【注释】
①栩栩然：鲜活灵动的样子。自喻：自己觉得。适志：正中下怀，正合己意，畅意。与：通"欤"，表示感叹。郭象《注》："自快得意，悦豫而行。方其梦为胡蝶而不知周，则与殊死不异也。然所在无不适志，则当生而系生者，必当死而恋死矣。由此观之，知夫在生而哀死者，误也。"
②俄然：突然，顷刻之间。蘧（jù）蘧然：于恍惚之间惊异动容、有所醒悟的样子。郭象《注》："自周而言，故称觉耳，未必非梦也。今之不知胡蝶，无异于梦之不知周也。而各适一时之志，则无以明胡蝶之不梦为周矣。世有假寐而梦经百年者，则无以明今之百年非假寐之梦者也。"成玄英《疏》："蘧蘧，惊动之貌也。俄顷之间，梦罢而觉，惊怪思省，方是庄周。"

③物化：物的迁流变化，即成玄英所谓"新新变化，物物迁流"。庄子于此以"物化"二字一结其《齐物论》千古宏文，一如玄天垂露，让人不禁有击节三叹之慨。郭象《注》："夫觉梦之分，无异于死生之辩也。今所以自喻适志，由其分定，非由无分也。夫时不暂停，而今不遂存，故昨日之梦，于今化矣。死生之变，岂异于此，而劳心于其间哉！方为此则不知彼，梦为胡蝶是也；取之于人，则一生之中，今不知后，丽姬是也。而愚者窃窃然自以为知生之可乐、死之可苦，未闻物化之谓也。"宣颖《南华经解》："将物化收煞《齐物论》，真红炉一点雪也。"释德清《庄子内篇注》："齐物以一梦结，则破尽举世古今之大梦也。由是观之，庄子之学，不易致也，非特文而已矣。"

养生主[①]

【题解】

《庄子》其书被后世道教奉为法典、秘籍，庄子其人被道教者流尊为南华真人，追其根源，除了庄子思想中有被误解的"玄虚"之义外，或许还由于《庄子》中特辟一篇以论"养生之主"，大有与《黄帝内经》相呼应的气概。庄子果然如世俗之人那般重视"养生"并以世俗之人或道教者流那样的方式养生吗？做此理解者，恐非庄子同道中人，而此类人正不乏其人。正如宣颖所说，举凡世俗之读《庄子》者，要么属于那种"有志者，痛覆亡之相寻，图安养之至计。其晏居珍奉，不足言矣"；或"则节嗜损欲，以养精焉"；更有甚者，"则导引吐纳，以养气焉"。总此诸般，都似乎类于林下之概，与正常之人事、家事、国事乃至天下事无涉。

盖春秋、战国时代，天下混战，民不聊生。庄子著述，安能置身事外？若果真欲求逍遥身以寄逍遥心，庄子又何必费其天资著书十万言而呶呶于后世？又焉能在数千年间迷倒众多有识之士，令其徜徉于漆园之囿、痴迷于庄生之梦？其中必有大义存焉！

《庄子》书自非仅为林下之读物，《养生主》一篇亦非世俗所冀以延年益寿之良方，此无需赘言。《庄子》书通篇是谈论"知识论"之书，这一观点，只要细读《庄子》，便可见其绝非臆度。《逍遥游》以"知"为核心论题，《齐物论》更是不离"知"与"不知"、

"大知"与"小知"之辩。《养生主》篇以"生"、"知"对举开始，以知泯道存做结，终其全篇，探讨的还是一个知识论的问题。今天看来，"知识"的问题可能是伴随着人类文明进程的一个越来越突出的问题，它初露于语言的出现，突出于文字的产生，迨至印刷术、摄影术等"机械复制时代"的到来，更加成为一个越来越严峻的问题。不是吗？谁能断定，互联网与人工智能的发展，不是基于"知识"而又不断地挑战"知识"呢？知识生产与知识消费，没有进入到"以子之矛，攻子之盾"的地步吗？所以，《养生主》篇探讨的核心问题，仍是"知识"。只要不"以知为尚"，只要不"以知挠心"，只要不"以知撄天"，那么，于己则可保身、全生、养心、尽年，于天下则得"安平泰"。养生须先养心，养心必须弃知，弃知而"缘督以为经"，如此即合于天道，这才是庄子《养生主》篇的宗旨所在。了解这一宗旨，处于知识爆炸时代的今人再读《庄子》，其所可获益之处，也许是难以估量的吧！

《养生主》篇实际上还提出了知识论的一个核心问题：知识的本质和知识的类型。庄子所言的"无涯之知"，是那种在量上虽然可数但难以尽数的知识，即各种依存于假设条件才能成立的公理、常识。人生有涯，而此类知识的数量"如恒河沙数"，人若务求其全，则必于己有害而无益。还有另外一种不可凭借言语来表达，只可以强为其名的知识类型，便是《庄子》全书作为大宗师而加以讨论的"道"或"自然"，即本篇所谓的"督"，在庖丁看来，它是"进乎技"的东西。得而能持此"道"，则得养生矣。公文轩和秦失弟子，其所因于"知"者，如泽雉困于樊，故未为得道；而右师、老聃和秦失，其得于"督"者，则如脂穷之薪，有火存焉而赓续不断，是亦最能养生者。

【注释】

①养生主：庄子本篇旨在探讨颐养生命、性情的根本因素，其主张当是"以道御知"，以养心而求全性保身。主，主导，统率，宗领。郭象《注》："夫生以养存，则养生者理之极也。若乃养过其极，以养伤生，非养生之主也。"王夫之《庄子解》："形，寓也，宾也；心知寓神以驰，役也；皆吾生之有而非生之主也。养生之主者，宾其宾，役其役，薪尽而火不丧其明；善以其轻微之用，游于善恶之间而已矣。"王先谦《庄子集解》："顺事而不滞于物，冥情而不撄于天，此庄子养生之宗主也。"

一

吾生也有涯，而知也无涯。以有涯随无涯，殆已！已而为知者，殆而已矣①！为善无近名，为恶无近刑②。缘督以为经③，可以保身，可以全生，可以养亲，可以尽年④。

【译文】

我们的生命是有限的，但知识却是无限的。如果以我们有限的生命去逐求无限的知识，那一定是有害的。倘若最终还自以为是知者，那就要为害终生了。即便"为善"，也要远离功名诱惑；即便"为恶"，也要避免刑戮及身。个中的真谛就在于，将"中道"作为行事的根本原则。如此，就可以保护身体，周全性命，心德日新，享尽天年。

【注释】

①生：生命。知（zhī）：知识，指有关名物、事理方面的知

识。陆西星《南华真经副墨》:"此个思虑,禅家谓之'识神',拨弄主人,无有休歇。"涯:极限,边际,此指数量近于无限。随:追逐。殆(dài):危险,有害。郭象《注》:"以有限之性,寻无极之知,安得而不困哉!已困于知而不知止,又为知以救之,斯养而伤之者,真大殆也。"成玄英《疏》:"夫生也有限,知也无涯,是以用有限之生逐无涯之知,故形劳神弊而危殆者也。无涯之知,已用于前;有为之学,救之于后;欲不危殆,其可得乎!"案庄子书中所言之"知",非指今日所谓"智慧",因"智慧"更近于"悟道"、"得一",其境界是可以达到的,而《庄子》一书正是为了导人"悟道"而作。因此,除极个别场合,《庄子》之"知",均不可读、解为"智",亦不同于释家所谓"般若"。后人多以庄子之"知"为"智",乃误解庄子本意,也使庄子思想不能获得通解。以此为论,则古希腊哲学之"智者派",或亦当译为"知者派",这样也许可以解决因中文翻译所带来的问题,避免国人在理解古希腊苏格拉底哲学与智者派思想之间的关系时,总有纠结不堪之处。

②为善:做好事。为恶:做坏事。无:通"勿"。近:迫近。案庄子在《齐物论》篇已然将是非、对错、善恶等视为由观物立场所致的个人分别之见,因此,此处庄子所言之善恶,都应该是加了引号的"善"和"恶"。基于"道通为一"的根本立场,其间必然内在地存在"方可方不可,方不可方可"的是非转换机制。因此,"为善无近名,为恶不近刑"一句,并非如后儒所认为的那样是纵人为恶,而是导人因是因非,不刻意而为,而又终以保身为依归。郭象《注》:"忘善恶而居中,任万物之自为,闷然与至当为一,故刑名远己,而全理在身也。"宣颖《南华经解》:"善恶

之迹，俱无所倚，惟缘中道以为常也。何故兼言为恶？夫徇知有为，而为神明之类，善与恶均也。知善恶之均者，于缘督之义其庶乎！"钟泰《庄子发微》："为善为恶，随俗所名。实则齐物之后，是非两忘，行其所不得不行，止其所不得不止，即安知其为善与恶邪！"

③缘：因循，随顺。督：中。经：常规，原则，导人之道。陆德明《经典释文》："李云：'缘，顺也。督，中也。经，常也。'郭、崔同。"郭象《注》："顺中以为常也。"褚伯秀《南华真经义海纂微》引赵以夫注："督，中也。喜怒哀乐之未发，其感于物也一出乎性之自然，形诸外者，即此中也。率性之谓道，缘督为经之义也。奇经八脉，中脉为督。"宣颖《南华经解》："养生之妙，止在'缘督'一句。引庖丁一段，止发明'缘督'一句。夫中央为'督'。'督'岂有一定之处乎哉！又岂有件物事可指之为'督'乎哉！凡两物相际之处谓之'中'。无此'中'则此与彼无相丽之用。然而稍移一分，则为此物矣；稍移一分，则又第为彼物矣。然则'中'固无有物也。游于'无有物'而伤之者谁哉！此'缘督'之义。固无逾于解牛者也。至虚之处乃中也。"钟泰《庄子发微》："督有中义。然不曰中而曰督者，督又有宰率意，盖兼承前篇真宰、真君、环中数义而名之。……因中以为常，犹是'得其环中，以应无穷'之旨。下文'依乎天理，因其固然'，皆本乎此也。"释"经"义为"常"，其据频见于先秦典籍，如《礼记·月令》："乃命大史守典奉法，司天日月星辰之行，宿离不贷，毋失经纪，以初为常。"《管子·牧民》："顺民之经，在明鬼神、祇山川、敬宗庙、恭祖旧。"

④保身：保全身体。全生：全其性命。养亲：犹维新，即涵

育日新之德。亲借为"新"。或"亲"为"心"之误,亦可通,养心,犹"颐养心德"。闻一多《庄子校补》:"'可以养亲'不类《庄子》语。"王叔岷《庄子校诠》:"郭《注》:'养亲以适。'案《渔父》篇:'事亲以适',即郭《注》所本。此言养生之义,忽及'养亲',与上言'保身'、'全生',下言'尽年',皆不类。亲当借为新。《书·金縢》:'惟朕小子其新逆',《释文》引马融本新作亲,即二字通用之证。"又朱熹《四书章句集注·大学集注》:"大学之道,在明明德,在亲民,在止于至善。程子曰:'亲,当作新。'"《周易正义》:"日新之谓盛德。王弼注云:'体化合变,故曰日新。'"《礼记·大学第四十二》:"汤之《盘铭》曰:'苟日新,日日新,又日新。'《康诰》曰:'作新民'。《诗》曰:'周虽旧邦,其命维新。'是故君子无所不用其极。"《尚书正义》:"德日新,万邦惟怀。孔安国注云:'日新,不懈怠。'"以上所引,说明在先秦的重要典籍中,"日新"乃极为重要的概念,也是个人修为的极高境界,庄子自当不会错过,故王叔岷以"亲"为"新"之假借,不为无据,且于文义亦合,此则合取"心""新"二义,以喻心德日新。尽年:享尽天年。郭象《注》:"苟得中而(冥)[宜]度,则事事无不可也。夫养生非求过分,盖全理尽年而已矣。"

二

庖丁为文惠君解牛①。手之所触,肩之所倚,足之所履,膝之所踦,砉然响然,奏刀騞然,莫不中音②。合于《桑林》之舞,乃中《经首》之会③。

【译文】

庖丁为文惠君杀牛。在整个剖解的过程当中,庖丁手之所触、肩之所靠、足之所踏、膝之所抵,无不划然有声、剨然有响。运刀行刃之间,仿佛有节拍一样,无不切中音律,就好像在跳着《桑林》之舞,演奏《经首》之韵。

【注释】

①庖丁:厨工。丁,指从事某种职业的人。文惠君:或以为指梁惠王,或以为未必确切。解:宰杀,剖解。

②倚:抵靠。履:踩踏。踦(yǐ):用膝盖抵压。砉(huā,又读 xū)然、响然、騞(huō)然:皆为形容刀行于皮肉、筋骨之间,完成划、剔动作时发出的轻微声音。奏刀:进刀。成玄英《疏》:"言庖丁善能宰牛,见其间理,故以其手拊触,以肩倚著,用脚踏履,用膝刺筑,遂使皮肉离析,砉然嚮应,进奏鸾刀,騞然大解。此盖寄庖丁以明养生之术者也。"钟泰《庄子发微》:"'奏刀',进刀也。不曰进而曰奏,奏刀犹奏乐然,所以起下《桑林》《经首》之文也。"

③合:吻合,匹配。桑林:殷汤时期的乐舞名称。中:切中,符合。经首:尧乐《咸池》乐曲中的一章。会:音节。郭象《注》:"言其因便施巧,无不闲解,尽理之甚。既适牛理,又合音节。"

文惠君曰:"嘻,善哉!技盖至此乎?①"庖丁释刀对曰:"臣之所好者,道也,进乎技矣②。始臣之解牛之时,所见无非牛者;三年之后,未尝见全牛也;方今之时,臣以神遇而不以目视，官知止而神欲行③。依乎天理，批大郤，导大窾，因其固然④。技经肯綮之未尝，而况大軱乎⑤！良庖岁更刀，割也；族庖月更刀，折也⑥；今臣之刀十九年矣，所解数千牛矣，而刀刃若新发于硎⑦。彼节者有间而刀刃者无厚，以无厚入有间，恢恢乎其于游刃必有余地矣⑧。是以十九年而刀刃若新发于硎。虽然，每至于族，吾见其难为，怵然为戒，视为止，行为迟，动刀甚微，謋然已解，如土委地⑨。提刀而立，为之四顾，为之踌躇满志，善刀而藏之⑩。"文惠君曰："善哉！吾闻庖丁之言，得养生焉⑪。"

【译文】

文惠君说："哇！真是厉害啊！解牛之技也能达到这样的境界吗？"庖丁把刀放下，说："臣子我所追求的是道，不止于技。我最初宰牛的时候，眼中能看到的，都是整牛。三年之后，眼中已经没有整牛了。到现在，我已经不用眼睛去看，靠的是心领神会。外部感官不再起作用，而心神却畅行无碍。我根据牛的天然生理结构，劈开大的骨缝，撬开大的骨节，完全因循其自然构造。我这样操作，刀刃就连附着于骨头上的骨膜肌腱都不会刮碰，更何况是大骨头呢！好的庖工一年更换一次刀具，因为他们习惯用刀横着切肉；平庸的庖工一个月更换一次刀具，因为他们习惯用刀砍折硬骨。我这把刀如今已经用了十来年了，剖解过数千头牛，而刀刃还像刚刚开刃时一样。牛的骨节之间既然有空隙，而我的刀又薄如蝉翼，以这样的'无厚'之刃，切入'有隙'的骨节之间，自然会绰绰然游刃有余了。正因为这样，我的这把刀才能用了十来年还如同刚刚开刃时那样。不过，每当遇到筋骨杂错的地方，我知道不好处理，便会极为小心，目光专注，动作缓慢，举刀轻微。一旦豁然解体，整只牛便如同泥土一样堆积在地上。然后，我提刀而立，环顾四周，踌躇满志，将刀具擦拭干净后再收藏起来。"文惠君说："太好了！我听庖丁之言，得到养生之道了！"

【注释】

①嘻：叹词，在此表示惊奇。盖：通"盍"，何故，怎么。成玄英《疏》："惠君既见庖工因便施巧，奏［刀］音节，远合乐章，故美其技术一至于此者也。"

②释：放下。进乎：超过。郭象《注》："直寄道理于技耳，所好者非技也。"

③所见无非牛：意指所见仅仅是通常的、整体的牛而已，此外别无所见。这是庖丁解牛的初级境界，类于世俗常见。未尝见全牛：意指所见已无整体的牛，而是结构化的牛。这是庖丁解牛的次等境界，类于今日之分析哲学的方法论。以神遇而不以目视：意指已不再以五官感知来判断，而任由心神畅行，因顺自然，了无挂碍。这是庖丁解牛的最高境界，类于孔、老、释及苏格拉底四圣之认识论。三句颇可以宋代禅师青原行思所言"看山是山，看山不是山，看山还是山"的三重境界譬喻之。神遇，心神的际遇；目视，用眼睛看。官知：感官知觉。成玄英《疏》："官者，主司之谓也。谓目主于色，耳司于声之类是也。"神欲：某种近乎本能的原动力。陆德明《经典释文》："向云：'从手放意，无心而得，谓之神欲。'"郭象《注》："司察之官废，纵心而顺理。"

④天理：天然的理路，这里指牛身体骨骼自然衔接的结构和

脉络。批：劈，削。郤（xì）：指筋骨间的空隙。导：引刀深入。窾（kuǎn）：空，即骨节之间的空处。因：随顺，因循。"因"字总是《庄子》中之关键词。固然：本来的身体结构。

⑤技经肯綮之未尝：形容奏刀的技法娴熟到就连附着于骨头上的骨膜肌腱都不会刮碰。肯，着骨肉，类似骨膜一类的组织。綮（qìng），筋肉纠结处，类似肌腱一类的组织。未尝，不去碰触。郭象《注》："技之妙也常游刃于空，未尝经概于微碍也。"林希逸《庄子鬳斋口义》："我之为技，其用刀也，皆未尝经涉其肯綮之间。"林云铭《庄子因》："言我之技未尝在牛骨肉上经过，所以为是道非技。"刘武《庄子集解内篇补正》："此句言奏刀之技，未尝经过肯綮之处，因肯綮为著骨肉，及骨肉聚结处，经必损刀也。其置'未尝'于句末者，倒句法也。此类句法，经史中多有之。"軱（gū）：大骨。

⑥良庖：优秀的庖工。族庖：平庸的庖工。割：用刀横切。折：以刀折断。更刀：更换刀具。

⑦十九年：为"十年九年"之约略数。或释为一十九年，亦通。但《庄子》中前一种用法多有，故以约略数释之为胜。《德充符》篇之"吾与夫子游十九年矣"，《在宥》篇之"黄帝立为天子十九年"，《则阳》篇之"虽使丘陵草木之缗，入之者十九，犹之畅然"，《寓言》篇之"寓言十九，重言十七"。新发于硎：指新刀刚刚用磨刀石开刃。硎（xíng），磨刀石。

⑧节：骨节。有间：有空隙。无厚：没有厚度，形容刀刃之薄。恢恢：宽绰的样子。

⑨族：通"簇"，指筋骨交错盘结。怵然：警惕的样子。止：专注，凝固。微：轻微，小心翼翼的样子。謋（huò）然：形容迅

速分离的声音。謋，亦通"豁"。委：堆积。

⑩踌躇：从容自得的样子。满志：心满意足。善刀：拭刀。善，通"拭"，擦拭。

⑪养生：兼有葆养生命和涵育性情之义，其关键在于"知"的运用要合乎道，此亦为本篇主旨。郭象《注》："以刀可养，故知生亦可养。"成玄英《疏》："魏侯闻庖丁之言，遂悟养生之道也。美其神妙，故叹以'善哉'。"

三

公文轩见右师而惊曰①："是何人也？恶乎介也？天与？其人与？②"曰："天也，非人也。天之生是使独也，人之貌有与也，以是知其天也，非人也③。"

【译文】

公文轩见到右师，便吃惊地说："这是怎样一个人啊？怎么会如此耿介不群呢？你这是天生的呢，还是人为的？"右师回答说："天生的，不是人为的。天生我这样耿介不群的个性，天赋我一副人的相貌，这就可以知道，我是天生耿介不群，不是人为的。"

【注释】

①公文轩：姓公文，名轩，宋人。右师：本为官名，其义或指做过右师之官的人，或可直以为人名。可从后者，盖此处文意已与官名无涉。惊：讶异，吃惊。

②何人：怎样一种人。介：坚固，耿介，卓异，不合群，孤傲。吕惠卿《庄子义》："右师盖人貌而天者也。'介'则'介如石

焉'之介,言其遗物离知而立于独,故公文轩见而惊之,疑其为天为人也。"钟泰《庄子发微》:"公文见右师而惊,惊其气象之殊常也。'介',特也。'恶乎介'者,言何以特立而超于物外如是也。"天与:天生的吗?与,通'欤',叹词,在此表疑问。人与:人为的吗?案此句中"介"字,自郭象《注》释为"偏刖之名"以后,便成了理解此节文意的根本障碍,导致千年以来注家对庄子本段文字的歧解、误解,不仅文意前后自相矛盾,而且也与庄子思想总体路线完全背离。唯吕惠卿对此有所异议,惜为后人所不取,而钟泰对其有所阐发,甚是。查古籍,"介"之本义亦多为"耿介"。《易·豫》:"介于石,不终日。"《孟子·尽心上》:"柳下惠不以三公易其介。"《后汉书·朱晖传》:"晖刚于为吏,见忌于上,所在多被劾。自去临淮,屏居野泽,布衣蔬食,不与邑里通,乡党讥其介。"

③天之生是:天生这样。是,代词,这样。独:特立独行,不合群。人之貌有与:天赋人的相貌。有与,有所禀赋,即天赋。以是:因此。是,指"天赋人的相貌"。案此句所言,正《德充符》篇"道与之貌,天与之形,恶得不谓之人"之意。右师巧用一个逻辑推断,回答公文轩的质疑:既然我的容貌是天赋的,那我的耿介也是天赋的;既然是天赋,就要顺天行事,不可以人力强为。显然右师为自己的耿介卓异的操守感到自豪。庄子亦许之。在庄子看来,凡天生,则属自然;凡是自然的,就不做作、不刻意,与人为助长、矫情强行正相反对,因此,如果右师真的是天生独脚,就不会引起庄子的任何非议,故而可知以往注解多失其正。

泽雉十步一啄，百步一饮，不蕲畜乎樊中①。神虽王，不善也②。

【译文】

泽雉十步一啄，百步一饮，但它也不愿意被蓄养在笼栅当中。即使那样会身形健硕，但它并不以此为善。

【注释】

①泽雉：涉禽一类的鸟，生活于沼泽地带。蕲：冀求，企望。畜：蓄养。樊：笼栅。郭象《注》："夫俯仰乎天地之间，逍遥乎自得之场，固养生之妙处也，又何求于入笼而服养哉！"

②神：为"身"之音误。王：通"旺"。不善：不以为善。以往注家多读"神"如字，因而对此句文意终致不能自洽。唯褚伯秀之《管见》别有所见："所养非形骸也，故后文泽雉之喻，以全性为乐，蓄樊为忧。再详经旨，谓泽雉饮啄虽艰，而不愿就养。若受蓄樊中则虽饮啄有余而飞行失所，形虽王，不善也。诸本多作神，使其神王，岂得谓之不善哉？况受执樊中，无神王之理，传写之误，失于订正耳。"案褚以抄写之误而改"神"为"形"，予以音同之误而改"神"为"身"，"身"与"形"义通。

四

老聃死，秦失吊之，三号而出①。弟子曰："非夫子之友邪？②"曰："然。""然则吊焉若此，可乎？③"曰："然。始也吾以为其人也，而今非也④。向吾入而吊焉，有老者哭之，如哭其子；少者哭之，如哭其母⑤。彼其所以会之，必有不蕲言而言,不蕲哭而哭者⑥。是遁天倍情,忘其所受,古者谓之遁天之刑⑦。适来,夫子时也;适去,夫子顺也⑧。安时而处顺,哀乐不能入也,古者谓是帝之县解。⑨"

指穷于为薪,火传也,不知其尽也⑩。

【译文】

老聃死了,秦失前去吊唁,干号了三声便出来了。秦失的弟子问:"他不是先生的朋友吗?"秦失回答:"是的。"弟子又问:"那么如此吊丧,合适吗?""合适。此前他活着的时候,我把他当作常人看待,如今,他已经不是了。刚刚我进去吊唁的时候,见到有老者在哭,如丧其子;有少者在哭,如丧其母。像这种众人聚集一处而哭,必然就有情不自禁而出言、情不自禁而哭泣的人。不过,他们这样,都有悖天道流行的规律,违背事物的实情至理,是忘了生死本是天赋。古人把这种不想死亡的心念称为'遁天之刑',认为这是企图逃避天的惩罚。其实,夫子之生,恰逢其时;夫子之死,顺其自然。能安时处顺,哀乐便不会入心。古人把这称为'解脱天悬'之苦。"

尽管烛薪因油脂燃尽而不再能发光照明,但其中的余火却依然可以存续传承,不会穷尽。

【注释】

①老聃(dān):人亦称老子,姓李,名耳,字聃,楚国苦县厉乡曲仁里人,曾任周守藏室的史官。秦失(yì):又作秦佚,老子的朋友,其事不可考,或亦为庄子所虚构的人物。吊:吊唁。号:哭而不哀、没有眼泪的大声干号。郭象《注》:"人吊亦吊,

人号亦号。"案此篇老子甫一出场，庄子便安排他"死了"，而此后诸篇，则反复提及老子，可见庄子作文，顺叙、倒叙、插叙随手取用，并无形式上的限制，唯以文意所至为依归，此也与《庄子》寓言、卮言、重言交互运用的写作手法相协调。又庄子在本篇以养生为主题的文章最后，结以最善养生的老聃（《史记》言"盖老子百有六十余岁，或言二百余岁，以其修道而养寿也"）之死，显然寓有"死生自然"和"安时处顺"的思想，即于一篇貌似主题有限的文章中，同样灌注有整体的思想。王叔岷《庄子校诠》："《养生主》篇特载老聃死事，明有生必有死，所谓养生，乃顺生死之自然，非以求长生不死也。"

②弟子：秦失的弟子或门人。夫子：指秦失。郭象《注》："怪其不倚户观化，乃至三号也。"

③可：适当，合于礼仪。郭象《注》："至人无情，与众号耳，故若斯可也。"

④人：自然之人，常人，指秦失将活着的老聃视为常人。胡怀琛《庄子集解补正》："其，指老子言；人，世俗之人也。谓始也，吾以为老子乃世俗之人也。如为世俗之人，吾当以世俗吊丧之礼哭之。而今非世俗之人也，其死亦非死也，乃是帝之悬解，吾何以以世俗之礼哭焉？"胡氏以"世俗之人"和"帝之悬解"两种情境理解秦失能因是因非的吊唁态度，当正是庄子本意。非也：指老聃已死，已脱离世俗羁绊，是为"非人"。钟泰《庄子发微》："'非'即非人，非人，则入于天矣。入于天，则何可哀之有！"秦失以为老聃活着的时候得天赋而为人，自然也不免有所束缚，死后则天悬得解，故而以干号之吊为适当，而其心未为不悲戚，只是他人不见、不知而已。秦失在老聃的吊唁现场所表

现的，尽是"因顺"之行，因于俗情而号，因于自然而忘，哀乐不入于心，说明他是老聃的"真朋友"，是知己、知音。可参看《大宗师》篇"孟孙才，其母死，哭泣无涕，中心不戚，居丧不哀"一句的注解，其情相类。

⑤向：刚才，既往，开始的时候。有：或有，指个别的哭者。如哭其子、如哭其母：像死了子女、父母那样哀哭不已，形容哭者发自内心的感情流露，暗应《齐物论》篇的"天籁"，乃为自发自取，无有刻意，殊为感人，以至秦失为之所感。《田子方》篇有"其谏我也似子，其道我也似父"，也是用父、子关系来强调谏劝、教导完全出心于自然。此句言吊唁者当中有一些人的哭是发自内心的，体现了人们对老子的极度认可。

⑥彼：指哭者。其：指老者、少者。所以：指形成当时情境的各种因素。会之：指哭者彼此间相互感应以至于情不自禁而形成不寻常的共情状态。会，领悟，会心会意。《管子·法禁》："上明陈其制，则下皆会其度矣。"孟郊《听琴》："闻弹一夜中，会尽天地情。"之，指当时的整个情境状态。不蕲：不刻意祈求。蕲，期望，思谋。必有……者：一定有……的人。此句进一步掘进吊唁现场众人共哭的本质：在整个吊唁现场，其中一定有不想出言而情不自禁出言、不想落泪而情不自禁落泪之人，从而带动形成了当下的"共悲"场面。对此句与上一句之文意，后世注家不仅歧议不绝，而且误解极多。先是郭象《注》断言"嫌其先物施惠，不在理上往，故致此甚爱也"，已将秦失的态度置于好恶、是非之域，此必非庄子眼中的圣人、大君子之德。林希逸《庄子鬳斋口义》也在这一方向上有所发挥："始者吾以为其人者，言吾始以老子为非常之人也，今因吊之，乃知其不为非常人也。何者？老

子之死,其弟子之哭,无老无少皆如此其悲哀,此必老子未能去其形迹,而有以感会门弟子之心,故其言其哭哀且慕者,有不期然而然也。"林氏此说,不仅有失臆测,而且将《庄子》全书中刚一出场的老子就给定位为一个半吊子圣人的形象,于全书主旨、老子整个形象的一致性都完全不合。释德清《庄子内篇注》:"言我始与友时,将谓是有道者也;今日死后,乃知其非有道者也。何以知之?言老少哭之如此其哀,必生时与彼两情相合,而中心有不能自已者,故不蕲哭而哭之哀如此也。"钟泰《庄子发微》:"言发不由衷,因以过节也。"案诸家之解,皆置老聃于尴尬之地,也借秦失之口使庄子成了不近人情并在观点上自相矛盾之人。试想,既然老聃与秦失为友,他们的思想境界怎会如此天壤之别。老聃者谁?秦失者谁?秦失高于老聃,则《庄子》全书此后当只言秦失而不及老聃了!故诸注实属无谓。其实,在《庄子》书中,当其使用"不"于各种"为"时(如《齐物论》篇之"圣人不从事于务,不就利,不违害,不喜求,不缘道"),多含有"不刻意其为"之义,此点极为重要。注家对此多未予以连贯性地考虑,是导致多种情况下对庄子思想产生误解的根源。

⑦遁天:违天,逃避天意。遁,逃避,违背。倍情:违背情理。倍,通"背"。情,情实,产生于情境的真理(reality)。"情"字此义在《庄子》中基本一以贯之,单指符合于情境的真理,因此,庄子的整个哲学观点带有显著的"情境论"取向,认为理性主义的"宏大叙事"(即所谓"放之四海而皆准"的"真理")的真理性是有条件的(如"言者有言,其所言者特未定也"之论)。所受:天然的禀赋。遁天之刑,犹"逃避天刑",即逃避上天的惩罚。这里指世俗之人因执念于悦生恶死,试图久生不死,而这

不啻于一种"逆天"的行为。天意本不可违，天刑自不可逃，刻意逃避，便是违天。郭象《注》："天性所受，各有本分，不可逃，亦不可加。感物太深，不止于当，遁天者也。将驰骛于忧乐之境，虽楚戮未加，而性情已困，庸非刑哉！"林希逸《庄子鬳斋口义》："天之所受，本无物也，犹以有情相感，则是忘其始者之所受，而遁逃其天理，背弃其情实，如此皆得罪于天者，故曰遁天之刑。倍与'背'同。"此句为秦失的评论，由此引出下一句秦失自己的观点。

⑧适：正巧，刚好，偶然。来：生。时：恰逢其时。去：死。夫子：指老聃。顺：顺其自然、常然。郭象《注》："时自生也，理当死也。夫哀乐，生于失得者也。今玄通合变之士，无时而不安，无顺而不处，冥然与造化为一，则无往而非我矣！将何得何失、孰死孰生哉！故任其所受，而哀乐无所措其间矣！"

⑨帝：天。县解：解脱倒悬之苦。县，通"悬"。秦失在评论了他人的吊唁行为表现之后，进而阐明自己对生死的看法，认为生是偶然，死是自然，混同生死，安时处顺，便可以从世俗人伦的束缚中得以解脱。因此，他认为老聃之死，乃解脱了上天赋予的倒悬之苦。

⑩指：为"脂"的假借字，用于助燃薪烛。火传：火种续传。尽：穷尽，彻底熄灭。朱得之《庄子通义》："'指穷'之'指'，疑是'脂'。"朱桂耀《庄子内篇证补》："'指'为'脂'之误，或假。此言脂膏有穷而火之传延无尽，以喻人之形体有死，而精神不灭。"闻一多《庄子内篇校释》："古所谓薪，有炊薪，有烛薪。炊薪所以取热，烛薪所以取光。古无蜡烛，以薪裹动物脂肪而燃之，谓之曰'烛'，一曰'薪'。烛之言照也，所以照物者，

故谓之曰'烛'。此曰'脂穷于为薪',即烛薪也。"句指虽脂尽光灭,但仍有余火蕴于薪炭之中,取脂即可再燃,从而递相续传,无有穷尽。郭象《注》:"穷,尽也;为薪,犹前薪也。前薪以指,指尽前薪之理,故火传而不灭;心得纳养之中,故命续而不绝;明夫养生乃生之所生也。夫时不再来,今不一停,故人之生也,一息一得耳。向息非今息,故纳养而命续;前火非后火,故为薪而火传;火传而命续,由夫养得其极也。世岂知其尽而更生哉!"庄子此处借"脂尽薪传"这一现象,以喻形神生灭、宇宙大化的根本规律,是一大喻。

人间世[①]

【题解】

先秦对庄子的学说立场、学问宗旨有明确评议的,唯有荀子一人。但荀子一句"庄子蔽于天而不知人",便将庄子打入黄老一派,类属崇尚玄言之列;西汉司马子长著《史记·老子韩非列传》,集庄子与老子、申子、韩非子于一处并论,其中申、韩二人虽涉入世,但对老庄的评议,却主要是"自隐无名为务",并指出庄子其说"皆空言无事实","洸洋自恣以适己,故自王公大人不能器之。"可见庄子学说在当时的政治舞台上便已不受待见,则庄学在后世施政者心目中的失位,就自然不算什么意外之事了。

然而,观庄子《人间世》一篇,不免会产生一个大困惑:庄子之学,果真不通世故者邪?今天的我们,不妨这样设问:"人所居何处?"必答:"居人世间耳。"再问:"所居何者为大?"必答:"养心、保身为大。"再问:"养心、保身所患者,何者为最大?"必答:"不通世故乃为患最大。"此类问答,本于人之常情,同时也是庄子立论的逻辑所据。庄子于《养生主》之后置《人间世》一篇,其主旨所关,恰是"养生、保身"之学的现世应用。至于此学于人间俗世究竟"通与不通",则必取决于个人的仁智所见、德行所为。未达庄子之意而欲用庄子之学,其能有得者,未之有也。

　　说《人间世》以至于《庄子》是入世之学，并非空穴来风、无有实据。恰恰相反，"入世"之义，乃是庄子此篇之鹄的。盖孔子所教颜回者，便是如何与卫君相处以求一正卫君之暴行的圣道；孔子所教叶公子高者，乃是本于天命、立足道义而对人之"使命"所做之最为彻底的阐述；蘧伯玉所教颜阖者，也是向"伴君"者传授生存、进谏的妙道。颜回、叶公子高、颜阖，三子皆为怀高才而欲入世之人，而其导师又无一人阻止他们前往，怎么会说庄子学说乃是"出世间"的学说呢？只不过，庄子所喻，在于警示怀才者，其才具之用，应循中道。为求保身，必游心于"材与不材"、"用与不用"之间，方得全身、尽命。《人间世》篇的后边数节，就是利用社栎、商丘之木、荆氏之木和支离疏等几则寓言来传达这一意旨的。总其所言，《人间世》所彰显的庄子思想，并非主张彻底"出世"。相反，庄子不拒绝入世，只是强调，入世有道，而其道必应于天道。其实，这是入世之学的最高学问，只有"中人以上"的"上士"闻之，方可有所感悟。

　　所以，庄子，乃儒门之大贤者。其既有论于"人间世"、"大宗师"乃至"应帝王"，其心思必非安于玄学而妄作空论、痴迷于丽辞者；既然庄子以孔、颜之所取为其所取，又怎可遽将庄子排除在儒门之外？另外，《人间世》全篇所论也是仅限于"言"之用与不用，因此，《庄子》学说乃立基于对"言"的探讨并属于知识论范畴，于此又一再可见。

【注释】

　　①人间世：即人间俗世。此篇庄子沿着《养生主》篇"以道

"御知"的思想,将人间俗世中的知识运用策略作为彰明其在言辩、进言、谏劝等方面善处有用无用、材与不材之间的主张。郭象《注》:"与人群者,不得离人。然人间之变故世世异,宜唯无心而不自用者,为能随变所适而不荷其累也。"陆德明《经典释文》:"此人间见事,世所常行者也。"王夫之《庄子解》:"此篇为涉乱世以自全之妙术,君子深有取焉。"钱穆《庄子纂笺》引陈于廷曰:"庄子拯世,非忘世。其为书,求入世,非求出世也。"

一

颜回见仲尼,请行①。曰:"奚之?"曰:"将之卫。"曰:"奚为焉?"②曰:"回闻卫君,其年壮,其行独③;轻用其国,而不见其过;轻用民死,死者以国量乎④。泽若蕉,民其无如矣⑤。回尝闻之夫子曰:'治国去之,乱国就之⑥。'医门多疾。愿以所闻思其则,庶几其国有瘳乎!⑦"

【译文】

颜回拜见仲尼,向他辞行。仲尼问颜回:"你要去哪儿?"颜回回答:"打算到卫国去。"仲尼问:"去干什么呢?"颜回说:"我听说,卫国国君年轻气盛,独断专行;轻用其国,而不反思己过;轻用民死,死者不计其数。山泽瘠如焦土,人民无所适从。我曾经听夫子教诲过:'国家安定就可以离去,国家混乱就需要前往。'医家门前多疾患,我很想利用所学,去思考治理卫国的方法,这样也许卫国就有救了吧!"

【注释】

①颜回：姓颜，名回，字子渊，鲁国人，孔门中最为孔子所欣赏的弟子，小孔子三十岁。仲尼：孔子的字，名丘。孔子于《齐物论》篇已经出场，但较不正式，乃借瞿鹊子之口并以"夫子"、"丘"称之。《庄子》一书，以孔子、孔丘、仲尼、丘、夫子等称谓孔子，所涉及的总篇数为二十余篇，超过《庄子》中所有其他人物，足见孔子在《庄子》中的中心地位。庄子通过对孔子周围各色人等道德境界的描述，凸显了孔子上达玄理、下及礼仪，始而汲汲入世、终而退归杏坛的伟大人生历程。请行：请准辞行。庄子用孔子、颜回、卫君等人叙事，要在言理，其事、其人未必与史实完全吻合，但又决不可谓其为虚言，此即所谓寓言笔法。成玄英《疏》："人间事绪，纠纷寔难，接物利他，理在不易，故寄颜、孔以显化导之方，托此圣贤以明心斋之术也。"

②奚：疑问词，何。之：往。卫：春秋时的诸侯国，今在河南汤阴南。为：原因。

③卫君：卫国国君。或以为是卫庄公蒯聩，或以为是卫出公辄，或以为均非其人。行独：行为独断自专。郭象《注》："不与民同欲也。"

④轻用：轻率地利用。不见：即不自见、不自知。以国量：形容死人之多，如"国人死者过半"之类的表述即是。朱桂耀《庄子内篇证补》："'死者以国量'读绝句。《史记·货殖列传》'用谷量牛马'，《荀子·富国》篇'然后荤菜百疏以泽量'，《淮南子·氾论训》'道路死人以沟量'。'以国量'犹彼之言'以谷量'、'以泽量'、'以沟量'，皆以喻其多也。"乎：语气助词，表示感叹。郭象《注》："夫君人者，动必乘人，一怒则伏尸流血，

一喜则轩冕塞路，故君人者之用国，不可轻之也。"

⑤泽：沼泽之地，类于《齐物论》篇"大泽焚而不能热"之泽。他如《胠箧》篇"削格罗落罝罘之知多，则兽乱于泽矣"，《刻意》篇"就薮泽，处闲旷，钓鱼闲处，无为而已矣"，《秋水》篇"计四海之在天地之间也，不似礨空之在大泽乎"，《达生》篇"桓公田于泽"，《山木》篇"辞其交游，去其弟子，逃于大泽"，《则阳》篇"比于大泽，百材皆度"，《天下》篇"天与地卑，山与泽平"等之"泽"，词同义近，均指水草交错丛生之地。蕉：同"焦"。朱桂耀《庄子内篇证补》："'蕉'即'焦'字。《博雅》：'蕉，黑也，亦通焦。'泽为有水泽之处。'其泽若焦'，极言其燋杀也。《荀子·富国》篇'天下敖然若烧若焦'，与此相证。"无如：无处可去。案泽如焦土，民不聊生，自然无所依归。对此及前一句，后世注家都颇感困惑，恰如褚伯秀所言："泽若蕉，颇难释。"各家句读之法不一，训义各异，而文意大都不通，故不取。此依文意径改旧读，释义亦随之而变。

⑥去：离开。就：前往。钟泰《庄子发微》："'治国去之，乱国就之'，与《论语》所言'有道则见，无道则隐，危邦不入，乱邦不居'，语似相反，然一以言存身之智，一以言教民之仁，义各有当，未始相妨也。且人亦未可等量而齐观也。《孟子》曰：'有天民者，达可行于天下，而后行之者也。有大人者，正己而物正者也。'有道则见，无道则隐者，天民之事。'治国去之，乱国就之'者，则大人之德也，是不可以期之大人以下，故孔子不以语他人，而以告颜子也。此可补《论语》之未及矣。"钟泰所言极是。又当理解此时的情境，或为颜子之学尚不能化用孔子所教之意，执孔子所曾言为教条。

⑦医门:医家之门。疾:指病人。所闻:指从孔子那里得到的教诲。则:办法,策略,法则。庶几:或许。瘳(chōu):病愈。句谓颜子自许医家,可以用所学帮助卫君治理好国家。成玄英《疏》:"颜生今将化卫,是以述昔所闻,思其秉受法言,冀其近于善道。譬彼医门,多能救疾;方兹贤士,必能救难。荒淫之疾,庶其瘳愈者也。"

仲尼曰:"譆!若殆往而刑耳①!夫道不欲杂,杂则多,多则扰,扰则忧,忧而不救②。古之至人,先存诸己而后存诸人③。所存于己者未定,何暇至于暴人之所行④?且若亦知夫德之所荡而知之所为出乎哉?德荡乎名,知出乎争⑤。名也者,相轧也;知也者,争之器也。二者凶器,非所以尽行也⑥。且德厚信矼,未达人气;名闻不争,未达人心⑦。而强以仁义绳墨之言术暴人之前者,是以人恶有其美也,命之曰菑人⑧。菑人者,人必反菑之,若殆为人菑夫⑨!且苟为悦贤而恶不肖,恶用而求有以异⑩?若唯无诏,王公必将乘人而斗⑪。其捷,而目将荧之,而色将平之,口将营之,容将形之,心且成之⑫。是以火救火,以水救水,名之曰益多,顺始无穷⑬。若殆以不信厚言,必死于暴人之前矣⑭!且昔者桀杀关龙逢,纣杀王子比干,是皆修其身,以下伛拊人之民,以下拂其上者也,故其君因其修以挤之,是好名者也⑮。昔者尧攻丛、枝、胥敖,禹攻有扈,国为虚厉,身为刑戮⑯。其用兵不止,其求实无已,是皆求名实者也⑰。而独不闻之乎?名实者,圣人之所不能胜也,而况若乎⑱!虽然,若必有以也,尝以语我来⑲。"

【译文】

仲尼说:"唉!你这样去怕是要获刑的啊!导人之法不可过于纷杂,纷杂则成多余,多余就会产生干扰,干扰就会引发忧虑,忧虑便无可救药。古之至人,会先存养自己,然后再去成全他人。存身之道还没有修成,怎么可以去纠正暴人、暴君的错误行径呢?而且你也知道人为什么会'失德'和'用知'吧?德所以丧失,是由于逐求名誉;知所以被用,是为了言辩争胜。名誉是人们互相倾轧的根源,知识是人们相互争辩的工具。二者都可谓是凶器,依赖于它们,人们是不可能达于至道的。即便你德性淳厚,讲究诚信,但你与卫君秉性却不相同;即便你不是为了沽名钓誉,但你的心地与卫君还不能和合。在这种情况下,如果你强行去用你的仁义规范来向这种暴人游说,那等于是用别人丑陋的一面来彰显你美好的一面。这种人,被人称为'灾人'。给人带来灾难的人,别人也必会反过来给他带来灾难。你怕是要被人施以灾难了!退一万步说,如果卫君是一个悦贤而恶不肖的人,还哪里需要你去自标高异呢?你这样不诏自往,卫君必然会抓住你的瑕疵不放而与你争胜。他一旦占得上风,那么,你就会目光迷离,脸色颓丧,口舌嗫嚅,容颜失色,败心即成。这等于是以火救火,以水救水,人们称这种情况叫'益多'。一直这样下去,你就会永远徒劳无益。如果你非要冒险在没有取得对方信任的前提下横加谏劝,那你一定会死于这位暴君面前的!从前,夏桀杀关龙逄,商纣王杀王子比干,这两人都是身修德美之人。但他们以臣下的地位抚爱国君的臣民,又以臣下的身份拂逆国君的威仪,所以,他们的国君便因为这种身修德美而杀害他们。这便是好名者的结局。从前,尧帝攻伐丛、枝、胥敖三国,大禹攻伐有扈,导致这些国家家园成了废墟，国君身遭刑戮。连这几位号称明王的人都还用兵不止，就是因为他们的'求实'之心没有停歇过。这些都是求名、求实的例子。你就没有听说吗？在名与实方面，即使是圣人也不能完全做到名副其实，更何况你呢！不过，你此来一定自有理由，你且说说看。"

【注释】

①譆：语气助词，这里表示感叹，遗憾。若：你。殆：如果，将要，怕是。刑：遭受刑戮。耳：句尾助词。郭象《注》："其道不足以救彼患。"成玄英《疏》："孔子哂其术浅，未足化他。汝若往于卫，必遭刑戮者也。"

②道：道路，途径，方法。这里喻导人之法。杂：纷乱。多：多余。扰：困扰，扰乱。忧：患害。不救：无可救药。此数句，既警示颜子以保身全生之道，也兼及卫君治国安邦之策。刘武《庄子集解补正》："'杂''多''扰'三字，反伏下文'定''一''虚'三字，而'一''虚'二字，为全节主脑，余字则线索也。盖道不杂则一而不多，不多则不扰，不扰则定，定则虚，虚则所以集道也。故定者，一之效；虚者，定之效；杂多为一之反，扰为定之反也。"郭象《注》："宜正得其人。若夫不得其人，则虽百医守病，适足致疑，而不能一愈也。"

③存诸己：存养自己。存，存养，安立。存诸人：成全他人。郭象《注》："有其具然后可以接物也。"

④所存于己者：指保身全生之道。未定：未能确立。何暇：哪有余暇。暇，余裕。至于：及于。林云铭《庄子因》："无化暴之具，不但不敢，亦不暇矣。"暴人：凶暴之人，即卫君一类的

人。《管子·五辅第十》:"暴王之所以失国家,危社稷,覆宗庙,灭于天下,非失人者,未之尝闻。"管子所言之"暴王",与此"暴人"恰指同类君王。褚伯秀《管见》:"此章暴人凡三,诸解例以凶暴立说,审详前二处宜表暴解,谓表暴人之所行,术暴于人之前,辞意颇畅,上下文亦通。末句正指凶暴之人,谓䂓瞶也。"褚氏所言虽亦有见,然仍有未达之处,故此备而未取。行:作为,品行。郭象《注》:"不虚心以应物,而役思以犯难,故知其所存于己者未定也。夫唯外其知以养真,寄妙当于群才,功名归物而患虑远身,然后可以至于暴人之所行也。"

⑤且:表示递进,义近况且、而且。若:你。所荡:有所丧失。荡,形容漂移不定、失其正态的样子。所为出:之所以产生。出,产生,引申为知识的刻意应用,即"用知"。德荡乎名:德因逐名而丧失。知出乎争:刻意用知而引起争锋竞胜。郭象《注》:"德之所以流荡者,矜名故也;知之所以横出者,争善故也。虽复桀跖,其所矜惜,无非名善也。"

⑥轧(yà):倾轧。器:工具。尽行:力求品行完善。尽,尽其本分。此处寓意为达于至道。《荀子·荣辱》:"则农以力尽田,贾以察尽财,百工以巧尽械器。"郭象《注》:"夫名知者,世之所用也。而名起则相轧,知用则争兴,故遗名知而后行可尽也。"

⑦且:表示让步,义近尚且、纵然、即使。信矼(kòng):很讲诚信。矼,慤实的样子。达:通达,通晓。人气:人的气质、秉性,在此专指卫君言。名闻不争:不沽名钓誉。人心:人的心性,在此专指卫君言。案这是一个带有让步性质的假言判断,重点是强调"未达人气、人心"这种情况,意思是即使颜子有学问在胸、美德在身,但由于不了解情况,与卫君心乖情忤,近不得

卫君之身，尚不如伊尹与汤王之间最初的关系，那么，所有的先赋条件都派不上用场。参看"颜阖傅卫灵公太子"注解。成玄英《疏》："假且道德淳厚，信行确实，芳名令闻，不与物争，而卫君素性顽愚，凶悖少鉴，既未达颜回之意气，岂识匡扶之心乎！"

⑧绳墨：规矩，法度。术：借为"述"，可引申释为表白、称述、炫耀。另据朱桂耀《庄子内篇证补》所言，焦竑谓"江南古藏本作'衒'。"刘武《庄子集解内篇补正》亦按："《孔子集语》所引亦然，当作'衒'。《前汉·东方朔传》：'四方士多上书言得失，自衒鬻。'师古注：'衒，行卖也。'又《韵会》：自矜也。"《墨子·公孟第四十八》："譬若美女，处而不出，人争求之。行而自衒，人莫之取也。"扬雄《法言·问道》："衒玉而贾石者，其狙诈乎？"《刘子·韬光》："夫含奇佩美，衒异露才者，未有不以此伤性毁命者也。"以上所引，均可参考。以人恶：以他人之过错。有：卖弄，自是，因对比而凸显，即"衒"。其：指怀仁义以为绳墨之人，这里亦指颜子。命：命名，称谓。菑（zāi）人：害人之人。菑，通"灾"。郭象《注》："夫投人夜光，鲜不按剑者，未达故也。今回之德信与其不争之名，彼所未达也，而强以仁义准绳于彼，彼将谓回欲毁人以自成也。是故至人不役志以经世，而虚心以应物。诚信著于天地，不争畅于万物，然后万物归怀，天地不逆。故德音发而天下响会，景行彰而六合俱应，而后始可以经寒暑，涉治乱，而不与逆鳞迕也。"

⑨若：你。殆：将要，怕是要。郭象《注》："适不信受，则谓与己争名而反害之。"

⑩且：表示递进，况且，何况。苟：假如。悦贤：悦纳贤士。

恶不肖：厌恶肖小之徒。此句转而言卫君。恶：何。而：你。有以异：刻意为异。谓自我标举高异之学。郭象《注》："苟能悦贤恶愚，闻义而服，便为明君也。苟为明君，则不（若）[苦]无贤臣，汝往亦不足复奇。如其不尔，往必受害。故以有心而往，无往而可；无心而应，其应自来，则无往而不可也。"

⑪若：你。唯：因为。连词，与"惟"通。《国语·晋语一》："唯无亲，故能兼翼。"《左传·僖公元年》："阖庐惟能用其民，以败我于柏举。"无诏：没有接到诏令。王公：指卫君。查先秦古籍，或有以"王公"指代"天子与诸侯"者，亦有以之指代公侯者。如《周易·上经·坎》："王公设险以守其国。险之时用大矣哉！"《诗经·大雅·文王有声》："王公伊濯，维丰之垣。"《周礼·冬官考工记第六》："国有六职，百工与居一焉。……坐而论道，谓之王公；作而行之，谓之士大夫。"《孟子·尽心上》："孟子曰：'古之贤王好善而忘势。古之贤士何独不然？乐其道而忘人之势，故王公不致敬尽礼，则不得亟见之。'"乘人：利用人的弱点。乘，碾压，践踏，欺凌。《尚书·西伯戡黎序》："周人乘黎。"人，指不待诏而自往的颜渊。斗：指以言辩相争锋。

⑫其捷：他若占得上风。陆德明《庄子音义》："崔读'必将乘人而斗'绝句。"其，指王公；捷，成功，胜利。《春秋左传·庄公八年》："连称有从妹在公宫，无宠，使间公，曰：'捷，吾以女为夫人。'"而：你。指颜渊。荧：同"熒"，因惶惑而致目光闪烁的样子。色：脸色，面色。平：凝滞、呆板的样子。营：经营，指逞口舌以辩白。容：面容。形：外露，指喜怒之情都表现在外。心：指当下之心，因已动摇，与初心必不一致，已成"灰心"或"败心"。且：将要，几近。成：变成，所谓功败

垂成之意。此数句极言颜渊可能面临的窘境。陆西星《南华真经副墨》："惟汝不待诏而自往，彼将乘汝之轻身而以知巧斗汝求胜，汝于此时，目将荧荧焉而眩惑，色将靡靡焉以求平，口将营营焉以自解，容将踳踳焉以为恭，心且曲曲焉以顺成。"钟泰《庄子发微》："言其目眩色动，将自救解不及，终且容屈而心服之，适以助其恶而已矣。"

⑬益多：格外多余。益，益加；多，多余。顺：顺着，顺应。始：开始，亦通"此"，指颜渊所临窘境之开端。郭象《注》："适不能救，乃更足以成彼之威。"成玄英《疏》："夫用火救火，猛燎更增；用水救水，波浪弥甚。故颜子之行，适足成卫侯之暴，不能匡劝，可谓益多也。"吕惠卿《庄子义》："是以火救火，以水救水，非特损而益多之，则顺始无穷矣。"钟泰《庄子发微》："'顺始无穷'，承'益多'言，谓循此以往，将至不可纪极，又不仅益多而已。"

⑭若：你。殆：将要。不信：未取得信任。厚言：多言。此句孔子提醒颜渊在没有取得卫君信任的前提下贸然进谏，必遭刑戮及身。《韩非子·难言第三》："故度量虽正，未必听也；义理虽全，未必用也。大王若以此不信，则小者以为毁訾诽谤，大者患祸灾害死亡及其身。……故曰：以至智说至圣，未必至而见受，伊尹说汤是也；以智说愚必不听，文王说纣是也。"韩子所言，正是庄子所申之义，下文庄子列举数例，以为佐证。郭象《注》："未信而谏，虽厚言为害。"

⑮桀：夏朝最后一个国君，暴虐无道，为商汤所灭。关龙逢（páng）：姓关，字龙逢。桀时贤臣，因忠谏而被桀所杀。纣：商纣王，商朝末代君主，为周武王所灭。王子比干：纣王叔父，因

忠谏而被纣王剖心。修其身：身善德美之人。其，指龙逢、比干。以下：指凭借臣下的身份。伛拊（yǔ fǔ）：爱惜，抚养。伛，躬身示敬。《左传·昭公七年》："一命而偻，再命而伛，三命而俯，循墙而走。"拊，安抚，抚育。人之民：指君王的子民。上：君上。拂：违拗，忤逆。挤：排斥，陷害。郭象《注》："龙逢比干，居下而任上之忧，非其事者也。"崔大华《庄子歧解》引王敔："君子好名，为暴君所杀。"

⑯丛、枝、胥敖、有扈：皆为小国国名。其中丛、枝、胥敖三国，或以为与《齐物论》篇之宗、脍、胥敖三国同。在《齐物论》篇，既已言尧对攻伐三国并不开心，而舜则力促成之。此处再推进其义，言圣人于求实方面也有不堪其任之处。国：指上述诸小国。虚厉：田舍荒废，人民灭绝。虚，同"墟"，废墟；厉，通"戾"。郭庆藩《庄子集释》："'虚厉'即'虚戾'也。《墨子·鲁问篇》'是以国为虚戾'，《赵策》'齐为虚戾'，均做'戾'。'戾'、'厉'古音义通。"身为刑戮：指各小国君王为尧禹所杀。《墨子·鲁问篇》："齐将伐鲁，子墨子谓项子牛曰：'伐鲁，齐之大过也。昔者，吴王东伐越，栖诸会稽。西伐楚，葆昭王于随。北伐齐，取国子以归于吴。诸侯报其雠，百姓苦其劳而弗为用。是以国为虚戾，身为刑戮也。昔者智伯伐范氏与中行氏，兼三晋之地。诸侯报其雠，百姓苦其劳而弗为用。是故大国之攻小国也，是交相贼也，过必反于国。'"释德清《庄子内篇注》："使其国为空虚，死其君为厉鬼，亲身操其杀戮。"

⑰是：代词，指上述言及的邀名、逐利两类人。名实：名声与事实。关龙逢、王子比干求名，尧、禹求实。前者以求名而亡身，后者以求实而行杀戮，失于不知其所当止。其求实不已：指

尧、禹二国君为求德被天下之实而劳身心不止。释德清《庄子内篇注》："谓二圣自以为仁，将除暴救民，是皆求为仁之实无已，故用兵不止，以此好名，以滋杀戮。求仁之名而行杀伐，名成而实丧矣。"

⑱而：你。闻之：指听说"名实者，圣人之所不能胜也"这句话。胜：胜任，相称，犹"名副其实"。若：你。此句义取《论语·雍也》中孔子的思想："子贡曰：'如有博施于民而能济众，何如？可谓仁乎？'子曰：'何事于仁！必也圣乎！尧、舜其犹病诸！夫仁者，己欲立而立人，己欲达而达人。能近取譬，可谓仁之方也已。'"释德清《庄子内篇注》："言名实，虽二圣人且不能胜而全有之。"旧注自郭象始，多以"求实"为三小国之国君追求实利而遭杀戮，失之。郭象《注》："惜名贪欲之君，虽复尧禹不能圣化也，故与众攻之。而汝乃欲空手而往化之以道哉？"林云铭《庄子因》："总上二段，言龙、比不能胜其君，尧、禹不能胜其臣，见暴人自用，难于匡救，即往卫亦补。"

⑲有以：有所准备。尝：试着。成玄英《疏》："汝之化道，虽复未弘，既欲请行，必有所以。试陈汝意，告语我来。"

颜回曰："端而虚，勉而一，则可乎？"①曰："恶！恶可！夫以阳为充孔扬，采色不定，常人之所不违②。因案人之所感，以求容与其心，名之曰日渐之德③。不成，而况大德乎④！将执而不化，外合而内不訾。其庸讵可乎⑤！"

【译文】

颜回说："我端正自己的德性，保持内心的虚静，行为勉力而专一,这样可以吗?"仲尼说:"唉!这怎么可以呢!对于他这种本就刚愎之人,你这样表现,那等于是进一步给他输送阳刚能量呢,他会更加跋扈了。他这种人喜怒无常,人们往往都不敢违忤。所以,与他接触,就需要调整自己的感受,以求在一种心情能够相互容与的气氛中逐渐感化他,这叫做'日渐之德'。但即便这样做都未必能成,更何况你要对他直接施以'大德'之教呢!他的反应一定是固执不化,貌合神离,表面迎合而内心不取。这怎么可以呢?"

【注释】

①端:修正其德性。虚:虚心以应物。郭象《注》:"正其形而虚其心也。"郭以"正其形"释"端",义有未尽。勉:勉力奋进。一:专一不二。此"端、虚、勉、一"四字,亦修道之功法。端而虚言修德、虚心,勉而一言用志专一。钟泰《庄子发微》:"'虚'以应上'扰''忧'之言,'一'以应上'杂''多'之言,则其新所进也。"释德清《庄子内篇注》:"回谓:'我无他术,但端谨其身,以虚其心,不以功名得失为怀,更勉一其志,不计其利害。如此则可乎?'"此句言颜子先以受自孔子之至教起论,以为可以直接用来谏劝卫君。下文被孔子否定之后,颜子则退一步陈述貌似可行的具体策略以求教于孔子,而孔子仍不赞同,以至于颜子无奈而称"吾无以进矣"。

②恶(wū):叹词,犹"唉"。恶可:不可。以阳为充:用阳刚之气作为补充。阳,刚猛之性;充,充满,补充。孔扬:更为彰显。孔,更甚。成玄英《疏》:"充,满也;孔,甚也。"《诗经·小雅·宾之初宴》:"酒既和旨,饮酒孔偕。"《清史稿·志·卷

七十四》：" 国宪孔昭，我武孔扬。" 句喻 "用阳气补充阳气必造成阳气更盛"，而这是与 "阴阳调和" 的规律相背离的。《淮南子·氾论训》："积阳则非。" 刘武《庄子集解内篇补正》："本句跟上'其年壮'来，因卫君年壮，故阳气方刚，积满于内，甚扬于外也。" 采色：神采气色。句谓充满血性、恣意张扬、喜怒无常，暗指卫君。常：通常，往往。人：指与阳充之人接触而欲施教者，下文之 "人" 亦同。或以 "常人" 为词并释为平常之人，亦通，但不确。违：违忤，忤逆。王先谦《庄子集解》："平人莫之敢违。"

③因：所以，因此。案：按捺，抑制，有意调整。成玄英《疏》："案，抑也。" 人：接前文之 "人"，指颜回。所感：直接的感受。卫君气盛，凡与所接之人，其直接的感受必不畅然，而颜子乃欲施教之人，为求其效，则必先按捺自己的直觉。容与其心：让己心与对方之心相和合。容与，随顺、曲就，使与之和顺。《太平御览·卷七百五十·画上》："太宗尝与侍臣、学士泛舟於春苑池中，有异鸟随波容与。" 其：指卫君。日渐之德：靠日常逐渐熏染而成的美德，亦可谓小德。此句指与刚愎跋扈之人接触者，需要采取 "涵育" 的策略。后文蘧伯玉指给颜阖傅卫灵公大子的对策，便是此段旨意的进一步引申。

④不成：未必能成功。指施以 "日渐之德" 亦未必成功。大德：指圣贤乃至神人、至人之德，这里指颜子的 "端、虚、勉、一" 之德。孔子之意，施教必须因其才具，不可勉强，否则适得其反。《老子》："上士闻道，勤而行之；中士闻道，若存若亡；下士闻道，大笑之。不笑不足以为道。"《论语·雍也》："子曰：'中人以上，可以语上也；中人以下，不可以语上也。'" 孔子以为颜子欲以应对卫君的德行操守，只可与上乘的修德之人言，而

不可企图用来说服卫君这样的刚愎之人。成玄英《疏》："卫侯无道，其来已久，日将渐渍之德尚不能成，况乎鸿范圣明，如何可望也！"

⑤执：泥守，固执。外合：外表迎合。内：内心。訾（zī）：希求，资取；此字或读音 zǐ，义为"诋毁，厌恶"，与前解义正相反，但于文意不合，故不取。此句指卫君。庸讵：怎么。郭象《注》："言此未足以化之。"

"然则我内直而外曲，成而上比①。内直者，与天为徒。与天为徒者，知天子之与己，皆天之所子，而独以己言蕲乎而人善之，蕲乎而人不善之邪？若然者，人谓之童子，是之谓与天为徒②。外曲者，与人之为徒也。擎跽曲拳，人臣之礼也，人皆为之，吾敢不为邪？为人之所为者，人亦无疵焉，是之谓与人为徒③。成而上比者，与古为徒。其言虽教，謫之实也，古之有也，非吾有也。若然者，虽直不为病，是之谓与古为徒④。若是则可乎？"仲尼曰："恶！恶可！大多政法而不谍。虽固，亦无罪⑤。虽然，止是耳矣，夫胡可以及化！犹师心者也⑥。"

【译文】

"那么，我内直而外曲，内方而外圆；'成而上比'，将过往作为镜子。所谓'内直'，就是'与天为徒'。所谓'与天为徒'，就是知道自称天子的人君其实与我一样，都是天生、天养，这样，何必还要冀求别人在观点上与我一样赞同，或冀求别人与我一样不赞同呢？果真能这样，就达到了人们所说的'童子'的境界，这就是'与天为徒'。所谓'外曲',就是'与人为徒'。执笏长跪,鞠躬拱手,这都是为人臣者的一般礼节,别人都会这样做,我怎么敢违忤不做呢?做常人所做的事情,别人也就不会怪罪了,这就是'与人为徒'。所谓'成而上比',就是'与古为徒'。尽管引经据典会显得很教条,但经典语录所谴责的事实,是古代就有的,不是我说出来的。如果这样,即使我出言直率,但也没有什么毛病。这就是'与古为徒'。这样总可以了吧?"仲尼说:"唉!不可!你可以引用的古代正人之法数不胜数,它们都与现实不够契合。不过,你的这个想法虽然有些固陋,但也不至于因此而获罪。总而言之,你这样做,仅仅不至于获罪而已,是不可能使他有所改变的。你还是'师心'太重,不能抛弃固有之见,做不到物来照应。"

【注释】

①然则:转折语。如果这样……那么就。内直:内心端正。此应前"端"字,指颜回仍欲保持内心的纯正。外曲:行为委曲。此表示颜回要在行为上有所迁就。成而上比:以即成和前此之事为参照。成,即成之事;上,前此之事;比,照比,类比。

②与天为徒:作为天的徒弟,即以天为师,使行为合乎天理。天子:人君。所子:所生。成玄英《疏》:"言我内心质素诚直,共自然之理而为徒类,是知帝王与我,皆禀天然,故能忘贵贱于君臣,遗善恶于荣辱,复矜名以避恶,求善于他人乎?具此虚怀,庶其合理。"而:岂。蕲:冀求。而人:其人,别人。善:称善。此句言颜子欲在内心中保有其天性。既然以天为师,就当因顺天意,和合是非,不刻意求其善否。童子:天真之人。此应《老

子》所谓"婴儿":"我魄未兆,若婴儿未孩","常德不离,复归于婴儿"。郭象《注》:"物无贵贱,得生一也。故善与不善,付之公当耳,一无所求于人也。依乎天理,推己性命,若婴儿之直往也。"

③擎(qíng)跽(jì)曲拳:指俗礼当中的人际行为,此处特指君臣之礼。擎,执笏(hù)板;跽,长跪;曲,鞠躬;拳,拱手。人亦无疵:别人不再会挑毛病。成玄英《疏》:"夫外形委曲、随顺世间者,将人伦为徒类也。擎手跽足、磬折曲躬、俯仰拜伏者,人臣之礼也。而和同尘垢,污隆任物,人皆行此,我独不为耶?是以为人所为,故人无怨疾也。"陆树芝《庄子雪》:"循臣礼而无嫌于诌,不必亢节自高,固随时变化之宜也,亦异于执一者矣。"

④教:说教,犹"教条"。讁(zhé)之实:所批评的事实。讁,同"谪",指责。直:耿直,率直,直言。林希逸《庄子鬳斋口义》:"虽借古人教诲之言,乃是当面陈说是非而皆有谴谪之实。盖谓我之所言,非出于我,古人已有之言也。"林云铭《庄子因》:"世无加罪于古人之理。"

⑤大:同"太"。政:同"正",改正,修正。法:法度,方法。谍:切当,契合,妥当。固:固陋,肤浅。无罪:指不获罪于国君。林希逸《庄子鬳斋口义》:"谓汝所言事目方法太多,而终是不安谍。"宣颖《南华经解》:"正人之法太多,而不审觇(chān)人意。"案《庄子》一书大意,在于反教条,不以知识为最贵。即使圣人刚刚说过的话,在庄子看来,也存在"逝者如斯夫"这样的很可能不再符合实际的缺欠。孔子责颜子"与古为徒"之固陋而"不谍",深意正在此处,即如今常说的那句"理论是

灰色的，而生命之树常青"的话所包含的意思。只要承认"万物皆流"、"其命维新"，那么，知识只有同样处在"维新"状态，才能与实践相契合，否则便会出现刻舟求剑的情况。但悖论却是，知识一旦以"常识"（常规之识）的形式出现、存在，它就不再具有维新的品质了。这也是圣人普遍自认"无知"的道理所在。孔子在对颜子"与天为徒"、"与人为徒"和"与古为徒"三种对策的批评中，唯有对"与古为徒"责之以"固"，理由也在此。郭象《注》以为"大多政法"意指颜子以"三策"正卫君，失之杂多，这不完全准确，多少有些误解孔子、庄子的意思（"当理无二，而张三条以政之，与事不冥也。虽未弘大，亦且不见咎责"）。孔子是言"古法"中会有无数教条可以引用，而这些教条当初都是针对具体情况而阐发的，于今之事实未必相吻合。至于颜子的"与天为徒"和"与人为徒"，本是一而二、二而一的合于大道、大德之法，是人游于"出世间"与"世间"的辩证法，孔子并不责怪，只是以为卫君之禀不足以授此大法而已。

⑥虽然：无论如何。止是耳：仅仅如此罢了。是，对的，这样。在此指不至于获罪。及化：达到化境。指让卫君有所触动并发生变化。犹：还是，如同。师心：以心为师，即自以为是。案此"师心"之义，强调的是颜子所师之心是一种"成见"之心，即"有心"或"刻意用心"之心，而不是"即成"之心，因此，这个"师心"不同于《齐物论》篇之"随其成心而师之"。该句话中的一个"随"字，道尽那个"成心"是"即成"之心，而非"成见"之心。颜子先有成见而欲往而化卫君，并非"物来照应"，因此，孔子言其"师心"，是批评之意。"师心"在古文献中本有相互对立的含义。其积极义如"师其成心"者:《关尹子·五鉴》:

"善弓者师弓不师羿,善舟者师舟不师㮰,善心者师心不师圣。"《太平御览·卷二〇七·书二》:"率尔师心,冥和天矩。"欧阳修《艺文类聚·卷十八·人部二》:"师心率己,蹈兹四德,抑可谓禀灵山岳,自然天知者矣。"其消极义如"师其成见"者:《颜氏家训·勉学第八》:"见有闭门读书,师心自是,稠人广坐,谬误差失者多矣。"又《文章第九》:"慎勿师心自任,取笑旁人也。"《太平御览·卷六百五十九》:"心不可师,师心必败。"可见古来"师心"二字便有歧解,须在上下文意中索真义。此句庄子用"师心"之消极义。郭象《注》:"罪则无矣,化则未也。"

颜回曰:"吾无以进矣,敢问其方①。"仲尼曰:"斋,吾将语若!有而为之,其易邪?易之者,暤天不宜②。"颜回曰:"回之家贫,唯不饮酒不茹荤者数月矣。若此,则可以为斋乎?"曰:"是祭祀之斋,非心斋也③。"

【译文】

颜回说:"我没有更好的办法了。敢问到底应该怎么做呢?"仲尼说:"你先斋戒一下,我再跟你说。先怀其心去做事,哪能那么容易成功呢?从天道自然而论,以'有心'成事的,要想成功可不容易。"颜回说:"我颜回家贫,已经几个月不饮酒、不茹荤了。这个样子,也可以算作斋戒了吧?"仲尼说:"你这是普通的祭祀之斋,不是'心斋'。"

【注释】

①进:指更进一步的方法。颜子以"一道三技"求教于孔子,

孔子均予否决，致使颜子进退维谷，失其所据。敢：谦辞。方：方法，对策。

②有而为之：指刻意用心去做事。《庄子》中的"有"和"用"，都多有"刻意"之义。碧虚子校引张君房本"有"下有"心"字。斋：斋戒。古人在祭祀或典礼前洁净身心，表示虔敬。若：你。其：岂。易：容易。皞（hào）天：上天，自然，喻天理。不宜：不合。郭象《注》："夫有其心而为之者，诚未易也。以有为为易，未见其宜也。"成玄英《疏》："必有其心为作，便乖心斋之妙。以有为之心而行道为易者，皞天之下，不见其宜。言不宜以有为心斋也。"阮毓崧《重订庄子集注》："向云：'皞天，自然也。'案：视为易，而有心为之，即与自然之理不合也。"

③心斋：为《庄子》中的重要概念，表示使内心进入某种一念不起、纤尘不染的纯净空明状态。孔子欲颜渊舍却任何先入为主的意念安排，以中道应物，故先要求他进入心斋状态。成玄英《疏》："尼父答言：'此是祭祀［鬼］神（君），［祼］献宗庙，俗中致斋之法，非所谓心斋者也。'"

回曰："敢问心斋。"仲尼曰："若一志，无听之以耳而听之以心，无听之以心而听之以气①。听止于耳，心止于符②。气也者，虚而待物者也，唯道集虚。虚者，心斋也③。"

【译文】

颜回问："什么叫'心斋'？"仲尼说："你让你的意念进入专一的状态。比如听声音，不要仅仅用耳朵听，还要用心去听；也不要仅仅用心去听，还要用'气'去听。耳朵只能听到声音，心也只能感受到与自己内心同构的迹象。所谓'气',是内心所处的一种虚以待物的状态。只有道才能集虚成物。'心斋'就是让心处在空明的状态。"

【注释】

①若:你。一志:令志念专一。郭象《注》:"去异端而任独(者)也(乎)。"无:勿。听:以耳感知外物。心:此处专指怀有先入执念之心,为识物的主观条件。气:是《庄子》和先秦哲学中的重要概念。在先秦的一些哲学家眼中,"气"指构成宇宙万物最根本物质或基本元素。《易·系辞上》:"精气为物。"《淮南子·原道训》:"夫形者,生之舍也;气者,生之充也;神者,生之制也。"又《本经训》:"天地之合和,阴阳之陶化万物,皆乘人气者也。……古之人同气于天地,与一世而优游。"此处庄子的"气"是指与事物将来而未来时相对应的心灵的能感而未感的状态,是构成事物的复杂组成要素,这些要素在时间流中随时组合、迁变,从而导致"万物皆流"的事物之分、成、毁的变化。它也接近佛学"万有缘起"这一概念中的"缘",为识物的客观条件。庄子在此强调感物的主、客观条件兼备。和合,是合于道的认识事物的状态,即"虚"的状态。

②听止于耳:当作"耳止于听",即耳朵只能听到声音。俞樾《庄子评议》:"此文'听止于耳'当作'耳止于听',传写误倒也。"心止于符:心只能感知所意识到的事物。符:符号,朕兆,符合。符是古代朝廷用以传递命令的凭证,上刻文字,分为两半,各执其一,合二为一方生效,即所谓若合符节。庄子此处之"符",既有预示事物发生的朕兆之义,又有此朕兆亦与人心

之成见相符合之义，意谓那些为执着之心所主宰的人，即使他们以心感知外物，也只能感知到那些符合其既有成见或者说与自己内心同构的事物。

③虚而待物：指"心"处在一种虚空、灵明而能应万物的状态，即心灵的空明态。唯道集虚：只有道才能集虚成物。意思是只有内心以"气"葆有"中道"，才能捕捉外物微妙而迅捷的变化讯息，使心与之和合，以至于终而成物。

颜回曰："回之未始得使，实自回也；得使之也，未始有回也；可谓虚乎①？"夫子曰："尽矣！吾语若：若能入游其樊而无感其名，入则鸣，不入则止②。无门无毒，一宅而寓于不得已，则几矣③。绝迹易，无行地难。为人使易以伪，为天使难以伪④。闻以有翼飞者矣，未闻以无翼飞者也；闻以有知知者矣，未闻以无知知者也⑤。瞻彼阕者，虚室生白，吉祥止止。夫且不止，是之谓坐驰⑥。夫徇耳目内通而外于心知，鬼神将来舍，而况人乎⑦！是万物之化也，禹、舜之所纽也，伏戏、几蘧之所行终，而况散焉者乎⑧！"

【译文】

颜回说："那么，是不是说，当我还没有面临任何事物的时候，只葆有一个颜回的本我而已；当我真正面对某个事物时，我应该处在一个忘我的状态。这样可以叫做'虚以待物'吗？"夫子说："你正说对了！我跟你说，你要能够进入一种遨游于其藩篱而无感于其名谓的境界，有求则应，无求则止。既不要立医门，也不必备药剂。将心志专注于不得已而为之，如此，便几近于

'虚以待物'了。通常,想行路而不留痕迹,这并不难做到,但想做到行路而不立足于大地,那就难了。做事如果只受'人'的主使,那么就很容易出现伪作;做事如果受'天'的主使,那么就不容易出现伪作。听说过利用翅膀在天上飞的,没听说过没有翅膀却可以在天上飞的;听说过利用知识而为人所知的,没听说过不靠知识便可以为人所知的。内省一下你无事之时的心,就如同空虚之室一样,空明而无一物,容不得一丝吉祥、祸福之念。如果此时你的吉祥、祸福念头还不断,那就叫做'坐驰'。如果能让耳目感官内通于即成之心、即集之气而远离师心、知识,那么,鬼神都会以为你的心是天府而来居留,更何况人呢!所以,万物的迁转变化,连禹帝、舜帝都把它作为行事的依归,伏戏、几蘧也都终身努力与之偕行,更何况凡庸之辈呢!"

【注释】

①未始:未曾。得使:得以投身于事,即儒家所谓"格物"(义犹"即物"、"临物",即孟子之"必有事焉",王阳明之"人须在事上磨,方能立得住"之谓)。自回:指颜回的本我。吕惠卿《庄子义》:"人之于其心,未有得其所为使者也。不得其所为使,则不能无我。故回之未始得使,实自回也。自回者,自有其身而不能无我之谓也。得使之也,未始有回也。未始有回,则能无我矣。"林云铭《庄子因》:"使,即下文'天使'、'人使'之使,犹言用也。未得用之时,实自成其为回,犹有己之见存也。不见有己,动之以天也。"案此句自郭象《注》谓"未始使心斋,故有其身"之后,后世注家多从而竟不得其解,现当代尤甚。鄙意心斋岂可"使"欤!心斋乃与"坐忘"同义,指本心处于空明

虚静的状态。不过,刘武于其《庄子内篇集解补正》中曾对此予以纠正,且论之甚详,可取,此不备。

②尽:指语尽其义。孔子赞赏颜渊领悟了其中的道理。若:你。游:悠游,遨游。即"逍遥游"之游。樊:藩篱,此处指卫国。罗勉道《南华真经循本》:"颜回欲往卫,如入樊笼焉。"名:指与事实相对、关系到是非对错的名谓、言论,非指"名利",颜渊之远名利,自不待孔子示教。孔子特告诫颜渊勿敏感于名,须当有应于实。入:紧承前文"得使"和"无感其名"之意,指处在不得不面对的实事当中,即处于"即物"、"临事"的状态,亦西方后世现象学家胡塞尔所论之"实事"。鸣:发声,指以言辞、行为予以回应。止:指处于静默无为的状态。郭象《注》:"放心自得之场,当于实而止。譬之宫商,应而无心,故曰鸣也。夫无心而应者,任彼耳,不强应也。"吕惠卿《庄子义》:"夫既得其樊而游之,则其心之出,有物采之,不採则不出也。故入则鸣,不入则止,犹之金石,不考则不鸣也。"后世注家释"入则鸣,不入则止",多单从以言劝谏卫君一点上去说,释此句为"听得进去就说,听不进去就不说",仿佛颜渊至卫,不仅还是要"有而为之"——以试探的方式看卫君能否听得进正言,而且还仅限于"以言为之",别无他事。谅此狭隘文义,殊非庄子"物来照应"之旨,也不合孔子所力倡的心斋思想。

③无门无毒:此句承前颜渊所言"医门多疾"而进一步引申之,指不刻意行医施治。无门,谓不设医门,或医门虽设却虚张其门,而不刻意邀诊;无毒:谓不施疗治,或药毒虽备却因诊施治,而不刻意施救。毒,施药以治。郭象《注》:"使物自若,无门者也;付天下之自安,无毒者也。毒,治也。不得已者,理之

必然者也。体至一之宅，而会乎必然之符者也。"钟泰《庄子发微》："'毒'谓药也。名曰医门，名曰用药，即讳疾者之所避也。惟无门，则无往而非医也。无毒，则无往而非药也。"一宅：将心志专注于一处。宅，本指居处，这里指心之所居，即《齐物论》篇所言之"天府"。几：接近，差不多。案人之心本渊深不动，及其物来，则一念而起，此一念，系物来照应，是为"寓于不得已"。盖"不得已"乃《庄子》学说中一个极重要的概念，可谓贯穿《庄子》始终。刘武《庄子集解内篇补正》："一宅者，宅居于一而不二也，为上'一若志'之喻。庄子之道，重在于不得已，故'不得已'句全书数见，如下文'托不得已以养中'，《庚桑楚篇》'动以不得已之谓德'，《刻意篇》'不得已而后起'。盖即虚而待物之旨，必待感而后应，迫而后动也。下'叶公子高'节，即畅发此意，特提于此，以作彼节伏笔。"

④绝迹：不留痕迹。《老子》："善行无辙迹。"无行地：不在地上行走。为人使易以伪：依人意的驱使行动，容易伴有欺伪。人，指常人，多为成见、私心所左右者。天：天道。郭象《注》："不行则易，欲行而不践地，不可能也；无为则易，欲为而不伤性，不可得也。视听之所得者粗，故易欺也；至于自然之报细，故难伪也。则失真少者，不全亦少；失真多者，不全亦多。失得之报，未有不当其分者也。而欲逢天为伪，不亦难乎！"罗勉道《南华真经循本》："此四句言颜回当泯行迹、黜浮伪。"

⑤无翼、无知句：此句以常态之不可能反衬至人、神人、圣人出乎常态之能。凡鸟虫，飞则以翼；凡常人，辩则以知。唯神人方能乘云气、骑日月，游乎四海之外，以无知为知，以不辩为辩。翼为鸟虫飞行翔集之具，知为常人言辩争锋之藉，虚为圣人

无为有为之宅，庄子仅以数言，便已分别三种境界，并以圣人之至境以示颜回。郭象《注》："言必有其具，乃能成事。今无至虚之宅，无由有化物之实也。"罗勉道《南华真经循本》："此四句言颜回当外智巧。"

⑥瞻：观看，这里指用内省法自观。阕：空，空虚，空缺。虚室：虚空的处所，这里比作道心。白：空白，空明。郭象《注》："夫视有若无，虚室者也，室虚而纯白独生矣。"吉祥：指有关吉祥、祸福的念头。止止：不生，不在场，不存在，不停留。第一个"止"为动词，谓停止，表示否定；第二个"止"为名词，谓"处在"的状态。后世注家对"止止"二字之训，多有失其正义者，如俞樾《庄子平议》所言："'止止'连文，于义无取。《淮南子·俶真篇》作'虚室生白，吉祥止也'，疑此文下'止'亦'也'字之误。唐卢重元注《列子·天瑞》篇曰'虚室生白，吉祥止耳'，亦可证'止止'连文之误。"然俞樾所据两书均为后出，且所更改者，已经失去庄文"于空虚处不当有吉祥之念"的原意，故不从。褚伯秀《南华真经义海纂微》引赵以夫注："阕者，虚空之性。虚室生白，泰宇发光也。吉祥止止，祸亦不至，福亦不来也。若有徼福之心，是谓坐驰矣。"刘文典《庄子补正》："司马云：'室比喻心，心能空虚，则纯白独生也。'"且：如果。坐驰：无事而心怀杂念。坐，形坐，比喻未曾有事。古人向以"居"、"动"别无事和有事，如《易·系辞上》："是故君子居则观其象而玩其辞，动则观其变而玩其占。"庄子此处所言之"坐驰"与《大宗师》篇之"坐忘"正相反对，而其中的"坐"均指居而无事的状态。全句意为：无事之时的天府之心，如同空虚之室，空明而无一物，容不得一丝吉祥、祸福之念。倘此念不断，则谓之"坐

驰"。郭象《注》:"若夫不止于当,不会于极,此为以应坐之日而驰骛不息也。"

⑦徇(xùn):使,谋求。内通:指让耳目所闻见之事物能抵达于心乃至于气。外:摒弃,罢黜。心知:内心先前存有的知识,即成见、执念。来舍:来此停留。人:他人。全句意为:如果能够让耳目闻见内通于心、外合于气,舍弃心中固有的知识、意见,那么,旷然之心便可容与万物,鬼神也会前来冥附,人则更不在话下。郭象《注》:"夫使耳目闭而自然得者,心知之用外矣。故将任性直通,无往不冥。尚无幽昧之责,而况人间之累乎!"

⑧所纽:执为关键,作为行事的依据。纽,陆德明《经典释文》:"简文云:'纽,本也。'"伏戏:即伏羲。几蘧:传说为三皇之前无文字时代的圣君。所行终:据以终身奉行。散焉者:凡庸、平常之人,即众人。本篇后文有"散木"、"散人"之谓,"散"字义同。《墨子·非儒下第三十九》:"君子笑之,怒曰:'散人,焉知良儒!'"郭象《注》:"言物无贵贱,未有不由心知耳目以自通者也。故世之所谓知者,岂欲知而知哉? 所谓见者,岂为见而见哉? 若夫知见可以欲(而)为[而]得者,则欲贤可以得贤,为圣可以得圣乎? 固不可矣! 而世不知知之自知,因欲为知以知之;不见见之自见,因欲为见以见之;不知生之自生,又将为生以生之。故见目而求离朱之明,见耳而责师旷之聪,故心神奔驰于内,耳目竭丧于外,处身不适而与物不冥矣。不冥矣而能合乎人间之变、应乎世世之节者,未之有也。"

二

叶公子高将使于齐,问于仲尼曰①:"王使诸梁也甚重,齐之待使者，盖将甚敬而不急②。匹夫犹未可动也，而况诸侯乎！吾甚慄之③。子常语诸梁也曰：'凡事若小若大，寡不道以欢成④。事若不成，则必有人道之患；事若成，则必有阴阳之患。若成若不成而后无患者，唯有德者能之⑤。'吾食也执粗而不臧，爨无欲清之人⑥。今吾朝受命而夕饮冰，我其内热与？吾未至乎事之情，而既有阴阳之患矣；事若不成，必有人道之患⑦。是两也，为人臣者不足以任之，子其有以语我来⑧！"

【译文】

叶公子高将要出使到齐国去。他向仲尼请教："楚王派我诸梁出使齐国，交办的任务十分重大。而齐国对待使者，往往是礼节甚敬而于事不急。匹夫都很难说动，何况去游说诸侯呢！我很是担心。你曾经跟我说起过：'事不论大小，凡能以道成的，那么，即使有不为之高兴的也会很少。通常，事若不成，则必有人道之患；但即便事有所成，也会存在阴阳之患。事情成与不成而无后患者，唯有那些有德之人才能做到。'我饮食上总是粗茶淡饭，厨房里都没有嫌热图清凉的人。可是，我今天早晨受命出使，晚上就想要饮冰水了。我这是有'内热'了吗？我还未及临事呢，就已经阴阳不调了；如果事情办不成，那一定要遭受'人道之患'了。这两种情况，都说明我这个为人臣者，难当此重任。请你指点一下迷津吧。"

【注释】

①叶公子高：楚庄王玄孙，姓沈，名诸梁，字子高，被封于

叶，僭号称公。使：出使。

②王：指楚王。重：器重，谓使命重大。齐：指齐君。甚敬：貌甚恭敬。不急：内心不急。郭象《注》："重其使，欲有所求也。恐直空报其敬，而不肯急应其求也。"释德清《庄子内篇注》："言齐君待使者，貌虽恭而心甚慢，不能应使者之急事。"

③匹夫：庶民，平民。动：感动，施以影响。慄：恐惧，害怕。成玄英《疏》："匹夫鄙志，尚不可动，况乎五等，如何可动？以此而量，甚为忧栗之也。"

④子：你，指孔子。叶公所引仲尼之论，已经抵达至高境界。常：同"尝"，曾经。若小若大：犹"或小或大"。但"若"字之用，有深意而无凿痕，体现的是庄子视物之"小非小、大非大、是非是、非非非"的总观点。寡不道以欢成：为"寡不欢以道成"之倒句，谓凡事以道成，则少有不欢者。道，指自然之天道。人循天道行事，必出于"不得已"。能以"不得已"而成事者，非大德之人不可。叶公使齐，非出内心，有违"不得已"之情，所以自感怵慄。吕惠卿《庄子义》："外物不可必，而事无大小，以成为悦，是必之也。众人以不必必，故多兵。唯有德者为能无我，无我则无必，则若成若不成，而后无患矣。"以道成事则无患，无患则自然会真心欢喜。

⑤人道之患：指依众人、常人之道而将遭受的祸患。人道不一定符合圣道，更未必符合天道。众人以不必必，则事若不成，必承其咎，是为人道之患。阴阳之患：指由天道阴阳变化而对人产生的患害。此应《齐物论》篇之"分、成、毁"以及"物无非彼，物无非是"之说，申言即便依"圣道"而行"不得已"之事并得其事成，但也会因存在彼此、是非之见而遭受责难，这便是

阴阳之患。吕惠卿《庄子义》："阴阳之患，常生乎事之情，以见其得丧之实，而忧乐动其心故也。"。

⑥执：取，拣择。臧：善，精美。爨（cuàn）：通"炊"，烧火做饭，引申为厨房。举凡大夫之家，其厨房或常为热蒸之地。欲清之人：想要清凉一下的厨工。郭象《注》："对火而不思凉，明其所馈俭薄也。"成玄英《疏》："执用粗餐，不暇精膳。所馈既其俭薄，爨人不欲思凉，燃火不多，无热可避之也。"褚伯秀《南华真经义海纂微》："赵［以夫］注：'吾所食粗粝，爨无欲清，可谓节约矣。'碧虚注：'爨无欲清，明所馈淡泊。'"朱桂耀《庄子内篇证补》："犹言执（原为'热'，于意不通，疑为刊刻之误）其粗食，而不执其精食，爨火不久，不欲清凉。以如是禀性平和之人，乃因朝受命而夕遂至于饮冰，岂因焦灼之故而至于内热欤？"此句极言自己生活清简寡欲，厨事方面，也极简省，暗示不可能因酒肉过量而患有"内热"之症。

⑦我其内热与：我这怕是患了内热病吧！为子高自嘲语。内热：中医证名，又称"火热内生"，指体内脏腑阴阳偏胜之热，常见症状有口苦、溲赤等。病因或可为饮食失宜而导致体内的液态物质过度消耗，因得不到及时补充水分而生内火。未至乎事之情：未临实事，即儒家所谓"未及格物"。阴阳之患：子高此处所用之"阴阳之患"，与前文所指并不完全相同，乃是化用孔子的一般之论，具有调侃意味。他以"未成乎心而有是非"所造成的身体"阴阳失衡"的病状，恳请孔子指以明道。郭象《注》："事未成则唯恐不成耳。若果不成，则恐惧结于内而刑网罗于外也。"

⑧是两也：这两种情况，指蒙受双重患害。人臣：子高自谓。子其语我来：请你指点迷津。

仲尼曰:"天下有大戒二:其一,命也;其一,义也①。子之爱亲,命也,不可解于心;臣之事君,义也,无适而非君也。无所逃于天地之间,是之谓大戒②。是以夫事其亲者,不择地而安之,孝之至也;夫事其君者,不择事而安之,忠之盛也③;自事其心者,哀乐不易施乎前,知其不可奈何而安之若命,德之至也④。为人臣、子者,固有所不得已。行事之情而忘其身,何暇至于悦生而恶死!夫子其行可矣⑤!

【译文】

仲尼说:"天下大戒不过有二:其一,就是'命';其二,就是'义',即天命和道义。子女敬爱双亲,这是天命使然,凡有亲必有爱心;臣子侍奉君主,这是道义使然,凡有国必有其君。这都是天地之间无法规避的事情,因此称之为大戒。所以,侍奉双亲的子女,倘能做到无处不随顺安适,那便是至孝了;侍奉君主的臣子,倘能做到无事不应接奉命,那就是大忠了;涵育自心的人,如果能不让哀乐之情先存于怀,明知事情本属不可奈何还能安之若命,那就算有至德的人了。作为人臣、人子,一定会有不得已而为之的事情。如果能按照事情在情境中的实际发生状况行事,忘掉自己的身心系缚,那就不再会有悦生和恶死的念头了。夫子你还是可以去的!

【注释】

①大戒:大法,即必当谨守之事。命:天命。义:道义。孔子见子高为使齐事而不释然,便以天下"命"、"义"大法开导

子高,以唤起其"不得已"之心而能欣然前往。王叔岷《庄子校诠》:"受之于天自然而然,谓之命;属之于人不得不然,谓之义。"

②无适:无论何时何地。适,往。郭象《注》:"自然结固,不可解也。千人聚不以一人为主,不乱则散。故多贤不可以多君,无贤不可以无君。此天人之道,必至之宜。若君可逃而亲可解,则不足戒矣也。"

③是以夫:复语,犹"故夫"。不择:不加拣择,由之于命。安:使感到安适。盛:极致,极点,与"至"同义。成玄英《疏》:"夫孝子养亲,务在顺适;登仕求禄,不择高卑。所遇而安,方名至孝也。夫礼亲事主,志尽忠贞,事无夷险,安之若命,岂得拣择利害,然后奉行?能如此者,是忠臣之盛美也。"《渔父》篇:"事亲则慈孝,事君则忠贞,忠贞以功为主,事亲以适为主。"

④自事其心:以自己的"即成之心"作为行事依据,即"随其成心而师之"。易施:犹"易移",更改变移。易,更易,变换;施,移置,置存。陆德明《经典释文》:"施,崔云:'移也。'"案此句中之"心"乃现成之心,非既成、已成之心。现成之心则物来照应而有,既成之心则先物之来而存,前者属"慧"属"智",后者属"知"属"识"。《庄子》全书扬智而抑知,后人轻率以为庄子之"知"即今日之"智",遂造成了庄子学相关几个概念间的系统性不自洽。孔子以事亲、事君、事心三个方面开导子高,并以事心来统御事亲、事君,由此可得遨游于人间世的圣人智慧。郭象《注》:"知不可奈何者,命也。而安之则无哀无乐,何易施之有哉!故冥然以所遇为命,而不施心于其间;泯然与至当为一,而无休戚于其中。虽事凡人,犹无往而不适,而况于君亲哉!"

⑤行事之情：依照事物当时的具体情况措其行止，即所谓"实事求是"，与儒家"格物致知"意涵完全一致。情，情实，情理。案庄子这"行事之情"四字，虽然文字平常，但其义却非同寻常，乃是与庄子学说的一贯宗旨相呼应的。以拙见论之，庄子的理论主张是要按照"缘识"（即能"因是因非"之识）行事，而不可教条地按照"常识"（即一切以常理、公式、惯习、定理、习俗、文化形式存在的知识）行事（参考拙著《灵水识谭》）。此四字本极重要，在后世注家中，往往被轻轻带过，或迂曲解之，终而不能尽达庄子本意。

丘请复以所闻。凡交近则必相靡以信，远则必忠之以言，言必或传之①。夫传两喜两怒之言，天下之难者也。夫两喜必多溢美之言，两怒必多溢恶之言②。凡溢之，类妄，妄则其信之也莫，莫则传言者殃③。故法言曰：'传其常情，无传其溢言，则几乎全④。'且以巧斗力者，始乎阳，常卒乎阴，泰至则多奇巧⑤；以礼饮酒者，始乎治，常卒乎乱，泰至则多奇乐⑥。凡事亦然。始乎谅，常卒乎鄙；其作始也简，其将毕也必巨⑦。［夫］言者，风波也；行者，实丧也。（夫）风波易以动，实丧易以危⑧。故忿设无由，巧言偏辞⑨。兽死不择音，气息茀然，于是并生心厉⑩。尅核太至，则必有不肖之心应之，而不知其然也。苟为不知其然也，孰知其所终⑪！故法言曰：'无迁令，无劝成；过度，益也；迁令、劝成，殆事'⑫。美成在久，恶成不及改，可不慎与⑬！且夫乘物以游心，托不得已以养中，至矣⑭。何作为报也？莫若为致命。此其难者⑮。"

【译文】

请让我再把我听到的一些道理跟你说说吧。国与国之间的交往,大凡是相互毗邻的国家,它们的关系要靠实际交往过程中所建立起来的信用来维系;而相距遥远的国家,就要靠言语来宣示彼此间的忠诚。言语的沟通有时就是由使者传递的。使者要想传递能让双方同喜或共怒的信息,可以说是天下最难的事情了。要传递能让双方同喜的信息,那免不了会有很多溢美之词;要传递能让双方共怒的信息,那一定会有很多溢恶之词。不管是溢美还是溢恶,它们都属于妄言,而妄言就难以令国君置信,国君不信,那么,传言者就要遭殃。所以,有格言说:'定要传其实情,不要传其溢言,这样才得周全。'试想那些在游戏场中以技巧角力的人,一开始都还光明正大,到后来就会有阴谋暗算,甚至是损招迭出;那些在正式宴会上饮酒的人,开始还彬彬有礼,到后来便会意乱情迷,甚至会淫佚放纵。凡事大都如此。国家之间的交往,一开始彼此相互谅解,到后来常常会相互鄙弃;一开始彼此间的沟通都比较简省,等到后来,彼此的关系便相互牵连得又深又广又重大。言语就像能吹动波浪的风一样,而只要是说出来的言语,便已经不能完全反映事实了。风吹动波浪很容易造成扰动,言语不符合事实就很容易造成危害。所以,有的时候,看上去人们忽然发怒,好像毫无来由,其实是由一些巧言偏辞所引起的。听困兽临死的声音,可能会觉得很异常;看它喘着粗气的样子,可能以为它在对你发怒。于是,你心里很可能随之产生怒意、恶感。于人于事苛责太过,必然就会有人用违忤之心来应对你,而你还不知他为什么这样对你。假如一个人连出现这种情况的原因都搞不清,那么,谁又会知道最后的结果是什么呢!所以,格言就说:

'勿迁令,勿劝成。过度,就是徒劳于助长。迁令、劝成,都会坏事。'成就美事需要时间,促成恶事快到想改都来不及。所以,能不慎重言行吗?倘若能够做到因顺事物之变而游心于'方可方不可',寄身于'不得已'以养中道,这便是做到极致了。何必还要在意于得到什么回报呢?不如就把这个任务视为尽命成义之举吧。当然做到这一点也并不容易。"

【注释】

①复以所闻:借用听闻之言进一步重申。复,再。交:交往。这里尤指国家间的交往。靡(mǐ):和通,归附,维系。信:信用,指两国间通过各种实际交往而积累起来的信用关系。邻国之间,常有直接的社会、经济、政治、文化往来,因此,信用必成为两国之间相互博弈的基础。忠之以言:靠传达语言表示彼此间的相互忠诚。或:有的。郭象《注》:"近者得接,故以其信验亲相靡服也;遥以言传意也。"

②两喜、两怒:双方都欢喜,双方都恼怒。溢美:夸大好的方面。溢,过度,过分。郭象《注》:"夫喜怒之言,若过其实,传之者宜使两不失中,故未易也。溢,过也。喜怒之言,常过其当。"案旧注对"两喜"、"两怒"字义多无辨,以为就是两国国君各自言语中的喜、怒成分,这样理解,其实未达文义。既然如此,作为使者,照实传达即可,怎会是"天下之难"?而且原文明说"两喜"才"多溢美之言",这便排除了单方面的"一喜"。所以,孔子之意在于,作为使者,有时有"拱火"心态,这时便会多"溢恶之言";有时会有"劝和"心态,这时便多"溢美之言"。但凡此两种,都类乎"妄言",所以会惹祸上身。如果

单纯是传达两国国君各自的怒言、喜言,何难之有?又怎会成为"妄言"?

③类:近似。妄:不真实。其信之也莫:为"其莫之信也"之倒句。莫,无,即不信。《广雅·释言》:"莫,无也。"俞樾《庄子平议》:"莫者,无也。犹曰莫信之也。"

④法言:古代格言。常情:实情。《庄子》中所用的"情"字,多非今日所指的情绪、情感,而是一个重要的、独特的哲学概念,义为"当下情境中的事实"。这种事实,只有靠"即成之心"去感悟。一旦能得此"情",便是"顿悟"。全:周全,保全。亦有可以免祸全身之义。郭象《注》:"虽闻临时之过言而勿传也,必称其常情而要其诚致,则近于全也。"郭象所言甚是。人际交往中,情境中的言语,并非完全能代表言者的主要、真实思想,善听者要能从其他非言语信息中捕捉言者的真实意图,更不可择取片言只语而传之。

⑤以巧斗力:凭借技巧角力争胜。以下分别借用游戏和饮酒时各方的态度变化,隐喻国家之间往来应谨守的法度,劝诫居中传话的使者在其中扮演好自己的角色。始乎阳:开始时还开诚布公,彬彬有礼。卒乎阴:后来便会暗中算计。成玄英《疏》:"阳,喜也;阴,怒也。夫较力相戏,非无机巧。初始戏谑,则情在喜欢;逮乎终卒,则心生忿怒。"泰至:过分,过甚。泰,通"太",又作"大"。奇巧:阴损的怪招。罗勉道《南华真经循本》:"以巧而斗力,如《汉书》'卞射'、'武戏',如起于戏巧,无他奸计,是为属阳;卒恐不胜,遂相侵牟,属阴矣。"胡文英《庄子独见》:"始则明相搏击,后必暗算求胜也。"

⑥治:谨于礼法。乱:意乱情迷。奇乐:指以狂言、狎语、

放行等恣肆其嬉乐之态。胡文蔚《南华经合注吹影》:"正如以礼饮酒者,初宴秩秩,始乎治也,卒之载号载呶,常至于乱。"胡文蔚所据,也正是庄子据以立言的《诗经·小雅·宾之初宴》里描述的"宾之初宴,温温其恭"、"是曰既醉,不知其秩"的情状。

⑦谅:体谅,相互悦纳,彼此诚信。鄙:鄙弃,厌恶。简:微小,单一。林希逸《庄子鬳斋口义》:"始者之相与同为一事,未尝不诚实相信;及至其后,鄙诈生焉。"释德清《庄子内篇注》:"且如人之交情,始则肝胆相照,必信不疑,久则鄙诈之心生焉。不独人情,即作事,始作必以简省为主,其将毕也必巨,自有不可收拾者,盖势之必至也。"

⑧"夫言"句:此句孔子将话头转回,以告诫出使齐国的叶公子高传言要极为慎重。又,王叔岷《庄子校释》:"案覆宋本言上有夫字,注'夫言者,风波也'。疑郭本原有夫字,各本夫字错在下文'风波易以动'上。'风波易以动,实丧易以危'乃承'夫言者,风波也;行者,实丧也'而言,风上不当有夫字。覆宋本是也。"王叔岷所见为是,据改。言:这里虽然是指一般意义上的"言",但尤指国家之间的使者所传之言。风波:如风吹波动。波,波动,扰动。此语隐承《齐物论》篇"言非吹也"之义,谓言语总是意有所指,而所指却又不能确定,如果不加谨慎,很可能触发是非争端。行者:这里主要指使者传言的行为。实丧:实情丧失。丧(sàng),失去,死亡。盖言为实之名,言一旦出口,不管如何试图周全,所言都不可能指向完整的事实,故曰"实丧"。风波易以动:谓言语容易引起骚动。实丧易以危:谓不合于实情的传言,容易危殆自身及他人。以,连词,表示结果,义近"因而"。全句分说言语的效能和出言这种"行"的本质——

言语一出，便不能反映事实了，此正是释迦牟尼佛在《金刚经》中反复申明的至理。孔子进而层层推进地阐述二者关系以及传言不当可能造成的危害，这便是庄子此处的立言本旨，其见识自不逊于释氏，且仅用十一个字便把这一切搞定！郭象《注》："夫言者，风波也，故行之则实丧矣。"成玄英《疏》："夫水因风而起波，譬心因言而喜怒也。"

⑨"故忿"句：此句进一步阐明由各种妄言偏辞所导致的喜怒迁变。忿设：愤怒的产生。设，立，形成。无由：没有正当的理由。偏辞：偏颇之辞。偏，亦通"谝"（piǎn），花言巧语。郭象《注》："夫忿怒之作，无他由也，常由巧言过实、偏辞失当耳。"释德清《庄子内篇注》："故凡人忿怒之设，实由巧言偏辞以激发之。"

⑩茀（bó）然：勃然发怒的样子。茀，通"勃"，猝然变色。并生心厉：心头也跟着产生恶念。厉，恶。案此句以困兽临死时的情状，来说明在场的观者会同时产生类似的感念，而这种感念并不一定是当时的实际情况。如果使者出使他国时遇到国君正在发怒的情况，自己很可能也随之产生怒意。如果将此感念传言给本国国君，势必会造成误解、误导。显然，孔子在说一种"共情"现象可能对人的理性判断产生影响。郭象《注》："譬之野兽，蹴之穷地，音急情尽，则和声不至，而气息不理，茀然暴怒，俱生疵疠，以相对之。"释德清《庄子内篇注》："谓巧言偏辞以激怒其人，以致怒气勃然而发，则不择可否而横出之，如兽死之不择音，则使听者以为实然，则并皆心生鬼病而不可治矣。"

⑪尅核：苛责，苛求，即所谓"毫发推求，不少宽假"（释德清语）者。核，核实，审验。大至：太过分。不肖之心：即忤逆

之心。不知其然：不知为什么会如此，即不知对方会以为我乃尅核太过。知其所终：知道如此会带来什么后果。全句谓孔子以使者与人君交涉国事时应予避免出现的情况诫示叶公。郭象《注》："夫宽以容物，物必归焉。尅核太精，则鄙吝心生而不自觉也。（故）大人当然放物于自得之场，不苦人之能，不竭人之欢，故四海之交可全矣。"刘武《庄子集解内篇补正》："尅核大至，言遇事考虑成败太过，则患得患失之心应之，即不肖之心应之也。此属一已说，针对叶公过于患事之成与不成而发，于本文义似较连贯。又尅核大至，过乎谅也；不肖之心应之，卒乎鄙也。"

⑫"故法言"句：本句就"传言"而言，警示行传言之事的使者必当谨慎为之。迁令：擅改国君命令。劝成：以己意勉为促成，即承前言"两喜"之意。过度：过分，即承前文之溢美、溢恶之言。益：增益，助长，越轨，亦通"溢"。殆事：害事。郭象《注》："传彼实也，任其自成。益则非任实者，此事之危殆者。"

⑬美成在久：美事要靠很长时间才能育成。美，美善之事，亦有相互赞美之义。恶成不及改：恶事一旦铸成，想改都来不及。恶，丑恶之事，亦有相互厌恶之义。以上孔子都是就国家关系言。郭象《注》："美成者，任其时化，譬之种植，不可一朝成。彼之所恶，而劝强成之，则悔败寻至。"林希逸《庄子鬳斋口义》："人之相与要好极难，初非一日可成，必须悠久而后定，故曰'美成在久'。一言之不相投，一事之不相顺，有不转步而便成恶者，故曰'恶成不及改'。此意盖谓要相恶甚易，要相好甚难，所以尤当慎也。"

⑭乘物：因顺事物之变。游心：即物来照应之心，总在"方

可方不可"之间。托不得已：将此心寄托于不得已之地。以养中：意谓以此葆有空明虚怀之心，得行中道之事。郭象《注》："寄物以为意也。任理之必然者，中庸之符全矣，斯接物之至者也。"陆西星《南华真经副墨》："若能乘有物之感而游心于无物之天，讬于义命之不得已者，随分自尽，常养吾心之中，使其不偏不倚，顺应物情，斯其至矣。"

⑮作：作意，着意，刻意。报：指成败结果，即来自齐君、楚王对自己使齐的反应。宣颖《南华经解》："任齐报答可耳，何必作意其间。"莫若：不如。致命：以信使身份传达言辞，又寓"信为天命"之义，即完成使命。《战国策·楚策二》："太子入，致命齐王曰：'敬献地五百里。'"此其难者：这并非易事。或释"其"如"岂"。两种解法，文意大体都通，但以前者为胜。后者如郭象《注》、成玄英《疏》。郭象《注》："直为致命，最易；而以喜怒施心，故难也。"前者则如释德清等。如《庄子内篇注》："此结乃起语也。言使命者何所作为，乃可报也？莫若致命，谓在事之成否，自有一定天命。即今奉使，又有一定之君命。知天命之不可违，则当安命，顺其自然，不可用心以溢言，侥幸以成功。知君命之不可违，则不可迁令以劝成，以免后祸。此所谓致命之意。此必至人方能，寻常人则不易，故曰'此其难者'。"陈寿昌《南华真经正义》："此外更何所作意，以期报命于君父乎！但以真实致君之命，此即难能之事。能为其难，则不特无心避患，并虑患之念亦不存矣。"

三

颜阖将傅卫灵公大子，而问于蘧伯玉曰①："有人于此，其德天杀②。与之为无方，则危吾国；与之为有方，则危吾身。其知适足以知人之过，而不知其所以过③。若然者，吾奈之何？"蘧伯玉曰："善哉问乎！戒之，慎之，正女身哉④！形莫若就，心莫若和。虽然，之二者有患⑤。就不欲入，和不欲出⑥。形就而入，且为颠为灭，为崩为蹶；心和而出，且为声为名，为妖为孽⑦。彼且为婴儿，亦与之为婴儿⑧；彼且为无町畦，亦与之为无町畦；彼且为无崖，亦与之为无崖⑨。达之，入于无疵⑩。汝不知夫螳螂乎？怒其臂以当车辙，不知其不胜任也，是其才之美者也⑪。戒之！慎之！积伐而美者以犯之，几矣⑫。汝不知夫养虎者乎？不敢以生物与之，为其杀之之怒也；不敢以全物与之，为其决之之怒也；时其饥饱，达其怒心⑬。虎之与人异类而媚养己者，顺也；故其杀者，逆也。夫爱马者，以筐盛矢，以蜄盛溺⑭。适有蚊虻仆缘，而拊之不时，则缺衔毁首碎胸⑮。意有所至而爱有所亡，可不慎邪⑯！"

【译文】

颜阖将要给卫灵公的太子做师傅。他向大夫蘧伯玉请教："我要教的这位卫国太子，天生德性鄙薄。我如果不用规矩约束他，那将来就会贻害我的国家；我如果用规矩去约束他，就会对我自己产生危害。他所拥有的知识仅足以知人之过，却参悟不了这些过错背后的原因。像这样的人，我该拿他怎么办？"蘧伯玉说："你问得好啊！你要当心，要谨慎，正人要先正己啊！你不妨在行为上先顺着他去做，在心意上先与他取得和洽。不过，光做到这两点还不能完全免患。你在行为上俯就于他，但不能同流合污；

你在心意上与他和洽，但不能显出做作。行为上俯就甚至到了同流合污的地步，必然导致颠覆毁灭，崩溃败亡；心意上和洽但却让人感觉你很做作，那他就会认为你是为了沽名钓誉，从而把你视为妖孽奸佞之人。所以，如果他像婴儿般浑然无知，那你也要像婴儿那样与他交往；如果他行为上不受什么约束，那你也要无所约束地与他互动；如果他思想上漫无边际，那你也要与他漫无边际地交流。能做到这些，差不多就不会犯毛病了。你不会不知道螳螂吧？它奋力举起前臂要阻挡车轮，显然是自不量力，对自己引以为傲的那点儿天赋评价过高。你可要当心！可要谨慎！如果你总是自恃才美而冒犯太子，那就和螳臂当车差不多了。你不会不知道驯养老虎的事情吧？驯虎人不敢把活的动物给老虎吃，是怕那样会激发老虎猎杀的野性；不敢把整只死的动物给老虎吃，是怕那样会诱发老虎撕咬的欲望。驯虎人总是因其饥饱而适时投喂，察其喜怒而随机疏通。本来老虎与人属于异类，它能对驯虎人服服帖帖，是因为驯虎人善于因顺老虎的天性；如果老虎咬死了驯虎人，那一定是因为驯虎人违逆了老虎的天性。再看那些爱马的人，他们用箩筐来盛马粪，用蛤壳来盛马尿。碰巧有蚊虻叮咬在马身上，如果爱马的人拍打蚊虻的时机不对，那么，马就会因受到惊吓而挣断衔勒，奋蹄尥蹶，踢人致残。如此关心备至而结果却适得其反，能不谨慎行事吗！"

【注释】

①颜阖：姓颜，名阖，鲁国人。傅：做师傅。卫灵公：姬姓，名元，春秋时期卫国第二十八代君主，前534年－前493年在位。大子：即太子。或以为指蒯聩（kuǎi kuì），未必真为其人。陆德

明《经典释文》:"卫灵公,《左传》云:'名元。'大子,司马云:'蒯聩也'"。蘧(qú)伯玉:姓蘧,名瑗,字伯玉,卫国贤大夫。

②有人:指太子。其德天杀:天生德薄。杀(shài):衰败,衰微。《仪礼·士冠礼》:"德之杀也。"陆德明《经典释文》:"谓如天杀物也。"林希逸《庄子鬳斋口义》:"其德天杀,犹言天夺其鉴也,杀犹销铄也,陨霜杀草之杀,言其德性为造物所销铄也。"陆西星《南华真经副墨》:"天杀者,天薄其赋,使之无德也。"宣颖《南华经解》:"天夺其监。"

③与之:对他。之,指太子。无方:不以法度规诫。其知:太子的智识。钟泰《庄子发微》以"其"指蘧伯玉,失之。盖蘧伯玉于此先言太子之德,次言太子之知,进而有"奈之何"之问。适足以:仅能够。郭象《注》:"夫小人之性,引之轨制则憎己,纵其无度则乱邦。不知民过之由己,故罪责于民而不自改。"

④正女身:端正你自己的身心。正,使端正,但有调整之义,即所谓"正人先正己"者。此处蘧伯玉之教,乃基于因顺之道,并非要颜阖先固守某一个空洞的"正身正心"。闻颜阖之问,便知颜阖本是正人君子,而又有问,所以蘧伯玉乃赞为"善哉问乎"。蘧伯玉既然点破"戒"、"慎"二字,便已经是在应对之法上予以施教了,故下有"形"、"心"之分与"就"、"和"之策。郭象《注》:"反覆与会,俱所以为正身。"郭象所言,即有"调整"之义。

⑤形:外表,外在行止。就:俯就,顺应,专指行为、言语和态度。心:内心,本意。和:和合,即和光同尘之和,专指内心。虽然:尽管如此。之二者:指俯就之"形"与和合之"心"。之,此。有患:仍有患害。此句蘧伯玉提醒颜阖,不仅行止方面

要因顺太子，而且内心上也要与此行为取向保持一致，即主观上认同自己所选择的行为策略，以此先保持自己的"心行合一"。以往注家于此句多释以"内直外曲"，此出离诚意，近佞人之行，非君子所为，更不可及化。孔子在教导颜渊时已然明确了这一点。所以，蘧伯玉才说"虽然，有患"。下文进一步推进其论。郭象《注》："形不乖迕，和而不同。"宣颖《南华经解》："外为亲附之形，内寓调济之意。"

⑥就不欲入：虽然行为俯就，但不可同流合污、为非作歹。入，谓行为上与之同。句谓入戏太深会导致行为失控。和不欲出：要以真心诚意与之和合。不欲，不要；出，出离，谓非出自真心，而显出故作和合的样子，以邀名誉。郭象《注》："就者形顺，入者遂与同；和者以义济，出者自显伐也。"宣颖《南华经解》："虽附之，不可陷于其恶；虽调之，不宜显己之善。"此句谓行为上的俯就不能出格，而心意上的和合不能有伪。行为出轨便会造成实际恶果，心意虚伪便不能感动人心以至于化人。以往注家对此句解释往往忽略了一个关键的情境性事实：太子尚未成人，虽"其德天杀"，但仍有感化余地，这正是蘧伯玉主张知难而进的前提。凡欲化人，首先必先"心莫若和"。伊尹为亲近商王，尚"以割烹要汤"，何况以颜阖之德与卫太子这样的未成年人相处。《韩非子·难言》："上古有汤，至圣也；伊尹，至智也。夫至智说至圣，然且七十说而不受，身执鼎俎为庖宰，昵近习亲，而汤乃仅知其贤而用之。"

⑦为颠为灭：导致倾覆败灭的后果。为崩为蹶：导致崩溃倒伏的后果。为声为名：被视为追名逐利之人。为妖为孽：被视为妖孽奸佞之人。句谓如果行为上过于俯就，就会"连自家都放

倒了"(林希逸、宣颖等语);若此和合之心非出自诚意,则此"和"便是矫揉造作,必被人看破,遂认定是为追名逐利而作意表演,这样,初心本是要以道化人,终而成为奸佞妖孽之人,人既不化,而祸必及身。"心莫若和,和不欲出",正是前文孔子教导颜渊"古之至人,先存诸己而后存诸人"、"乘物以游心"的一种养心用心策略,是"化人"、"化物"的先决条件。圣人对盗跖都有感化之心,其始必自诚意,有诚意者自有天光,方可以化人。《庚桑楚》篇:"宇泰定者,发乎天光。发乎天光者,人见其人,物见其物。"郭象《注》:"若遂与同,则是颠危而不扶持,与彼俱亡矣。故当规格天地,但不立小异耳。自显和之,且有含垢之声、济彼之名。彼将恶其胜己,妄生妖孽。故当闷然若晦,玄同光尘,然后不可得而亲,不可得而疏,不可得而利,不可得而害。"

⑧彼:指太子。且:将要,如果。婴儿:天真无知的状态。《老子》中凡三处提及"婴儿",均取其"无知"义,且为褒义:"专气至柔,能如婴儿乎!""我魄未兆,若婴儿未孩。""为天下蹊,常德不离,复归于婴儿。"庄子此处,仍袭老子之旨。《天地》篇:"怊乎若婴儿之失其母也。"《淮南子·缪称训》:"三月婴儿,未知利害也。"自此以下直到本节终了,皆从行为上言之,要点在一个"顺"字上,即前文的"就"。郭象《注》:"不小立圭角以逆其鳞也。"

⑨町畦(tǐng qí):田界。比喻规矩、约束,主要指行为。无崖:无崖岸。比喻放荡无羁,可理解为思想方面。崖,通"涯"。婴儿、无町畦、无崖,均有随心任性、无拘于礼教之意,乃属天放之性,故可因顺之。下文所言,则与此不类,故以"无逆"为教。《马蹄》篇:"彼民有常性,织而衣,耕而食,是谓同德;一

而不党，命曰天放。"

⑩达之：达到这些。无疵：无可挑剔。以上正言"形莫若就"。陆西星《南华真经副墨》："彼且为婴儿亦即与之为婴儿云云，婴儿言无知识也，无町畦言无准绳也，无崖言无畔岸也。言彼放荡不检，我且许之，不拂其意，觉有可达，徐加点化，入于无疵而后已。盖事无道之君，法当如是。其与之为者，非故纵之也，正欲得其可达之便，从而达之也。"

⑪怒：奋力挺举的样子。当：通"挡"。是：自以为是。郭象《注》："夫螳螂之怒臂，非不美也，以当车辙，顾非敌耳。今知之所无奈何，而欲强当其任，即螳螂之怒臂也。"

⑫积：多次，屡屡。伐：夸耀。而：你。犯：冒犯。之：指太子。几：差不多。此句意谓：总自恃才美而冒犯太子，就和螳臂当车差不多了。此句承前文"是以人恶有其美也"之意而作引申。郭象《注》："积汝之才，伐汝之美，以犯此人，危殆之道。"

⑬生物：活的动物。与之：给它吃。怒：发作，尤指野性、本性的爆发。全物：整个动物。决：裂，撕开。时：伺时，按时，即食之以时之意。达：疏通，消解。

⑭盛：装入。矢："屎"的假借字。蜄（shèn）：同"蜃"，蛤蜊。此处指用蛤蜊壳做成的容器。溺：尿。

⑮适：偶然，正巧。仆缘：附着于马身。仆，依附，聚集；缘，顺着。拊（fǔ）：拍打。不时：时机不当。缺衔：决裂衔勒。缺，弄断；衔，马嚼子，放在马口中，用以驾驭马。毁首碎胸：指马受惊后踢人致伤。

⑯意：指爱马的心意。爱：指爱马的实际结果。亡：失，未达。郭象《注》："意至除患，率然拊之，以致毁碎，失其所以爱

矣！故当世接物，逆顺之际，不可不慎也。"以上连举三个反例，明喻颜阖对待太子要慎于师事，不可强为逆行。宣颖《南华经解》："一喻反譬，言用己则致祸；一喻正譬，言顺物则受福。就养虎后又带一喻反掉。虎至暴，而顺之则驯；马易驯，而惊之则暴。物其可撄乎？"理解庄子举此三例的用意，均宜在庄子以往所言之"不得已"框架之内。既然以化人为使命，则必在末节上要先化己，然后方可化物。即使对一些自己未必认同的事情，只要无违于"朝三暮四"均可的大原则，则自当因顺而为。若撄之，则必使结果与初心相悖。

四

匠石之齐，至乎曲辕，见栎社树①。其大蔽数千牛，絜之百围；其高临山十仞而后有枝，其可以为舟者旁十数②。观者如市，匠伯不顾，遂行不辍③。弟子厌观之，走及匠石，曰："自吾执斧斤以随夫子，未尝见材如此其美也。先生不肯视，行不辍，何邪？"④曰："已矣，勿言之矣！散木也。以为舟则沉，以为棺椁则速腐，以为器则速毁，以为门户则液樠，以为柱则蠹⑤。是不材之木也，无所可用，故能若是之寿。"

【译文】

一位名叫匠石的工匠走在去齐国的路上，来到一个叫曲辕的地方，见有一棵被用来祭祀土地神的栎树。这棵树的树身十分巨大，树荫可以遮蔽几千头牛，树干有百十围粗细，树高可以比山，在百八十尺高的树干上才开始有大枝长出，可以用来做成独木舟的大枝就有十几棵。观者就像赶集一样络绎不绝,可这位老匠人却视若无睹,还是继续赶路。他的弟子饱看了一通,跑着赶上匠石,说:"自从我执斧斤追随夫子学艺,从未见过有这么好的大树。先生却看都不看,只顾赶路,这是为什么呢?"匠石说:"算了吧,不要说了!一棵没用的大树而已。用它做舟船则沉没,用它做棺椁则速腐,用它做器物则速毁,用它做门板则流液,用它做梁柱则虫蛀。这是棵不材之木,无所可用,所以它才能如此长寿。"

【注释】

①匠石:虚构的人名。之:往。曲辕:地名。栎(lì)社树:被拜为土地神的栎树。社,祭祀土地神的地方。林云铭《庄子因》:"以栎树为土神而祀之。此二十五家之私社也。"刘武《庄子集解内篇补正》:"《周官·大司徒职》云:'树之田主,各以其野之宜木,遂以名其社,与其野。'《白虎通》云:'社稷所以有树何?尊而识之,使民望见而敬之,又所以表功也。'按此栎社,盖如《周官》说,以木名也。"

②蔽:荫蔽。本"蔽"后无"数千"二字,意有不全。成玄英《疏》:"江南《庄》本多言'其大蔽牛',无'数千'字,此本应错。且商丘之木,既结驷千乘,曲辕之树,岂蔽一牛?以此格量,'数千'本是也。"据补。絜(xié):用绳子度量围长。围:圆物的周长,古以两臂合抱为一围,直径约一尺。临:比肩,并立。仞:八尺(或说七尺,或说四尺)为一仞。旁:读为方,且。俞樾《庄子平议》:"言可以为舟者且十数也。《释文》引崔曰'旁,旁枝也',盖不知旁为'方'假字,故语词而误以为实义

矣。"十数:指大枝可做独木舟者便有十多棵。

③市:集市,喻人多。辍:停止。成玄英《疏》:"大木异常,看者甚众。唯有匠石,知其不材,行涂直过,曾不留视也。"

④厌观:饱看。厌,饱,满足。走及:跑着赶上。执斧斤:喻执弟子礼。

⑤已矣:罢了。散木:无用之木。郭象《注》:"不在可用之数,故曰散木。"棺椁(guǒ):古代富贵人家用两重甚至多重棺木盛放尸体,在内的叫棺,在外的叫椁。液㜷(mán):树脂流出。蠹(dǔ):蛀木虫。这里作动词,谓虫蛀。

匠石归,栎社见梦曰:"女将恶乎比予哉?若将比予于文木邪①?夫柤梨橘柚,果蓏之属,实熟则剥则辱;大枝折,小枝泄②。此以其能苦其生者也,故不终其天年而中道夭,自掊击于世俗者也③。物莫不若是。且予求无所可用久矣,几死,乃今得之,为予大用④。使予也而有用,且得有此大也邪?且也若与予也皆物也,奈何哉其相物也?而几死之散人,又恶知散木⑤!"匠石觉而诊其梦。弟子曰:"趣取无用,则为社何邪?⑥"曰:"密!若无言!彼亦直寄焉,以为不知己者诟厉也。不为社者,且几有翦乎⑦!且也彼其所保与众异,而以义喻之,不亦远乎⑧!"

【译文】

匠石回到家里,梦见栎社对他说:"你要把我比作什么呢?你要把我跟文木相比吗?那些楂、梨、橘、柚等果树,一到果实熟了的时候就遭受攀剥、摧残,大枝折断,小枝散落。这都是因为它们有用才残害了自己的生命,以至于不能终其天年而中途夭折。这等于是自讨世人的打击。万事万物莫不如此。何况,我很久以来就一直在追求'无所可用'的境界,好多次差点儿就死掉了,如今终于达到目的,成就了我的'大用'。假使我以前也像你说的那样'有用',又怎么能成就我这个'大用'呢?而且,你与我,也都是物,你何必要以物比物呢?你都是快死的'散人'了,又怎么能懂'散木'!"匠石醒来后,把梦讲给弟子听。弟子说:"它志在无用,那为什么还要做社树呢?"匠石说:"悄声!你不要说了!它也就是寄身于神社罢了,因怕为不懂它的人所诟病。如果不寄身于神社,那不知道已经被砍伐多少次了!既然它借以保身的方法如此与众不同,那么,还按照普通的观念来理解它,不是太离谱了吗!"

【注释】

①栎社:即社栎。见梦:托梦,在梦中出现。女:你。比予:将我比作。若:你。文木:纹理卓然的木材,一般都是硬木良材。郭象《注》:"凡可用之木为文木。"

②柤:通"楂",即山楂。果:树木所结果实。蓏(luǒ):匍匐于地的草本植物所结的瓜类。这里用果蓏之属代表各种果树。剥:割剥,攀剥,摘取。辱:折磨,使受辱。泄:通"抴(yè)",拉拽,牵扭。

③能:能力,用处。苦:使受苦。掊击:打击。郭象《注》:"物皆以自用伤。"

④几(jī)死:几近死亡边缘。郭象《注》:"数有瞬睍已者。"大用:指无用之用,即可以保身之用。

⑤使予：假使我，假如我。此大：如此之高大。皆物：都是物。相物：相互以物相讥，即前谓"散木"。散人：不成材之人。

⑥诊：通"畛"，告。陆德明《经典释文》："司马、向云：'诊，占梦也。'"王叔岷《庄子校诠》："下文皆匠石与弟子论栎社之事，无占梦之事。诊当读为'畛'，《尔雅》云：'畛，告也。'郭《注》引《曲礼》曰：'畛于鬼神。'畛与诊古字通。"趣取：趋取，谋求。趣，通"趋"。郭象《注》："犹嫌其以为社自荣，不趣取于无用而已。"

⑦密：同"默"，保密，即不可说之意。彼：指栎树。直：特。寄：寄托。以：原因，因为。诟厉：诟病，诅骂，这里指有人会讥其无用。为社：寄身神社。且：就将。几：近。剪：砍伐。案此节虽然讲"无用"可以保身，但"无用"并非万能药方，此意在《山木》篇得以进一步阐发。故此栎树一方面会以无用为自豪，另一方面又要以"社树"的神性招牌来避免因"无用"而受到戕害，体现了庄子所主的"处乎材与不材之间"的用世智慧。全句谓：由于担心受到不了解自己心志的人的诟病而招致砍伐，栎树便特别以社树寄身，不这样，说不定会被砍伐多少次了。朱桂耀《庄子内篇证补》："此言若不为社，则人不复加以礼敬，且将有翦伐之害矣。故人以为社，我遂因而任之，此正应物全生之道也。"

⑧且也：既然。彼其所保：它借以保身的方法。以义喻：用常理去理解。远：相距太远，即失其分寸、离谱。郭象《注》："彼以无保为保，而众以有保为保。利人长物，禁民为非，社之义也。夫无用者，泊然不为而群才自用，用者各得其叙而不与焉。此无用之所以全生也。汝以社誉之，无缘近也乎！"

南伯子綦游乎商之丘，见大木焉有异，结驷千乘，隐将芘其所藾①。子綦曰："此何木也哉！此必有异材夫②！"仰而视其细枝，则拳曲而不可以为栋梁；俯而视其大根，则轴解而不可以为棺椁；咶其叶，则口烂而为伤；嗅之，则使人狂酲，三日而不已③。子綦曰："此果不材之木也，以至于此其大也。嗟乎！神人以此不材④！"

【译文】

南伯子綦前往商丘游览。途中遇见一棵大树，其大无比，其树荫足可以掩蔽上千辆驷马之乘。子綦说："这是何等样的大树啊！其材用一定不同寻常吧。"仰而视其细枝，拳曲而不可以为栋梁；俯而视其大根，木心松散而不可以为棺椁；以舌舔舐其叶片，则口烂而为之溃伤；嗅闻一下，则让人大醉如狂，三日而不醒。子綦说："这真是一棵无用之木，以至于成就了自己的大用。让人惊叹啊！神人就是这样以其不材之用而成其大用的！"

【注释】

①南伯子綦：即南郭子綦，为南郭之长，故称为"伯"。商之丘：即商丘，宋国国都，在今河南省商丘市。有异：卓然不同，指树木极为高大。结：聚集。驷：四马拉一车。千乘：千量车，极言其多。隐：掩藏，遮蔽。芘（bì）：庇护。芘，通"庇"。藾（lài）：荫蔽，覆盖。郭象《注》："其枝所阴，可以隐芘千乘。"

②异材：异乎寻常的材用。成玄英《疏》："子綦既睹此木，不识其名，疑有异能，故致斯大。"

③拳曲：扭曲，卷曲。大根：粗大的树干下部。根，本。轴

解：木心不坚实。轴，本指车轮中心的圆柱，这里借指树心；解，松散，不紧密。咶（shì）：通"舐"，舔。狂酲（chéng）：大醉如狂。酲，醉酒。

④以此不材：以此种无用而成大用。释德清《庄子内篇注》："言子綦因试知其木不材，乃知神人以不材、无用而致圣也。"

宋有荆氏者，宜楸柏桑①。其拱把而上者，求狙猴之杙者斩之；三围四围，求高名之丽者斩之；七围八围，贵人富商之家求樿傍者斩之②。故未终其天年，而中道之夭于斧斤，此材之患也③。故解之以牛之白颡者，与豚之亢鼻者，与人之有痔病者，不可以适河④。此皆巫祝以知之矣，所以为不祥也。此乃神人之所以为大祥也⑤。

【译文】

宋国有一处为荆姓人居住的地方，长有楸、柏、桑三种乔木。其中有一握两握粗细的，就被人砍去用作拴猿猴的木桩了；那些长到三围四围粗的，就被人砍去用作高屋广厦的梁柱了；那些长到七围八围粗的，就被贵人富商之家砍去用作棺材板了。它们未能终其天年，中途便夭折于斧斤，这是它们的材用造成的患害。相反，那些向河伯求神免灾的祭奠，就不会把额头有白斑的牛犊、鼻头凸起的小猪和患有痔病的人投入河中祭神。这些都是巫祝凭他们的知识断定为不祥的东西，而神人却以为是大祥之物。

【注释】

①宋：指宋国。荆氏者：荆姓之人，借指其属地。宜：适

宜。楸（qiū）柏桑：皆为多年生乔木，材质细密。陆德明《经典释文》："荆氏，司马云：'地名也。'一曰：'里名。'宜楸柏桑，崔云：'荆氏之地，宜此三木。'李云：'三木，文木也。'"成玄英《疏》："荆氏，地名也。宋国有荆氏之地，宜此楸柏桑之三木，悉皆端直，堪为材用。此略举文木有材所以夭折，对前散木无用所以全生也。"

②拱：两手合握。把：单手所握。杙（yì）：小木桩，可用以拴狙猴。古代耍猴人每至一地开始表演，先将一头削尖的木桩钉在地上，将拴猴的绳子系于木桩，然后让猴子转圈表演。高名：高大壮观。丽：栋梁，椽柱。樿（shàn）傍：棺材。这里指用完整的一块大木板作为棺材侧板。

③材之患：由其材用所带来的患害。郭象《注》："有材者未能无惜也。"成玄英《疏》："为有用，故不尽造化之年而中涂夭于工人之手，斯皆以其才能为之患害也。"

④解：解祷，一种求神免灾的祈祷。白颡（sǎng）：额头为白色。豚：小猪。亢鼻：高鼻子。亢，高。适河：指投入河中祭神。郭象《注》："巫祝解除，弃此三者，必妙选骍具，然后敢用。"成玄英《疏》："巫祝陈刍狗以祠祭，选牛豕以解除，必须精简纯色，择其好者，展如在之诚敬，庶冥感于鬼神。今乃有高鼻折额之豚，白额不骍之犊，痔漏秽病之人，三者既不清洁，故不可往于灵河而设祭奠者也。古者将人沉河以祭河伯，西门豹为邺令方断之，即其类是也。"

⑤巫祝：古代专司占卜、祭祀的人。郭象《注》："巫祝于此，亦知不材者全也。夫全生者，天下之所为祥也。巫祝以不材为不祥而弗用也，彼乃以不祥全生乃大祥也。神人者，无心而顺

物者也。故天下之所谓大祥,神人不逆。"庄子学说,养心保身是入世、为天下的前提,所以,真人虽然无己、无功、无名,但于保身一节,却不可废。二者之间的协调,则在于"无为无不为"、"为不得已"的内在自洽性。

支离疏者,颐隐于脐,肩高于顶,会撮指天,五管在上,两髀为胁①。挫针治繲,足以餬口;鼓筴播精,足以食十人②。上征武士,则支离攘臂于其间;上有大役,则支离以有常疾不受功;上与病者粟,则受三钟与十束薪③。夫支离其形者,犹足以养其身,终其天年,又况支离其德者乎!④

【译文】

有一个名叫支离疏的人,下巴隐藏在肚脐里,肩膀高过头顶,颈椎凸起指天,五官长在头顶上,两条大腿从两肋边长出。他靠给人缝衣浆洗,足以糊口;靠帮人筛糠簸米,足以养活十口人。政府征召兵役,支离疏可以捋袖露臂坦然游走于应征者中间;官府大规模征派徭役,支离疏因身体残疾而不必应征;政府给病残人员赈济粮米,支离疏也能领得三钟粮食与十捆柴薪。能够不以有形为形的人尚足以养其身、终其天年,更何况不以有德为德的人呢!

【注释】

①支离疏:为庄子虚构的人名,深含寓意。支离,琐细无条贯,也有"消解"义,引申为"忘"。疏,分散而互不关联。释

德清《庄子内篇注》："支离者，谓隳（huī）其形；疏者，谓泯其智也，乃忘形去智之喻。"案庄子以"支离疏"三字形容相貌的异乎寻常，一方面，既构成了"形"与"德"之间的内在张力，为《德充符》篇的论点埋下伏笔，暗喻有些人可能形虽如常，而其行却悖德妨道，同时，另一方面，也直接寓有"离形去知"的宗旨，导人以"忘形"，并最终将论点推进至"忘德"。颐（yí）隐于脐：下巴伸展到肚脐里，形容下巴之长。颐，下巴。后世注家多释颐为"面颊"，如此则彻底使支离疏失去"人形"，非庄子所形容者。顶：头顶。会撮：指凸起的颈椎骨骼。会，聚集。撮（cuō）：凸出的骨骼。陆德明《经典释文》："崔云：'会撮，项椎也。'"后世注家亦有本于司马彪释"会撮"为"发髻"，但此已是"人为"，非属"天生"，乖于庄子本意。《大宗师》篇"句赘指天"的"句赘"亦指"颈椎的曲凸之处"，非指后天人为。指天：形容向上凸起。五管：当指眉目鼻口耳五官。高亨《庄子新笺》："'五管'即'五官'。常人目、口、鼻在前，耳在左右。今支离疏五官在上者，盖仰面向天，两耳失位，所以为支离也。"以往注家对"管"的注释多从陆德明《经典释文》所引李颐"管，腧也"的观点，将"五管"解释为"五脏的穴位"。但穴位并非视觉可见，不属于"形"，故义不可解。髀（bì）：股，大腿。胁（xié）：从腋下至肋骨尽处，亦同"肋"。

②挫针：缝制衣服。挫，捏持。治繲（xiè）：浣洗旧衣。繲，旧衣服。餬口：同"糊口"。鼓筴（cè）：用簸箕簸米。鼓，簸。播精：簸去粗粮而得精米。播，扬弃，拣择。陆德明《庄子音义》："司马云：'鼓，簸也；小箕曰筴，简米曰精。'"食（sì）：供食，养活。

③上：指君王或国主。攘臂：捋袖露臂。役：徭役。常疾：长期患病，指天生有残疾。受功：即出劳役。与：赐给。受三钟：得米三钟。受，领受；钟，计量单位，一钟为六斛四斗。束：量词，捆。

④支离其形：消解对形体的顾念，即不以有形为形，从而免除形累。支离其德：消解对德的顾念，即不以有德为德，从而免除德累。成玄英《疏》："夫支离其形，犹忘形也。支离其德，犹忘德也。而况支离残病，适是忘形。既非圣人，故未能忘德。夫忘德者，智周万物而反智于愚，明并三光而归明于昧，故能成功不居，为而不恃，推功名于群（有）[才]，与物冥而无迹，斯忘德者也。夫忘形者犹足以养身终年，免乎人间之害，何况忘德者耶？其胜劣浅深，故不可同年而语矣！是知支离其德者，其唯圣人乎！"吕惠卿《庄子义》："夫支离其形者，征役之所不能加；支离其德者，事为之所不能累也。"释德清《庄子内篇注》："此言支离其形，足以全生而远害，况释智遗形者乎？此发挥老子'处众人之所恶，故几于道'之意。"案此句为一结语，固属重要。这一节实为庄子的一个反向提示性寓言，是对前此各节主张的一个跃升：从向颜回、叶公子高和颜阖传授入世为用之妙道，到揭发社栎、商丘之木、荆氏之楸柏桑及巫祝之解除的"不材之大材"、"不用之大用"和"不祥之大祥"所蕴含的至德，似乎话已说尽，道、德之义尽皆了然。但其实还没有。对于庄子来说，他最要破的一个魔咒，就是他绝不想让别人将他所说的话当经教、以他所言为至言，因为，如果那样，他的这些言语也成了教条，而这恰恰不是他立言的初衷。所以，在这一节，庄子话头一转，用一则寓言表达了他的这个立场，而回应的其实是老子"上德不德，上

德无为而无以为"的思想：至上之德，非作意而得，故曰"不德"。经过这样一个转换，《庄子》一书的后文，才具有了继续延伸的逻辑基础，包括内篇之其余，外篇、杂篇之其他。所以，愚以为，此一节的宗旨，正是释子于《金刚经》等佛法中反复叮咛的"无有少法可得"之意。佛教传入中国而能得以中国化，原来是有其深厚而一致的中国学术土壤作为前提的。

五

孔子适楚，楚狂接舆游其门曰①："凤兮凤兮，何如德之衰也②！来世不可待，往世不可追也。天下有道，圣人成焉；天下无道，圣人生焉；方今之时，仅免刑焉③。福轻乎羽，莫之知载；祸重乎地，莫之知避④。已乎已乎，临人以德！殆乎殆乎，画地而趋⑤！迷阳迷阳，无伤吾行！吾行卻曲，无伤吾足⑥！"

【译文】

孔子前往楚国。楚国的狂士接舆走过孔子门前，随口吟唱道："凤凰啊凤凰，你本至德在怀，为何不自矜爱！往世不可追啊，来世不可待。天下若有道，圣人可以求成；天下若无道，圣人求生远害；方今逢乱世，要避刑戮之灾。福轻于羽毛，却不知去受载；祸重于大地，却不知去避开。停下吧停下，别再教人以德！危险啊危险，别再画地而趋！迷阳草啊迷阳草，不要阻挡我行路！我将率意曲行，莫要刺伤我双足！"

【注释】

①适：往，到。狂：无拘无束的样子，与狷相对。接舆：楚国的隐士，姓陆，名通，字接舆。游：路过，徘徊。

②凤：指孔子，喻其德性本自高洁。何如：何以。德：指行为。衰：衰微，衰退，下行。郭象《注》："当顺时直前，尽乎会通之宜也。"成玄英《疏》："时孔子自鲁适楚，舍于宾馆。楚有贤人，姓陆名通，字接舆，知孔子历聘，行歌讥刺。'凤兮凤兮'，故哀叹圣人，比喻来仪应瑞之鸟也，有道既见，无道当隐。如何怀此盛德，往适衰乱之邦者耶？"全句言接舆感叹孔子性本高洁如凤，不当行此下策，刻意求见楚王。寓意孔子勉强践行"知其不可为而为之"之事，非因顺自然之举。事亦载于《论语·微子》："楚狂接舆歌而过孔子曰：'凤兮凤兮，何德之衰？往者不可谏，来者犹可追。已而已而！今之从政者殆而！'孔子下，欲与之言，趋而辟之，不得与之言。"案庄子在此袭用《论语》中楚狂接舆之名之事，实乃宣示其与孔子观点的内在一致性。孔子对"狂狷"持有积极态度，所以明代之李贽即曾以此自我标举，但却遭到时儒的激烈反对，乃是后世儒士不知孔子及先秦儒学基本精神的表现。《论语·子路》："子曰：'不得中行而与之，必也狂狷乎。狂者进取，狷者有所不为也。'"孟子对此作了进一步阐述："万章问曰：'何以谓之狂也？'曰：'夷考其行，而不掩焉者也。'"

③来世：未来之世，也包括"来事"。往世：过往之世，也包括"往事"。成：谋成，指进取功业之成。生：谋生，指退保身心之存。成玄英《疏》："有道之君，休明之世，圣人弘道施教，成就天下。时逢暗主，命属荒季，适可全生远害，韬光晦迹。"此句回应《逍遥游》篇"至人无己，神人无功，圣人无名"之义，

申言"无待"大旨,进一步将"无为无不为"的思想推进到"人间世"当中。

④载:承受,受用,引申为享用。避:规避。吕惠卿《庄子义》:"天下之至善莫如道,则福莫大于是,其为物也视听莫及,轻如羽而世莫之载也。天下之至恶莫如非道,则祸莫大于是,其为物也自无为有,重如地而人莫之避也。"

⑤已乎:停下吧。临人:待人,这里指教人。德:指德教。殆乎:有害啊。画地:在地上划定一个圈子。比喻画地为牢,不够率性达观。趋:为之奔走。

⑥迷阳:一种多刺的草,类于蒺藜。王先谦《庄子集解》:"谓棘刺也,生于山野,践之伤足。至今吾楚舆夫遇之,犹呼'迷阳踢'也。"无伤:不要妨碍。行:因顺之行。卻曲:迂回屈曲,指行为没有一定之规。卻,同"却"。庄子以"迷阳草"一物二喻,既寓"失明"之义,又彰"曲折"之理,暗喻世人想无为无不为、因是因非而行事并不容易,但接舆却心志明确而坚定,以屈伸、进退自如的游世哲学为志,显示了与早期孔子周游列国、勉强其为的不同。

山木自寇也,膏火自煎也。桂可食,故伐之;漆可用,故割之①。人皆知有用之用,而莫知无用之用也②。

【译文】

山木被伐,咎由自取;膏脂燃尽,系由自煎。桂皮可食,故遭伐剥;树漆可用,故遭切割。人们都知道"有用之用",却不知道"无用之用"。

【注释】

①自寇：自讨砍伐。寇，砍伐。膏火：用油脂燃烧取火。自煎：自讨烧毁。桂：指桂树的枝、皮，可以食用、入药。

②有用之用：指自用于天下功名俗务。无用之用：指不为天下功名俗务所用。本节呼应前文"君子不从事于务"之意，主张因顺自然，不勉强为用。表面上看，此节以接舆讽谏孔子作结，似与孔子在《齐物论》一篇中告瞿鹊子之言所标示的知识境界不相匹配，这其实与庄子所设计的《人间世》的主题相关：本篇庄子意在表明孔子早期有一颗强烈的用世之心，其思想还处在"知道而欲临人以德教"的阶段。观孔子一生，其思想也正经历着不断演化、提升的过程。整部《庄子》，可谓全方位展示了这个丰富多彩的过程。至于《人间世》篇几乎全部托孔子立言，尤明庄子对孔子的无上敬意。换言之，在庄子心中，凡入世处事，非孔子之学，孰可与归？只是庄子于终篇之处转而一叹，唯期望孔子不要勉为其难。此一叹，人君见之，可不动容乎？此点释德清看得最为透彻。《庄子内篇注》："《庄子》全书，皆以忠孝为要名誉、丧失天真之不可尚者，独《人间世》一篇则极尽其忠孝之实，一字不可易者，谁言其人不达故，而恣肆其志耶？且借重孔子之言者，曷尝侮圣人哉？盖学有方内、方外之分。在方外，必以放旷为高，特要归大道也；若方内，则于君臣、父子之分，一毫不敢假借者，以世之大经、大法不可犯也。此所谓世出世间之道，无不包罗，无不尽理，岂可以一概目之哉？"

德充符①

【题解】

有道无道，关乎天，而至道必应乎自然；有德无德，关乎人，而至德自合于圣道、天道。老子说："上德不德。"如此，至德其有形耶？有迹耶？有符耶？抑或至德本无形、无迹、无符耶？依照前此各篇所论，至德必乃无德；依照本篇所言，至德又必乃"德不形"者。如此，无德之德、不形之德必不可教、不可传矣，除非得其人不可。所以，本篇庄子先立至德不取于形而取于神之论，进一步则申言至德之教殊为难为之义，而终以圣人弃德去知而游于"天鬻"的境界，藉此而再度将《德充符》一篇锁定在"知识论"的范畴，而非如以往之所谓"道德论"甚至"宇宙论"、"本体论"。

庄子在试图彰明至德不可"以言教"这一观点时，是借助于若干极其情境化的事例推进其论证过程的。这些事例有人物及其关系、有情节、有正言、有寓言，但总其要害，是一切都发生在具体的情境当中，因此，语义的理解必须回到"话语"和"情境"本身，才能获得准确、正确的答案，而这一点，恰又是被历来的庄学界所忽略的，以致引发了人们对庄子与孔子关系的千古揣测、狐疑和误解。

庄子设定的第一个情境是王骀的"立不教，坐不议"，而对应的人物关系是，对王骀的至德之教，仲尼有得而常季无得；庄子设定的第二个情境是"申徒嘉、郑子产同师于伯昏无人"，而对应的人物关系是，申徒嘉有得而郑子产无得；第三个情境是"叔山无趾师于仲尼、老聃"，而对应的人物关系是仲尼能因应无趾，老聃能理解仲尼，而无趾既不理解仲尼也不理解老聃；第四个情境是"鲁哀公问哀骀它于仲尼"，而对应的人物关系是，鲁哀公不能直接理解哀骀它而要靠仲尼来加以理解；第六个情境是"卫灵公、齐桓公分别闻教于两个名丑而实美之人"，而对应的人物关系则是，二公虽能美其言、忘其名、见其实，德近于大君子，但仍有不彻底之概，故非圣人之属；第七个情境是"惠子与庄子的有情无情之辩"，对应的人物关系是，惠子无所得，庄子之"无辩"也不得已地自毁于其勉强的"有辩"，几如"吊诡"之余响。

庄子在这些情境中所反映的人物关系是经过精妙设计的，也标志着每个人物在道德修为上的境界差异，用现当代的学术概念来说，体现的是"主体间性"的问题。如果说"德充与否必有符"的话，这或许也算是"德"外显的、仅有的标识了。庄子在此暗用老子"上士、中士、下士"之分和孔子"中人以上、中人以下"之别，将各个人物的学养境界排列得井然有序。从这个序列中，自然可以决定何者言议为最高明，何者仅为教条之见，以及何者之间能达到互可理解的"主体间性"。当然，也自然可以推断出，谁为庄子所最推崇者。这一切，更由庄子所巧妙设计的那个"王、伯、仲、叔、季"的机关密钥而显出庄子的心机之深和调皮之至，可惜后人对此竟无有发现者。

总其《德充符》篇所言，在于"故圣人有所游，而知为孽"一句。不管是养心、保身，还是入世、出世，迨至春秋、战国之际的人类社会，其间最大的困扰来自于知识的滥用。此者，于今世则若何？

【注释】

①德充符：德性圆满而表露在外的特征。宣颖《南华经解》："德充符者，德充于内则自有外见之符也。"此为字面的含义，非属庄子的观点。盖庄子之所谓"至德"，则为"德不形"者，并无什么符号能表征此至德，即老子所谓"上德不德"之意。庄子用外形残兀来反衬德性充满，恰在于说明德不可以形论。此篇为紧承《人间世》篇末"已乎已乎，临人以德"而起论，意在示人以"言教"之弊。郭象《注》："德充于内，物应于外，外内玄合，信若符命，而遗其形骸也。"陆德明《经典释文》："崔云：'此遗形弃知，以德实之验也。'"

一

鲁有兀者王骀，从之游者与仲尼相若①。常季问于仲尼曰："王骀，兀者也，从之游者与夫子中分鲁②。立不教，坐不议。虚而往，实而归③。固有不言之教，无形而心成者邪？是何人也④？"仲尼曰："夫子，圣人也，丘也直后而未往耳⑤！丘将以为师，而况不若丘者乎！奚假鲁国，丘将引天下而与从之⑥。"

【译文】

鲁国有一位断脚之人，名叫王骀，门下跟从他学习的弟子人数，与仲尼的几乎一样多。仲尼的弟子常季问仲尼："王骀，是一位断脚之人，而鲁国学子中跟他求学的人数却与跟先生您学习的各占一半。他立不施教，坐不议论，而求学者却都能虚怀而来，充盈而归。果真有什么不言之教吗？果真有不假形迹便能达到慧心养成的教育过程吗？他究竟是什么样的人啊？"仲尼说："这位先生是圣人，我孔丘真是望尘莫及啊！我都要引以为师，何况学问境界不如我的呢！不但是鲁国，我还要带领天下人向他学习。"

【注释】

①鲁：指鲁国。兀（wù）者：断足之人。陆德明《经典释文》："李云：'刖一足曰兀。'"王骀（tái）：虚构的人名，其姓"王"与后文"王先生"之"王"有连带隐喻之义。从之游者：跟随王骀的门徒。相若：相仿佛，差不多。郭象《注》："弟子多少敌孔子。"

②常季：或谓孔子弟子，但不见于司马迁《仲尼弟子列传》，当亦为庄子虚构之名。本篇涉王骀、伯昏无人、叔山无趾和常季，均属虚构人物。细审此四人名字，与仲尼之名恰有呼应，构成一个等级序列！此难道纯属巧合？观察这五人在本篇所扮演的角色及其学问境界，我以为这正是庄子巧设机关哑谜，暗喻孔子学问境界、道德修为与其他四人的关系，于是构成了"王"、"伯"、"仲"、"叔"、"季"五等次第，形成层级序列！此等"大机密"，是理解庄子与孔子、老子之关系的关键。若此果非臆度，则孔子在庄子心目中的地位，已经可以免去所有猜疑、议论了。中分：平分，对半分。

③立不教，坐不议：指王骀并不刻意对弟子施教。不教，不以"常识"为教；不议，不以"辩论"为能。虚而往，实而归：

指王骀弟子学有所成。郭象《注》:"各自得而足也。"褚伯秀《管见》:"学者洗心求教,故虚而往;终则真见内充,故实而归。"案王骀不施教而弟子能得实学,乃是养成之学,非教条之论,所以,其所主张的教育方法,也自不同寻常。庄子之学要在"因顺"二字,只当临事之际方显其大;而于无事之际,勉强施以言教、身教,效果并不理想。至于"大道"之教,若非得其人,则几乎根本不能以言教、身教实现。故《人间世》篇最终借接舆叹谏孔子以"德教"临人做结,而此篇又以"不教"开篇,正体现庄子思想之一贯。

④固有:真的有,确实有。不言之教:教人而不假借语言。语本于《老子》:"圣人处无为之事,行不言之教。"释家也有"说法者,无法可说,是名说法"之说(《金刚经·非说所说分》),后来禅宗更直接以"不立言教"为宗旨。无形:没有施教的形迹可循。心成:养成德心、道心、慧心。何人:何等样人。郭象《注》:"怪其残形而心乃充足也。夫心之全也,遗身形,忘五藏,忽然独往,而天下莫能离。"

⑤夫子:孔子对王骀的敬称。直后:只能跟在后边。直,只能,仅仅。《孟子·梁惠王上》:"直不百步耳,是亦走也。"未往:未能赶上。往,追及。案孔子德高知至,方才能识王骀之圣。后儒以为千古只有孔子一人是圣人,其境界与孔子相比,已在霄壤之外,岂可倨称为孔门之后!成玄英《疏》:"宣尼呼王骀为夫子。答常季云:'王骀是体道圣人也,汝自不识人,所以致疑。丘直为参差在后,未得往事。丘将尊为师傅,咨询问道,何况晚学之类不如丘者乎!请益服膺,固其宜矣!'"

⑥以为师:指拜王骀为师。不若:不如。奚:岂,何。假:

假托,假设,假借。王先谦《庄子集解》:"何但假借鲁之一邦!"刘武《庄子集解内篇补正》:"假者,假设也。引鲁国以从,为未然之事,故言何但假设引鲁国,且将引天下以从之。"

常季曰:"彼兀者也,而王先生,其与庸亦远矣。若然者,其用心也,独若之何①?"仲尼曰:"死生亦大矣,而不得与之变;虽天地覆坠,亦将不与之遗②;审乎无假而不与物迁,命物之化而守其宗也③。"常季曰:"何谓也?"仲尼曰:"自其异者视之,肝胆楚越也;自其同者视之,万物皆一也④。夫若然者,且不知耳目之所宜,而游心乎德之和⑤。物视其所一而不见其所丧,视丧其足犹遗土也⑥。"

【译文】

常季说:"他一个断脚之人,学问境界竟然高出先生您,那比一般的庸众就更要超出很多了。他能如此,是在'用心'方面有什么独特之处吗?"仲尼说:"对人心而言,死生算是最重大的事情了,但也不可受其影响;即使天塌地陷,也不应与之俱灭。要做到明辨真伪而不为物象变化所迷惑,要视外物的变化为天命流行从而使内心能持守天道之大本。"常季说:"这又是什么意思呢?"仲尼说:"从事物相异的方面来看,肝胆之间的不同就像楚国和越国之间的距离一样遥远;从事物相同的方面来看,万物都是同一的。能这样看待事物,就会摒弃耳目感官的偏私,而使本心自由地遨游于道德和合的境界。以此心观物,就能洞察万物归一的本质,就能忽略其丧亡缺失,自然会将失去一只脚看做是抖落身上的一块泥巴一样。"

【注释】

① 王（wàng）先生：作先生的师长。王，长。陆德明《经典释文》："王，李云：'胜也。'崔云：'君长也。'"与庸：与常人比较。庸，常人。远：超出很多。若然：如此，像他这样。用心：刻意运用心智。独若之何：有什么独特之处。

② 覆：倾覆。坠：陷落。遗：丧失。郭象《注》："人虽日变，然死生之变，变之大者也；彼与变俱，故死生不变于彼。斯顺之也。"成玄英《疏》："夫山舟潜遁，薪指迁流，虽复万境皆然，而死生最大。但王骀心冥造物，与变化而迁移，迹混人间，将死生而俱往，故变所不能变者也。虽复圜天颠覆，方地坠陷，既冥于安危，故未尝丧我也。"

③ 审：明辨。无假：真实，即事物相对于其表象的本质。刘武《庄子集解内篇补正》："'无假'者，真之谓也。烟云变灭，以其假而不真也。真则永存，不迁不变。"又见《天道》篇："审乎无假，而不与利迁；极物之真，能守其本。"迁：迁变。命：视为天命、命运，亦有顺任天命之义。《诗经·大雅·文王》："永言配命，自求多福。"《孟子·万章上》："莫之为而为者，天也；莫之致而至者，命也。"宗：根本大旨。郭象《注》："明性命之固当，任物之自迁。以化为命，而无乖迕。不离其自当之极。"全句主旨在于体现"至人无己"而又能守宗随化的境界。凡外物以及肉身，本有变、遗、迁、化之无常，而至人却能基于本心而"审乎无假"、"不以物迁"、"命物之化"，从而持本守宗，一以贯之，以一化万。孔子能识得此理，悟得此道，自是圣人境界。

④ 异者：不同之处。肝胆楚越：肝和胆之间的差别、距离，如同楚国与越国之间一样。同者：相同之处。指事物的原始和终

极特征、属性。一：本于一体、一原。郭象《注》："恬苦之性殊，则美恶之情背。虽所美不同，而同有所美。各美其所美，则万物一美也；各是其所是，则天下一是也。夫因其所异而异之，则天下莫不异。而浩然大观者，官天地，府万物，知异之不足异。故因其所同而同之，则天下莫不皆同；又知同之不足有，故因其所无而无之，则是非美恶莫不皆无矣。夫是我而非彼，美己而恶人，自中知以下，至于昆虫，莫不皆然。然此明乎我而不明乎彼者尔。若夫玄通泯合之士，因天下以明天下，天下无曰我非也，即明天下之无非；无曰彼是也，即明天下之无是。无是无非，混而为一，故能乘变任化，迕物而不慴。"

⑤且：就。所宜：有所适合，最为适宜，尤指耳目对声色的偏好。《老子·十二章》："五色令人目盲；五音令人耳聋；五味令人口爽；驰骋田猎，令人心发狂；难得之货，令人行妨。是以圣人为腹不为目，故去彼取此。"游心：放心，率然用心。意谓使自心能自如地因顺于外物之变。德之和：与道和合之德。道本天然，德属人为，德合于道，乃为上德，而"上德不德，是以有德"（《老子·三十八章》）。和，和合，协调。"和"字为儒释道三家共通的一个大词，所喻之理颇有其内在衔接之处。刘武于《庄子集解内篇补正》中有详细的论述，并言："故'游心于德之和'句，为庄子之道要，不仅为本篇之主旨，亦全书之主旨也。"所论甚是，可参看。林云铭《庄子因》："和，即《在宥》篇之'处和'，《外物》篇之'焚和'，德之至美至乐处也。"郭象《注》："宜生于不宜者也。无美无恶则无不宜，无不宜，故忘其宜也。都忘宜，故无不任也。都任之而不得者，未之有也。无不得而不和者，亦未闻也。故放心于道德之间，荡然无不当，而旷然无不

适也。"

⑥物视:犹视物,即观万物。所一:所归结的统一整体。而:就。遗土:抖落尘土或丢弃泥巴。句谓万物之极必归于同一,如能见此,则自然会无视个别事物之丧失,把失去一足视为丢掉一块泥巴一样轻松。郭象《注》:"体夫极数之妙心,故能无物而不同。无物而不同,则死生变化无往而非我矣。故生为我时,死为我顺;时为我聚,顺为我散。聚散虽异,而我皆我之,则生故我耳,未始有得;死亦我也,未始有丧。夫死生之变,犹以为一,既睹其一,则蜕然无系,玄同彼我,以死生为寤寐,以形骸为逆旅,去生如脱屣,断足如遗土。吾未见足以撄茀其心也。"

常季曰:"彼为己,以其知得其心,以其心得其常心。物何为最之哉①?"仲尼曰:"人莫鉴于流水而鉴于止水。唯止能止众止②。受命于地,唯松柏独也在,冬夏青青③;受命于天,唯舜独也正,幸能正生,以正众生④。夫保始之征,不惧之实;勇士一人,雄入于九军⑤。将求名而能自要者而犹若是,而况官天地、府万物、直寓六骸、象耳目、一知之所知而心未尝死者乎⑥!彼且择日而登假,人则从是也。彼且何肯以物为事乎⑦!"

【译文】

常季说:"王骀修身不过为己,是在用知识调理其心态,再用这种心态去葆养其如如不动的本心。为什么人们还会聚集在他身边呢?"仲尼说:"人是不会把流水当做镜子来照的,只会把止水当做镜子。只有静止之物才能作为众人的参照。树木受命于地而生,却唯独松柏能冬夏常青;人受命于天,却只有帝舜天赋端正,而又幸得他能正身成己,从而成为群伦的表率。善于保有其宗本的人,都会拥有'无惧'的内在意志;就像骁勇之人,只身便敢于闯入千军万马的阵营当中。就连以求取功名为目的的人都能如此,何况那种能主宰天地、府藏万物、以六骸为寄寓、以耳目所见为表象、能将一切知见统合于如如不动之心的人呢!这样的人有朝一日会得道升天,人们因此才追随他。这种人怎么会刻意于呶呶教人这种具体而固陋的事为呢?"

【注释】

①彼:指王骀。为己:修养自己。《论语·宪问》:"子曰:'古之学者为己,今之学者为人。'"常季以此发问,表明他在识记孔子教诲方面还是有功夫的,但据下文所言,又知其学问境界并不圆融,只能复述孔子以往"学者为己"之论而进一步发问。刘武《庄子集解内篇补正》:"常季闻仲尼之言,尚未明其旨,总疑骀用知以得心,用心以得其常心也。"其实,王骀的学问境界根本在于"无心",不需借助"知"来获得。物:指人,即"从之游者"。最:通"聚",归依。陆德明《经典释文》:"司马云:'最,聚也。'"郭象《注》:"嫌未能忘知而自存,未能遗心而自得。夫得其常心,平往者也。嫌其不能平往而与物遇,故常使物就之。"案郭象之解,已将孔子、庄子之境界移嫁给常季,于庄子本意未洽。庄子此处有暗讽常季过于教条之意,而其中的道理,在宋儒二程那里也曾有明示[参见拙著《灵水识谭·劝人勿读书》:"谢良佐曾笔录《五经》的语句,编作一册,拿给伯淳(程颢)看。程颢不客气地说:'玩物丧志!'良佐见了明道(程颐),

谈起史书，竟能出口成诵，但明道也说他玩物丧志"］。知：知识，即处在"有知"的状态。注家多释"知"为"智"，失之。其心：指王骀借助知识而修养起来的个体心灵，即处在"有心"的状态。其常心：指王骀借助个体心灵而葆养的如如不动的恒心、本心，即天府，处在"无心"的状态。此恒心本来人人皆有，但有人可能为俗尘所染，终而失之。方以智《药地炮庄》："以知得心，明心也；以其心得其常心，见性也。"此处常季列出了"知"、"心"和"常心"三个不同范畴，误以为王骀得"常心"的过程来自其运用"知"的过程，颇类似于宋儒朱熹在《四书章句集注》中释"格物"的观点："所谓致知在格物者，言欲致吾之知，在即物而穷其理也。盖人心之灵莫不有知，而天下之物莫不有理，惟于理有未穷，故其知有不尽也。是以大学始教，必使学者即凡天下之物，莫不因其已知之理而益穷之，以求至乎其极。至于用力之久，而一旦豁然贯通焉，则众物之表里精粗无不到，而吾心之全体大用无不明矣。此谓物格，此谓知之至也。"朱子这种带有"集知成智"或类于佛家"转识成智"的渐悟思想，正是基于这样的观点才成就了理学大观，但他的这一观点与庄子带有"顿悟"的思想并不相同，而王阳明之心学以及佛教之禅宗，却与庄子的思想宗旨更为契合。

②鉴：照视。唯止能止众止：意谓只有静止之物才能作为众人的参照。这里连用三个"止"，可先后解为静止、留住、停止。"知止"或"知其所当止"，乃是儒家的重要思想。庄子此处立论，亦源来有自，且不离儒家所本。《礼记·大学第四十二》："《诗》云：'缗蛮黄鸟，止于丘隅。'子曰：'于止，知其所止，可以人而不如鸟乎？'"郭象《注》："夫止水之致鉴者，非为止以求鉴也。

故王骀之聚众,众自之归,岂引物以从己耶?动而为之,则不能居众物之止。"

③在:以某种姿态存在,指"冬夏青青"。钟泰《庄子发微》:"在,存也,谓能自敛蓄。"《阙误》因张君房本"也"下有"正"字,俞樾谓"在"字乃"正"字之误,备一说。郭象《注》:"夫松柏特禀自然之钟气,故能为众木之杰耳,非能为而得之也。"

④正:秉性端正。正生:义同"正身",意即修正德性而使行止合于天道,与前文"端而虚"之端正其身的含义接近。以往注家多释"生"为"心性",但据先秦典籍,几无"正生"用法,而"正身"一词却频繁出现,且文意与庄子取义无违。《礼记·乡饮酒义第四十五》:"贵贱明,隆杀辨,和乐而不流,弟长而无遗,安燕而不乱,此五行者,足以正身安国矣。"《孔子家语·执辔第二十五》:"孔子曰:'是故,善御马者,正身以总辔。'"《文子·道德》:"老子曰:'今吾欲正身而待物,何知世之所从规我者乎?若与俗遽走,犹逃雨无之而不濡。'"《荀子·富国》:"仁人之用国,将修志意,正身行,伉隆高,致忠信,期文理。"又《荀子·法行》:"南郭惠子问於子贡曰:'夫子之门,何其杂也?'子贡曰:'君子正身以俟,欲来者不距,欲去者不止。且夫良医之门多病人,隐栝之侧多枉木,是以杂也。'"郭象《注》:"言特受自然之正气者,至希也。下首则唯有松柏,上首则唯有圣人,故凡不正者皆来求正耳。若物皆有青全,则无贵于松柏;人各自正,则无羡于大圣而趣之。幸自能正耳,非为正以正之。"

⑤保始:葆守宗本。征:征验,表征。不惧之实:此句意承"至人无己",指本质上的"不惧"。实,实有,内在的充实,本质。释德清《庄子内篇注》:"始者,受命之元,即所谓大道之宗

也。言保始,即上文守宗,乃守道之人也。其守道之征验,惟不惧是其实效耳。"宣颖《南华经解》:"保始,即守宗也。保始者,必有征验,譬如养勇者自有不惧之实。"九军:泛指大军之阵。钟泰《庄子发微》:"古兵书云'外列八阵,握奇于中,以九宫之法为军势'者也。"

⑥将:为,进行,指从事某项活动。自要:犹言自邀、自好、自求。官:主宰,指真君。府:包藏,即心府。直:但,特。寓:寄托。六骸:头、身、四肢,即指代人体。象耳目:以闻听所感为表象。意谓能超越事物的表象而见其本质。一:统一,使一贯。知之所知:由知觉所获得的知识。第一个"知"为能知,即知觉器官;第二个"知"为所知,即有关外物的知识。心未尝死者:指本心恒存之人。郭象《注》:"知与变化俱,则无往而不冥,此知之一者也;心与死生顺,则无时而非生,此心之未尝死也。"

⑦彼:指王骀。择日:于某一天,取日。登假:升天,升华丧亡。此处喻得道,与《大宗师》篇之登假义同:"若然者,登高不慄,入水不濡,入火不热。是知之能登假于道者也若此。"《礼记·曲礼下第二》:"告丧,曰天王登假。"《列子·黄帝第二》:"又二十有八年,天下大治,几若华胥氏之国,而帝登假。百姓号之,二百馀年不辍。"《列子·周穆王第三》:"穆王几神人哉!能穷当身之乐,犹百年乃徂,世以为登假焉。"人则从是也:人们所追随的是这个。则,所以;从,追随;是,指得道。如《大宗师》篇狶韦氏、伏戏氏等所得者。宣颖《南华经解》:"人自不能舍之。"刘武《庄子集解内篇补正》:"人之从死,不仅最之,此德之符也。"这一句呼应"至人无己"的命题。《文子·守朴》:"老子曰:'所谓真人者,性合乎道也。……以千生为一化,以万异为

一宗,有精而不使,有神而不用,守大浑之朴,立至精之中,其寝不梦,其智不萌,其动无形,其静无体,存而若亡,生而若死,出入无间,役使鬼神,精神之所能登假于道者也。使精神畅达而不失於元,日夜无隙而与物为春,即是合而生时於心者也。'"以物为事:拘于具体而固陋的事为。物:形而下的具体事物,这里指用意于教诲学生。

二

申徒嘉,兀者也,而与郑子产同师于伯昏无人①。子产谓申徒嘉曰:"我先出则子止,子先出则我止②。"其明日,又与合堂同席而坐。子产谓申徒嘉曰:"我先出则子止,子先出则我止。今我将出,子可以止乎?其未邪③?且子见执政而不违,子齐执政乎④?"

【译文】

申徒嘉是一位被砍去一只脚的人,与郑国的大夫子产共同师事伯昏无人。子产对申徒嘉说:"如果我先出去,你就等一下;如果你先出去,我就等一下。"次日,二人又合堂同席而坐。子产对申徒嘉说:"我先出你就等一下,你先出我就等一下。今天我先出去,你能等一下吗?你就不等吗?你见了我这执政大人都不回避,是以为你与执政大人地位等齐吗?"

【注释】

①申徒嘉:姓申徒,名嘉,郑国贤人。子产:姓公孙,名侨,字子产,郑国贤大夫,曾摄卿相事。伯昏无人:申徒嘉与子

产的老师。此节庄子假名拟事、喻理，史实未必能完全吻合。刘文典《庄子补正》："《御览》四百四引'伯昏无人'作'伯昏瞀人'，与《列子》合，'瞀'、'无'古亦通用，《列御寇》篇字亦作'瞀'。"成玄英《疏》："伯昏无人，师者之嘉号也。伯，长也；昏，暗也。德居物长，韬光若暗，洞忘物我，故曰'伯昏无人'。"案此庄子引伯昏无人立言，隐有与仲尼比肩之意，谓二人道德境界，在伯仲之间耳。

②止：留步。成玄英《疏》："子产执政当涂，荣华富贵；申徒秉形残兀，无复容仪。子产虽学伯昏，未能忘遣，犹存宠辱。耻见形残，故预相检约，令其必不并己也。"

③合堂：同室。其：抑或。未：将不会，将不能。成玄英《疏》："子产存荣辱之意，申徒忘贵贱之心，前虽有言，都不采领，所以居则共堂，坐还同席。公孙见其如此，故质而问之。"

④且：假如。执政：宰相，子产为郑相，故有此自许之称。违：回避。齐：等同。郭象《注》："常以执政自多，故直云'子齐执政'，便谓足以明其不逊。"

申徒嘉曰："先生之门固有执政焉如此哉？子而说子之执政而后人者也①。闻之曰：'鉴明则尘垢不止，止则不明也。久与贤人处则无过。'今子之所取大者，先生也，而犹出言若是，不亦过乎②！"

【译文】

申徒嘉说："在先生门下还有你这样的执政大人吗？你就这样看重你的执政身份而瞧不起别人啊。我听说：'镜子明亮是因为没有灰尘，有灰尘镜子就不会明亮。常跟贤人共处就不会有过失。'现在你所求取的本是先生的道德之学，却出言如此，不是很过分吗？"

【注释】

①先生：指伯昏无人。《续古逸丛书》作先王，据他本改。门：门下。固有：还有。而：前一"而"字释为"乃，就"，后一"而"字为"却"。说：通"悦"。后人：看不起人。郭象《注》："此论德之处，非计位也。笑其矜悦在位，欲处物先。"成玄英《疏》："先生道门，深明众妙，混同荣辱，齐一死生。定以执政自多，必如此耶？如犹悦爱荣华，矜夸政事，推人于后，欲处物先，意见如斯，何名学道！"

②鉴：镜子。止：存留。《文子·九守·守清》："夫鉴明者，则尘垢不污也；神清者，嗜欲不误也。"所取：有所求取。大者：指至道美德。郭象《注》："事名师而鄙吝之心犹未去，乃真过也。"成玄英《疏》："夫镜明则尘垢不止，止则非明照也。亦犹久与贤人居则无过，若有过则非贤哲。今子之所取可重可大者，先生之道也。而先生之道退己虚忘，子乃自矜，深乖妙旨，而出言如是，岂非过乎？"

子产曰："子既若是矣，犹与尧争善。计子之德，不足以自反邪①？"申徒嘉曰："自状其过以不当亡者众，不状其过以不当存者寡②。知不可奈何而安之若命，唯有德者能之。游于羿之彀，中中央者，中地也；然而不中者，命也③。人以其全足笑吾不全足者众矣，我怫然而怒，而适先生之所，则废然而反④。不知先生之洗我以善邪？吾与夫子游十九年矣，而未尝知吾兀者也⑤。今子与我游于形骸之内，而子索我于形骸之外，不亦过乎！"子产蹴然改容更貌曰："子无乃称⑥！"

【译文】

子产说："你都这个样子了，还要跟尧帝争'善'啊。你估量一下自己的德行，不该好好反省吗？"申徒嘉说："历来自我掩饰过错并为自己蒙受刖足之刑而辩解的人很多，不为自己的过错辩解而甘受刖足之罚的人很少。知道事情无可奈何还能安之若命，唯独有德者才能做到。羿对着箭靶练习射箭，射中中间的地方，正是要射中地方，然而偶有不中，那也是命运使然。以自己双脚齐全来讥笑我脚有残缺的人多了，我每每会怫然而怒。然而一来到先生这里，便怒气顿消。你不知道先生是用'善'来洗刷我的心迹吗？我追随先生学习已经十来年了，先生都不知道我是一个被砍掉了脚的人。现在你与我共同追求精神上的学问，却只关心我形骸上的残缺与否。你这不过分吗？"子产蹴然改容更貌，说："你不要再说了！"

【注释】

①若是：都这个样子。讥讽申徒嘉之形残。计：估量，料想。自反：自我反省。郭象《注》："言不自顾省，而欲轻蔑在位，与有德者并。计子之德，故不足以补形残之过。"成玄英《疏》："言申徒形残如是，而不自知，乃欲将我并驱，可谓与尧争善。子虽有德，何足在言！以德补残，犹未平复也。"

②状：申辩，辩解，粉饰。过：过失。以：自以为，认为。亡：丧失，指因过而受罚。存：幸存，指有过而免罚。郭象《注》："多自陈其过状，以己为不当亡者，众也；默然知过，自以为应死者，少也。"成玄英《疏》："夫自显其状，推罪于他，谓己无愆，不合当亡，如此之人，世间甚多；不显过状，将罪归己，谓己之过，不合存在，如此之人，世间寡少。郑子产奢侈矜伐，于义亦然者也。夫素质形残，禀之天命，虽有知计，无如之何，唯当安而顺之，则所造皆适。自非盛德，其孰能然？"

③游：研习，习练。羿：传说尧时的射箭能手。羿之彀（gòu）：羿所瞄准之箭靶。彀，箭靶。中（zhòng）中（zhōng）央：射中中间，即射中靶心。中（zhòng）地：箭矢应该射中的地方。地，同"的"，指目标。整句谓善射的羿对着箭靶练习射箭，虽箭法高超，也有不中的时候，暗喻申徒嘉之亡足自有无可奈何的偶然之处。以往注家多以为此句指他人处于羿的射击目标之内，失之。《论语·述而》："子曰：'志于道，据于德，依于仁，游于艺。'"《管子·小称》："羿有以感弓矢，故彀可得中也。"《孟子·告子上》："孟子曰：'羿之教人射，必志於彀。学者亦必志於彀。大匠诲人必以规矩，学者亦必以规矩。'"本句隐有呼应孟子之意，但其用意又有不尽相同之处。庄、孟虽几乎同时，但庄子略晚而又未直接提及孟子，本属怪事。而细观《庄子》，其中多有触及《孟子》内容及观点之处，而立场并不完全一致，甚至也有反转其义而用的情况。这里即为一例。

④适：来到。怫然：脸色陡变的样子。废然：怒气消除的样子。反：通"返"，即恢复到常态。成玄英《疏》："人不知天命，妄计亏全，况己形好，嗤彼残兀。如此之人，其流甚众。忿其无

知，怫然暴怒，嗔忿他人，斯又未知命也。往伯昏之所，禀不言之教，则废向者之怒，而复于常性也。"

⑤洗：净化。与夫子游：与伯昏无人交游并受教。十九年：十年或九年，即今常言"十来年"者。或释为一十九年，于意无碍。朱季海《庄子故言》："申徒嘉与伯昏无人游十九年，亦庄子寓言耳。《养生主》庖丁对文惠君亦曰：'今臣之刀，十九年矣，所解数千牛矣，而刀刃若新发于硎。'宋人语大氐以十九为满语，极言其多，犹三九之为虚数矣。"

⑥游：交流，神会。形骸之内：指心。索：苛责，索求，明察。形骸之外：指身，尤指身之残缺。蹴然：惊惭不安的样子。子无乃称：你不要再说了。郭象《注》："形骸外矣，其德内也。今子与我德游耳，非与我形交也。而索我外好，岂不过哉！"

三

鲁有兀者叔山无趾，踵见仲尼①。仲尼曰："子不谨，前既犯患若是矣。虽今来，何及矣②！"无趾曰："吾唯不知务而轻用吾身，吾是以亡足③。今吾来也，犹有尊足者存，吾是以务全之也④。夫天无不覆，地无不载，吾以夫子为天地，安知夫子之犹若是也！"孔子曰："丘则陋矣！夫子胡不入乎？请讲以所闻⑤。"无趾出。孔子曰："弟子勉之！夫无趾，兀者也，犹务学以复补前行之恶，而况全德之人乎⑥！"

【译文】

鲁国有一位被人砍去了脚趾的人，人称叔山无趾。他用脚后跟走路去拜见仲尼。仲尼说："你以前处事不够谨慎，以至于犯错让人割去脚趾。虽然今天你来了,但哪儿还来得及啊!"无趾说:"我只是处事不当,不珍惜我的身体,因此才失去了我的脚趾。今天我来拜见您,是因为我还有比脚趾更重要的东西存在,我是来讨教如何保全它的啊。天无所不覆盖,地无所不承载,我还以为先生您就如同天地一样,哪曾想先生竟是这样的啊!"孔子说:"我孔丘太鄙陋了!先生为什么不进来呢?就请允许我来讲讲我的闻见吧。"无趾从屋里出去之后,孔子说:"弟子们要努力啊。这位无趾,本是一个被割去脚趾的人,他还努力求学以弥补此前的过错,更何况你们身体健全的人呢!"

【注释】

①叔山无趾:虚构的人名。或以叔山为氏,或以为字。因没有脚趾,故名无趾,或以为号。关于此名寓意,联系本篇前此庄子所用之人名,显然是庄子以名字关系暗示孔子的道德境界能上接玄天、下接俗世,并将其玄学和礼学理论熔于"中庸"一炉的学问境界。通观《庄子》全书,此后外、杂各篇,不管加入多少人物,都可在此框架下加以理解。后儒有关孔、庄之间关系的纷争,也可从此做个了断。踵(zhǒng)见:用脚跟走路去求见。踵,脚跟,此处借指行、走。

②谨:谨慎。犯患:遭殃。若是:如此,指脚趾被砍去。何及:哪里来得及,即悔之已晚。

③不知务:不知事之所当为与否,即谓因昧于性理、时情、事势而致行为失当。务,指基于本分和情势而应该做的事情。《孟子·尽心上》:"孟子曰:'知者无不知也,当务之为急;仁者无不爱也,急亲贤之为务。尧、舜之知而不徧物,急先务也;尧、舜

之仁不遍爱人，急亲贤也。不能三年之丧，而缌、小功之察；放饭流歠，而问无齿决，是之谓不知务。'"《朱子语类》朱子曰："云'此之谓不知务'，须是凡事都有轻重缓急。……又须知自有要紧处，乃是当务。"先秦典籍中，"务"主要有二义：一者，谓强为从事；二者，谓为所当为。《周易·系辞上》、《论语》、《管子》、《墨子》、《孟子》、《吕氏春秋》乃至《孔子家语》等均不出二者，而《庄子》也正用此二义于各处。如《齐物论》"君子不从事于务"，即用前者，而此处"不知务"之义，便属后者。后人多释"务"为"时务"、"俗务"、"世务"，致有"阿世"之义而完全偏向贬义，曲解庄子本意甚矣。盖君子失其足并不一定皆因有过，只要守其本分，失其足又何妨？后世注家对庄子所举之"兀者"，多理解成因"行为失当而造成者"，并不适合《庄子》书中相关所有情境。宣颖《南华经解》曾三番五次以"又是一个兀者，却又是一个出色人"感叹庄子用意，显然深契庄旨。不过，庄子所安排的这些"兀者"，其境界仍有伯叔之分，成色并非等一。郭象《注》："人之生也，理自生矣，直莫之为而任其自生，斯重其身而知务者也。若乃忘其自生，谨而矜之，斯轻用其身而不知务也，故五藏相攻于内而手足伤残于外也。"

④尊足者：指比足还要尊贵的东西，即德性。务全之：力求保全它。务，务求，致力于，谋求。郭象《注》："刖一足未足以亏其德，明夫形骸者，逆旅也；去其矜谨，任其自生，斯务全也。"

⑤入：进屋。请讲以所闻：孔子自谦，意谓请允许我以所闻相告。或以为孔子欲反执求问之礼，非是。钟泰《庄子发微》："请以夙昔所闻告之。曰'讲'者，犹言互相讲习云尔，谦谨之

辞也。"案此句历来被注家释为庄子贬抑孔子的又一证据。盖宋明以后,俗儒认准孔子只有一副始终如一的圣人面孔,殊不知孔子自己绝无此等意愿和认知。他从自认为"无知",到"三人行必有师",再到盛赞老子"犹龙也"(以上据《论语》及《孔子家语》),及至此处自谓"陋矣",均反映了孔子之盛德为见贤思齐、"格物致知"——即物而得新知,是一个善于因应变化、能够处处提升自己的真圣人。所以,此处断非庄子訾议孔子,而是褒扬孔子。宣颖《南华经解》："不是孔子又忽而浅陋,都是庄子文字要衬出叔山耳,不然孔子何前明于王骀,后明于哀骀它,而兹独暗于叔山乎？"从宣颖所述之失察,便知后世注家之困惑。由于注家均以叔山境界高于孔子,才产生这样的困惑。参见后文注释。

⑥出：从屋中出来。郭象《注》："闻所闻而出,全其无为也。"务学：致力于学。恶：瑕疵,缺陷。全德：此处特指形体健全。王叔岷《庄子校诠》引成玄英谓"无趾恶闻,故默然而出也",均以为"无趾不愿闻孔子所讲也",非其实,失之。

无趾语老聃曰："孔丘之于至人,其未邪？彼何宾宾以学子为①？彼且蕲以諔诡幻怪之名闻,不知至人之以是为己桎梏邪②？"老聃曰："胡不直使彼以死生为一条,以可不可为一贯者,解其桎梏,其可乎③？"无趾曰："天刑之,安可解④！"

【译文】

无趾对老聃说："孔丘这个人,是不是还算不上'至人'啊？他为什么那样彬彬有礼像一个学生呢？他是不是在沽名钓誉,却不知道'至人'本来是将这种怪异虚幻的名誉看作枷锁呢?"老聃说:"你为什么不直接跟他讲明要齐一生死、混同是非呢?这样就能解放他的枷锁,可以不?"无趾说:"这是上天施加给他的惩罚,谁能够解脱得了!"

【注释】

①之于:与……相比。其未邪:还没有达到吗。无趾以为孔子境界接近于至人,但尚有一点疑问。彼何宾宾以学子为:他为什么那样谦恭,像一个学生。宾宾,恭敬的样子;学子,学生。此语直接承前句"请讲以所闻",谓无趾以为自己本是求学者,但孔子的谦恭姿态让他特别意外以至于耿耿于怀。从前边的对话以及可以推断的后来二人间的互动情况看,无趾自以为耿直之人,而以孔子为谦谦学子,致使无趾有这样的感觉。郭象《注》:"怪其方复学于老聃。"郭注非是。一者文中无据,二者于文意不合,三者使庄文的对话情境被漠视。案庄子之学,在很大程度上可以用西方的后现代主义、情境主义、存在主义、实用主义和现象学理论去理解。比如福柯言"意义产生自话语",恰可作为理解《庄子》文本的当代哲学进路。只是,庄子学说璀璨于两千年前,我们又何必拿今人之论去破解古代大贤的著作,从而颠倒源流之间的关系呢?

②蕲以諔诡幻怪之名闻:追求怪异虚幻的名望。蕲,追求;諔(chù)诡:奇异。桎梏:镣铐,束缚。本句为无趾的困惑之语,以为孔子之"行如学子"是为了博取名声,非圣人所为,显然是无趾学力不够,无法理解孔子之行为的内在根据。以无趾的学问境界和场景中的身份,均不及孔子——孔子为"仲",无趾

为"叔",所以他仅能凭借往昔所积累的教条学问,对孔子的"至人"境界产生既肯定又质疑的纠结,其原因是他既不见孔子在与他短暂接触中"随物自化"的智慧,更不知他走之后孔子对弟子的真诚教诲。至于后文老聃(《庄子》全书,置老聃学问于玄学之域,略高于孔子,而孔子又属于能接得上老聃之学的人)以为孔子可导之以道而无趾以"天刑之,安可解"回应,更足见无趾境界之低,所谓"中人以下,不可以语上"、"下士闻道大笑之"者也。以往注家未看到此点,以至于对本节的解释,不仅失其大意,而且也误解了庄子对孔子的推崇态度!

③胡不:为什么不。直:干脆,直接。使彼:让他,即让孔子。以死生为一条:将生死视为同一,即齐一生死。以可不可为一贯:将方可方不可作为一贯的行事轨则,即混同是非。老聃此处的建议,乃《庄子》于内篇所立之宗旨、欲明之大道,后又在外、杂篇中以各种途径和方式,在各种场景中借助各种高人不断予以伸张、巩固。此处再借老聃之口施于孔子,即老聃以为孔子乃可以受此教、达此道之"上士",而无趾恰是闻老子之言而"大笑之"的"下士"——此点甚为重要。其表彰孔子之意甚明,可惜两千年中无人看出这一点。宣颖甚至还把老子与叔山列为同等,殊不应该。由此可见,古往今来人们在对待《庄子》文本时,是何等忽略了庄子学说所看重的"情境"限制,此便是"情实"二字的真义所在。宣颖《南华经解》:"看来叔山原是老子一鼻孔出气人,勿怪其颔颔夫子。"老子乃高看孔子,叔山乃不懂孔子,庄子本意实非如宣茂公所言。另外,庄子此处还有一个十分高妙的表达形式方面的设计:庄子让老聃说话的语气,最终以"其可乎"出之,恰是符合老子思想的一种应事态度,隐含"方可方不可"

之奥义，不像叔山说话那样断然、截然，失于匠气。所以，《庄子》一书，恐怕一个字也更易不得！

④天刑：上天施加的刑罚，指追求名望所带来的身心之累。之：指孔子。安可解：谓无法解脱。此句是无趾的认知，以为既然是天使孔子自累，他人便不能予以解脱。他的认知与老聃对孔子的认知有根本区别。由于智识上的局限，无趾对孔子的判断，由未见之前的"天地"，到见面之初的"如是"，到交流之中的"学子"，以及别后的"蕲以名闻"，先因失察而生"前识"（《老子》："前识者，道之华，而愚之始。"），继因失见而生武断，再因不知而生误判，最终冒出一句令后世儒学一脉的注家极为恼怒的一句狠话，几乎是将《庄子》中的"孔子"给打下圣坛。庄子的这种安排，被后儒视为"诋訾"孔子，因此，他们的对待便是：要么判定该篇是伪作，要么把庄子列为孔子的敌人。按照同样的思维和逻辑，迨至司马迁在《史记·老子韩非列传》中提到的《庄子》三篇文章，其中就有《盗跖》、《渔父》两篇被后人列为伪作。可是，令人难以信服的是，司马迁去庄子本不远，在此期间，若果真有所谓"庄子后学"（据信，庄子在世几乎是没有弟子的）能以比肩庄子的见识、笔力写出《盗跖》、《渔父》这样雄劲的篇章而又不为司马迁所知，实在有点匪夷所思。产生如此误解，根其缘由，是向来注家均以道家学派框定庄子，凡《庄子》中有超出此界域的篇章、段落、语句、观点或思想，便以"伪"判之。此节亦然。殊不知庄子已将三人置于"老聃而孔子而无趾"的框架之中，知识境界等而次之，叔山无趾为最下。而且无趾所言，虽貌合圣人之教，但无趾所行，却多违老子、孔子、庄子学说的根本大旨，固不可与老、孔同日而语。

四

鲁哀公问于仲尼曰:"卫有恶人焉,曰哀骀它①。丈夫与之处者,思而不能去也;妇人见之,请于父母曰'与为人妻,宁为夫子妾'者,十数而未止也②。未尝有闻其唱者也,常和人而已矣③。无君人之位以济乎人之死,无聚禄以望人之腹,又以恶骇天下,和而不唱,知不出乎四域,且而雌雄合乎前,是必有异乎人者也④。寡人召而观之,果以恶骇天下。与寡人处,不至以月数,而寡人有意乎其为人也;不至乎期年,而寡人信之⑤。国无宰,寡人传国焉。闷然而后应,氾而若辞⑥。寡人丑乎!卒授之国。无几何也,去寡人而行⑦。寡人恤焉若有亡也,若无与乐是国也。是何人者也⑧?"

【译文】

鲁哀公问仲尼:"卫国有一位极丑之人,名叫哀骀它。男子与他相处,就会思慕他而不愿意离去;女人见到他,就会跟父母请求:'与其做别人的妻子,不如做这位先生的小妾。'像这样的女人,有不下十几个。没有听说他有什么高论,只不过擅长附和他人而已。他没有人君的权位去救人于死难,没有富足的财物以满足别人的温饱。他长相丑陋让天下人都惊骇,又总是附和他人而无自己的主张,他的知识也局限于日常事为。然而,男男女女却都乐于亲近他。这样的人一定有不同寻常之处吧。我召他前来,一看,果然是相貌奇丑足以惊骇世人。与我相处不到一个月,我对他的为人便感觉欣悦了;不到一年,我对他已经很信赖了。国家没有执政大臣,我就想把国政委托给他。他却一副心不在焉的样子,迟迟不做回应,那种漫不经心的态度仿佛是在推辞。我真是惭愧啊,因为我最终还是把国政委托给他。没过多久,他便离开我走了。我为此郁郁寡欢,若有所失,好像整个国家都没有什么让我高兴的。他到底是什么人啊?"

【注释】

①鲁哀公:春秋时期鲁国国君,姬姓,名蒋。恶:容貌丑陋。郭象《注》:"恶,丑也。"哀骀它(tuó):虚构的人名。它,同"驼"。庄子以"哀"命名,或有悲悯哀公之义,从而形成鲁哀公与哀骀它之间的境界与关系张力。

②丈夫:指男子。思:思慕。去:离开。请:恳请,请求。与:与其。宁:宁肯,宁愿。夫子:指哀骀它。

③唱:首倡,倡导。和人:与人顺和而不逆。

④君人之位:人君的地位。济:救助,周济。聚禄:拥聚给予俸禄之资。聚,聚集;禄,俸禄,资粮。望:犹"月望"之"望",引申为使之饱满。知不出乎四域:意谓所拥有的知识皆为日用常识。知,知识;四域:指前后左右四方之内,借指日常生活范围。圣人以"无知"为知,故哀骀它的知识疆域表面上看十分有限,以日常应对为限。这是庄子"知识论"学说立基于"情境"的又一个重要表征。郭象《注》释此句为"不役思于分外",成玄英《疏》亦谓"忘心遣智,率性任真",也是深得庄意。褚伯秀《南华真经义海纂微》引赵以夫注:"知不出域,言所知不过日用之常。"《礼记·中庸第三十一》:"子曰:道不远人,人之为道而远人,不可以为道。《诗》云:'伐柯,伐柯,其则不远。'"

《四书集注·孟子·离娄章句上》："孟子曰：'道在迩而［无］求诸远，事在易而［无］求诸难。人人亲其亲，长其长，而天下平（［无］为笔者据文意及朱熹注而加）。'"朱熹注云："亲、长在人为甚迩，亲之、长之为甚易，而道不外是也。舍此而他求，则远且难而反失之。但人人各亲其亲，各长其长，则天下太平矣。"理解庄子此节大意，必须也在儒家思想框架中作此等展开，方不失庄子宗旨。且而：然而，但是。雌雄合乎前：形容男女众人纷纷倾慕而来。

⑤寡人：国君自谦之称。不至以月数（shǔ）：不到一个月。有意乎其为人：对哀骀它的为人产生敬慕之意。期（jī）年：一周年。

⑥宰：冢宰，宰相。传国：委以国政。闷然：心不在焉的样子。应：回应，反应。氾（fàn）：通"泛"，不经意的样子。若辞：仿佛在拒绝。若，仿佛，即如如之态，而非断然于是非、然否。庄子此处用"若"，极有深意，与其整个学说均相关联。

⑦寡人丑乎：我感到羞惭啊。丑，惭愧，羞惭。谓鲁哀公为自己最终还是坚持将国事委托给哀骀它而感到后悔，意识到哀骀它以"若辞"之态示于鲁哀公之时，他即当停止传国之意，自绝刻意、勉强之举。此语因以后三句所述事实而发。卒：最终。授：委任。去：离开。

⑧恤（xù）焉：郁郁寡欢的样子。若有亡：若有所失。无与乐：无人可与之分享快乐。是国：此国，指鲁国。是：此，指哀骀它。何人：何等样人。

仲尼曰："丘也尝使于楚矣，适见豚子食于其死母者①。

少焉眴若,皆弃之而走。不见己焉尔,不得类焉尔②。所爱其母者,非爱其形也,爱使其形者也③。战而死者,其人之葬也不以翣资;刖者之屦,无为爱之。皆无其本矣④。为天子之诸御,不爪翦,不穿耳⑤。取妻者止于外,不得复使⑥。形全犹足以为尔,而况全德之人乎!今哀骀它未言而信,无功而亲,使人授己国,唯恐其不受也,是必才全而德不形者也⑦。"

【译文】

仲尼说:"我曾经出使楚国,碰巧遇见一群猪仔在一头死去的母猪身上吸吮觅食,不一会儿,它们便现出惊惶的样子,纷纷抛开母猪而去。猪仔们逃开是因为它们以为母猪已非同类。它们爱母猪,并非爱其形体,而是爱能支配形体的内在灵性。战场上掩埋战死之人,并不需要华丽的棺饰;被砍去脚的人,不会再爱他的鞋子。这些,都是因为失去了根本。作为天子的嫔妃,不会随便剪指甲、穿耳洞;迎娶新婚女子的新郎车驾,不会随便进入女方家的内院,因为女子不可能再同时兼负从夫、从父之命了。这些'形全'之人尚且能做到当止则止,更何况像哀骀它这样的'德全'之人呢?如今哀骀它未言而得人信赖,无功而使人亲附,让人乐意以国事相托又唯恐其不受,他一定是那种'才全'而'德不形'的人。"

【注释】

①尝:曾经。使:出使。适:恰好,正巧,偶然。豖(tún)子:小猪,猪仔。豖,通"豚"。

②少焉：片刻之间，一会儿。眴（shùn）若：目光中有惊异之色。走：跑开。不见己：不让自己出现，即离开。见，同"现"。焉尔：语气助词，义近"如此这般"，但无实义。不得其类：不以为是同类。郭象《注》："夫生者以才德为类，死而才德去矣，故生者以失类而走也。故含德之厚者，比于赤子，无往而不为之。赤子也，则天下莫之害，斯得类而明己故也。情苟类焉，则虽形不与同而物无害心；情类苟亡，则虽形同母子，而不足以固其志也。"案此句隐喻哀骀它弃鲁哀公而去，原因在于哀骀它不视鲁哀公为同道中人。

③形：形体，形骸。使其形者：能让形骸发挥功能的东西，指灵性、德性之类，亦可引申为真君、真宰等。郭象《注》："使形者，才德也。"

④翣（shà）：棺饰，用以表彰武威。《礼记·丧大记》："黼翣二，黻翣二，画翣二，皆戴圭。"资：供给，凭借，依托。郭象《注》："翣者，武所资也。战而死者，无武也，翣将安施？"此句意谓战死疆场者连用棺木殓葬尸体都做不到，更不用说在棺木上配以表彰武威的纹饰了。刖（yuè）：古代一种割足的刑罚。屦（jù）：用麻葛等物制成的鞋，泛指鞋。本：根本，本体。指相互关联的事物之间有本末之分，末通常依附于主体而存在，失本则其末已了无意义。翣以棺为本，屦以足为本。以上孔子以三例阐述"爱之本"在神不在形，神亡则爱不存，影射鲁哀公爱形而不爱神。

⑤诸御：各种侍从人员。爪鬋：剪指甲。鬋，通"剪"。《尚书大传·卷一·汤誓》："汤伐桀之后，大旱七年。史卜曰：当以人为祷。汤乃剪发断爪，自以为牲，而祷于桑林之社，而雨大至，

方数千里。"《孝经·开宗明义章第一》:"子曰:'身体发肤,受之父母,不敢毁伤,孝之始也。立身行道,扬名于后世,以显父母,孝之终也。夫孝,始于事亲,中于事君,终于立身。'"案此句言凡人,其爪剪、穿耳,事乃最小者,但在家则当从父母,在宫则当从天子,此是知礼之所当止者。凡为天子诸御,必以天子为本,而无自专之道。即使剪指甲、穿耳眼之类的事情,也同样不能率性而为。此句及下文一句自郭象《注》误解其义、成玄英《疏》滋蔓其词之后,便无定解、正解了。

⑥取妻:迎娶妻子。取,通"娶"。止于外:停在大门外面。指迎娶新婚女子的新郎及其随从、车驾,不会进入女方家的内院或内室。复使:双重使唤。特指已婚女子与父亲、丈夫的关系。古人以为迎娶事大,即所谓"昏礼者,将合二姓之好,上以事宗庙,而下以继后世也,故君子重之(《礼记·昏义第四十四》)。"而迎娶之仪,自有其礼,其中之一,便是娶妻一方的行止之礼。《仪礼注疏·士昏礼第二》:"主人如宾服,迎于门外。释曰:'案《士冠礼》主人迎宾於大门外。知门外是大门外者,以其大夫唯有两门:寝门、大门而已。'……妇车亦如之,有裧。至于门外。注:'妇家大门之外'。释曰:'知是大门外者,以下有揖入,乃至庙,庙乃大门内,故知此大门外也。'"《礼记·昏义第四十四》:"皆主人筵几於庙,而拜迎於门外。……降出,御妇车,而壻授绥,御轮三周,先俟于门外。"由上诸引文献可知,迎亲者"止于外",乃先秦时期十分重要的礼仪规范。又,先秦时期已有"妇人不二斩"之规,强调"妇顺"之道。《仪礼·丧服第十一》:"妇人有三从之义,无专用之道,故未嫁从父,既嫁从夫,夫死从子。故父者,子之天也。夫者,妻之天也。妇人不贰斩者,犹曰不贰天也。

妇人不能贰尊也。"既然不可"二斩",那么,女子出嫁之后,也就不可能再同时兼听夫、父之命,即所谓"不得复使"。古人制"取妻者止于外"之礼,以体现"妇人不能二尊"之旨。向来注家于"为天子之诸御,不爪翦,不穿耳。取妻者止于外,不得复使"一句,始终未能达成一致的解释。或有皆作女御解,或有作一指女御、一指男御解,但基本都将前后两句合并作为"天子之诸御"。盖其依据皆从《礼记·礼运第九》所记"三年之丧,与新有昏者,期不使"上来,罗勉道之《南华真经循本》如此,胡文蔚《南华真经合注吹影》则直言"即《礼记》'新娶者勿役'意"。然考《礼记》原意,与"天子之诸御"并无明显干系,且庄子此处所言之"诸御"和"取妻者"均为从属角色但却是行为主体,即居末位而行能自觉。若如各家解释,不免会使人质疑庄子立言的意图。例如陆西星《南华真经副墨》:"天子之御,不翦爪、不穿耳以破毁其全体,新娶之人不服役以胼胝其手足,不如是不足以垂至尊之盼睐而结新婚之欢燕。"胡文蔚《南华真经合注吹影》:"形全者犹足降至尊盼睐,结新婚之欢燕,况全于德者乎!"王夫之《庄子解》:"其所娶之妻,曾止宿于外,形不全则不复以之为妻也。"钟泰以为王夫之的注解"几于笑谈矣",甚当,盖此类解释多属望文生义。论其渊源,皆从成玄英《疏》上来:"匹夫取妻,停于外务,使役驱驰,虑亏其色。"但其他别种解释,包括钟泰的注解,也未能逮其要害。吾意此句要在言"形全者犹能尽礼,知其所止",以推出"而况全德之人乎"之论。这也是孔子一贯的主张(参看前注引"缗蛮黄鸟,止于丘隅"的相关解释)。此句承前文而作进一步引申,言女子出嫁前以父母为本,出嫁后则以丈夫为本。以上数句,总说事君、事父、事夫的三种仪礼惯例,申明"知止其所当止"之意，以启发鲁哀公。盖哀骀它乃属天人，当为天使，而不当为人使。鲁哀公欲授以国事，是谋其人使，乃属不明其人其事之所本，故哀骀它固辞，乃"不得复使"之意。依本而行，则不失道；舍本逆行，便是失道。鲁哀公之"可哀"者，在于不知本又不知止。接下来一句，正是此义的总结。

⑦形全：肢体健全。指独子、天子之御、取妻者。为尔：做到如此，指知其所止。全德：德性完全。本句意谓凡全德之人，必能明辨本末，知其所止。孔子以此语暗示鲁哀公曾未能止于所当止（比如在哀骀它"若辞"的时候而不再"传国"，则哀骀它就不会离开），责其虽为"形全"之人，而德犹未全。才全：才性完备。德不形：德性不外露。德才本是一体。朱得之《庄子通义》："德者才之蕴，才者德之著。"

哀公曰："何谓才全？"仲尼曰："死生、存亡、穷达、贫富、贤与不肖、毁誉、饥渴、寒暑，是事之变、命之行也①。日夜相代乎前，而知不能规乎其始者也②。故不足以滑和，不可入于灵府。使之和豫，通而不失于兑③。使日夜无郤，而与物为春，是接而生时乎心者也。是之谓才全④。""何谓德不形？"曰："平者，水停之盛也。其可以为法也，内保之而外不荡也⑤。德者，成和之修也。德不形者，物不能离也⑥。"

【译文】

哀公说："什么叫做'才全'？"仲尼说："死生、存亡、穷达、贫富、贤与不肖、毁誉、饥渴、寒暑，这些都是事物的变化、天命的流行。它们日夜交替呈现于世人面前,世人不可能凭借'前识'对这些变化做出预判。所以,只有那种具备足以因顺万物之变能力的真知,才可留存在内心或'灵府'当中。此心于是便能平和安适,畅达无碍,即使日夜流转相续不断,它也能与物和合、相生相伴、生生不息。这便是物事因与人相接而生、心因物事应时之来而成。这就叫做'才全'"。"什么叫'德不形'?"仲尼说:"水平,是水完全停止不动时的状态。修心可以取法于此,以求达到一种内心恬静、不为外物所动的状态。所谓'德',就是能和合万物的个人修为。如果能保有这种修为而不显露于外,便是'德不形',人们自然会纷纷取法而求自正。"

【注释】

①事之变:事物变化。命之行:天命流行。此句极言世事、天道之难以预测,体现了孔子对"易"的理解和敬畏。郭象《注》:"其理固当,不可逃也。故人之生也,非误生也;生之所有,非妄有也。天地虽大,万物虽多,然吾之所遇适在于是,则天地神明、国家圣贤,绝力至知而弗能违也。故凡所不遇,弗能遇也;其所遇,弗能不遇也。[凡]所不为,弗能为也;其所为,弗能不为也。故付之而自当也。"

②相代:交替。前:眼前。句谓人总是面临世事的纷扰和命运的挑战。知:知识,尤指老子所谓"前识"。规乎其始:在开始时便能加以预判。规,通"窥",窥测,预测。始:原由,根由。亦即《齐物论》篇"怒者其谁"之"怒者"。此句言前识性的知识不足以认识事物运动变化的根由。郭象《注》:"夫命行事变,不舍昼夜,推之不去,留之不停,故才全者,随所遇而任之。

夫始非知之所规，而故非情之所留。是以知命之必行、事之必变者，岂于终规始、在新恋故哉？虽有至知而弗能规也。逝者之往，吾奈之何哉！"

③滑（huá）和：因顺和合。滑，和顺。这里指具有此属性的某种智识或智慧，即《庄子》全书所指那种能作为真宰的"真知"。灵府：指心，也称灵台。郭象《注》："灵府者，精神之宅也。"之：指灵府。和豫：和顺逸乐。失于兑：不得畅达。兑，通达，接合。《诗经·大雅·绵》："柞棫拔矣，行道兑矣。"《吕氏春秋·孟夏纪第四·劝学》："凡说者，兑之也，非说之也。今世之说者，多弗能兑，而反说之。夫弗能兑而反说，是拯溺而硾之以石也，是救病而饮之以堇也。"郭象《注》："苟知性命之固当，则虽死生穷达，千变万化，淡然自若，而和理在身矣。"案全句既承《齐物论》篇之"和之以天倪，因之以曼衍"旨意，又埋下《大宗师》篇开"真人"、"真知"之论的伏笔。成玄英《疏》开释"滑"为"乱"之先例，遂使此句文意龃龉，故不取。

④使：即使，假使。无郤：连绵不断。郤，同"隙"。而：连词，因而。与物为春：指与外物相伴相生，和光同尘。春，借指生机，又有"苟日新，日日新"、生生不息之喻。钟泰《庄子发微》："天有四时，而惟春为发生，所谓生机也。"接：指与外物、情境相接触。生：指事物之出现、完成。时：正当其时。《礼记·中庸》："君子而时中。"心：现成、即成之心，即《齐物论》篇之"成心"，非各注家所谓"成见之心"。句意谓既然日夜流转相续不断，那么，就应该与物和合、相生相伴，此即物因与人相接而生、心因物应时之来而成。这便是"才全"。

⑤平者：犹"水平"，指水的平准状态。水停之盛：水最平

静的状态。为法：作为准则。内保：葆存于内。外不荡：外表不动荡。郭象《注》："天下之平，莫盛于停水也。无情至平，故天下取焉。内保其明，外无情伪，玄鉴洞照，与物无私，故能全其平而行其法也。"

⑥成和之修：能使事成物和的个人修为。成和，和合其成；修，修育，修炼。物不能离：句谓万物自然不会弃离，反而会以其为法以求自正。这里呼应前文常季的"物何为最之哉"之问。郭象《注》："事得以成，物得以和，谓之德也。无事不成，无物不和，此德之不形也。是以天下乐推而不厌。"宣颖《南华经解》："修太和之道既成，乃名为德也。故和莫过于德成，如平莫盛于水停。不形者，内保之而外不荡，如水停之妙也；饮和者，必亲爱乎德，如取平者，必师法乎水也。"

哀公异日以告闵子曰^①："始也吾以南面而君天下，执民之纪而忧其死，吾自以为至通矣^②。今吾闻至人之言，恐吾无其实，轻用吾身而亡吾国。吾与孔丘非君臣也，德友而已矣^③！"

【译文】

后来哀公把孔子这番话告诉芮子骞，说："以前我以国王之位君临天下，掌握着治理国民的纲纪大权，忧虑着民众的疾苦生死，我还自以为已经达到最高境界了。如今听了至人之言，恐怕我还缺乏实德。像以往那样轻率行动，怕是会招致国家的危亡。我跟孔丘，已经不是君臣关系，而是以德相交的朋友了。"

德充符

【注释】

①异日:他日。闵子:孔子弟子,姓闵名损,字子骞,鲁人。
②纪:纲要,法度,纲领。至通:比喻十分明于治道。
③至人:指孔子。德友:以德相交的朋友。郭象《注》:"闻德充之风者,虽复哀公,犹欲遗形骸、忘贵贱也。"

闉跂支离无脤说卫灵公,灵公说之,而视全人,其脰肩肩①。瓮㼜大瘿说齐桓公,桓公说之,而视全人,其脰肩肩。故德有所长而形有所忘②。人不忘其所忘而忘其所不忘,此谓诚忘③。

【译文】

一位人称闉跂支离无脤的人去游说卫灵公,灵公被他说得十分高兴,而再看他整个人,只见他的脖颈颀长;另一位人称瓮㼜大瘿的人去游说齐桓公,桓公被他说得十分高兴,而再看他整个人,只见他的脖颈颀长。这说明,德行过人的话,他们形体和名谓上的缺欠就都会被遗忘。人能不忘他所忘的而忘掉他所不忘的,这种境界叫做"诚忘"。

【注释】

①闉(yīn)跂(qǐ)支离无脤(shèn):虚构的人名,并非无脤其人的实际长相。闉,本指城门,这里指弯曲;跂:跷起脚后跟;闉跂,这里指跷起两个脚后跟弯曲双脚行走,其状如门。支离,肢体不全;脤,通"唇",同"唇"。脰(dòu):颈项。肩肩:颀长、细长的样子。此为无脤的实际长相,为灵公亲眼所见。

说（shuì）：游说。说（yuè）：喜欢。全人：整个人。案此节庄子以一些表示形体残缺的文字为人（包括下文之瓮㼜大瘿）命名（庄子此处是寓有利用"绰号"以暗讽俗人不能忘人之丑的深意），并非实指该人相貌、行为果真如此。通过"而视全人"一句的转折而显有"名不副实"的意思，以此提醒读者须对文字章句这种"言"所代表的"知"的实际意指有所警惕。只有"其脰肩肩"所状，才是该人在灵公眼中的真实形貌。庄子此处有暗应墨翟"或以名视人，或以实视人"（《墨子·经说下》）的意味。以往注家多释"全人"为别个形体完全之人，不仅违背庄子"形忘"的宗旨，还使庄子成为无端歧视正常人、专爱畸形人的怪人，失甚。庄子在此借丑名和正常事实之间的反差来传达的思想是：一者，构成名、实关系上的张力；二者，构成德、形关系上的张力；三者，构成世俗之见（以绰号论）与天赋实德之间的张力。通过这三种张力关系的立与破，庄子进一步剖析了"知"的误导作用（知为孽），势如破竹般辨明了困扰当时知识界的名实之辨问题。

②瓮（wèng）㼜（àng）大瘿（yǐng）：虚构的人名。瓮，同"瓮"；㼜，同"盎"；瘿，颈上的瘤子。庄子此处亦非实指该人相貌如此，而是以丑名反衬美德并隐喻名实不副的普遍性。德有所长：德性有超过他人之处。形有所忘：指形貌不被人留意。此处的"形"，亦含有"名"或名谓之意。形、名在此语义互通。历史上，灵公、桓公都算得上大知之人，但非圣人。在庄子给出的情境中，他们之所以能"忘形"，离不开对话者的"德长"。但他们还是都情不自禁地"而视全人"（庄子所给出的这个微妙的情境性动作，通过肢体语言形式，冲击了名谓语言在意指上的实在性，十分高妙。故读《庄子》，不持语境论、情境论的立场，即

使读了，也可能不得"情实"之真），说明他们并没有忘了二人的名字给他们造成的初始印象。这足以说明二人境界远还不够。各路注家几乎不约而同地把灵公、桓公顺延地理解成"圣人"，失甚。按照荀子的说法，"仲尼之门人，五尺之竖子言羞称乎五伯"，显然儒家是不把桓公视为圣人的（《荀子·仲尼》）。

③诚忘：真正的遗忘。"人不忘其所忘，而忘其所不忘"一句，描述了一种游于"忘与不忘之间"的状态，即圣人、神人、至人所达到的状态。在这种状态之下，凡"知"、"约"、"德"、"工"，均在可忘之列，即老子所谓"上德不德"的境界。进入这种连"道"、"德"都能俱忘状态的人，才能"有所游"。盖庄子所谓修身、养生之主，根本上就在于进入这种"丧我"（《齐物论》）、"坐忘"（《大宗师》）和"诚忘"的大无知状态。以往注家多视"诚忘"为不可取，属贬义，殊非庄子原意，也导致对整段文意的注解牵强附会，甚至在某种程度上瓦解了庄子学说的整体感。

五

故圣人有所游，而知为孽，约为胶，德为接，工为商①。圣人不谋，恶用知？不斲，恶用胶？无丧，恶用德？不货，恶用商②？四者，天鬻也。天鬻也者，天食也。既受食于天，又恶用人③！有人之形，无人之情。有人之形，故群于人；无人之情，故是非不得于身④。眇乎小哉，所以属于人也；謷乎大哉，独成其天⑤。

【译文】

所以圣人能游心于物，是因为把知识视为妖孽，把规范视为束缚，把施德视为多余，把工巧视为交易。圣人来事不迎，哪里用得着前识？不勉强雕琢，哪里用得着胶合？无所谓丧失，哪里用得着施德？不敛财居货，哪里用得着交易？这四种能力，本是自然天成，或者叫"天鬻"。自然天成，就属于天养。既然由上天养育而成，又何必强以人为呢？尽管秉有常人的形体，但要消除常人的情感。由于秉有常人的形体，因此可以与常人为伍；消除常人的情感，就可以避免是非及身。那些很渺小的，是因为都归于人事；那些很伟大的，是因为本属于天成。

【注释】

①有所游：能够邀游于其中。知为孽：把知识看作妖孽。约为胶：把规范看作束缚。约，规范，约定，礼俗；胶，束缚，拘系。德为接：把德看作人际交接的工具。德，犹得；接，接合，交往。圣人视德为工具，乃应"得鱼忘筌"、"过河弃筏"之喻（所谓"已到岸人休恋筏，未曾渡者须任船"者）。工为商：把工巧看作交换。宣颖《南华经解》："工艺之能，乃商贾也。如居货而求售者。"

②不谋：不预谋于事，即圣人不将、不迎，不奉"前识"，而是如明镜一般，物来照应。《庚桑楚》篇："至知不谋。"斲：砍削，雕刻，指刻意做成木结构的部件，引申为行事方面的勉强其为。《论衡·语增》："传曰：'尧、舜之俭，茅茨不剪，采椽不斲。'"无丧：无所丧失，圣人视万物同一，自然不会有所丧失。用德：刻意施加德行。《论语·颜渊》："己所不欲，勿施于人。"反其道而行之，便是"用德"。不货：不以财物为贵。《老子·六十四章》："圣人欲不欲，不贵难得之货。"

③四者：指人在谋与不谋、斫与不斫、丧与不丧、货与不货方面的修为和应对能力。天鬻（yù）：由天养育而成。鬻，养育。食（shì）：饲养，给食。用人：指在知、胶、德、商方面的刻意人为。庄子之"用"、"为"，多有刻意、助长之义。郭象《注》："既禀之自然，其理已足，则虽沉思以免难，或明戒以避祸，物无妄然，皆天地之会，至理所趣。必自思之，非我思也；必自不思，非我不思也。或思而免之，或思而不免，或不思而免之，或不思而不免。凡此皆非我也，又奚为哉？任之而自至也！"

④群于人：与常人共处。

⑤眇（miǎo）：渺小。指从形貌、世俗人情方面言。謷（áo）：高大。指从精神、天道方面言。成其天：指拥有顺应天道的德性。

惠子谓庄子曰："人故无情乎？"①庄子曰："然。"惠子曰："人而无情，何以谓之人？"庄子曰："道与之貌，天与之形，恶得不谓之人②？"惠子曰："既谓之人，恶得无情？"庄子曰："是非吾所谓情也。吾所谓无情者，言人之不以好恶内伤其身，常因自然而不益生也③。"惠子曰："不益生，何以有其身？"庄子曰："道与之貌，天与之形，无以好恶内伤其身④。今子外乎子之神，劳乎子之精，倚树而吟，据槁梧而瞑⑤。天选子之形，子以坚白鸣⑥。"

【译文】

惠子对庄子说："人本来就无情吗？"庄子说："是的。"惠子问："人如果无情，怎么可以称为人？"庄子说："道给了他容貌，天给了他形体，怎么可以不称为人？"惠子说："既然称为人，又怎么可以无情？"庄子说："你所说的'情'，不是我所说的'情'。我所说的'无情'，是说人不要因为个人好恶而伤及身体，而是因顺自然，不刻意用情以养生。"惠子说："不用情养生，又怎么会保全生命呢？"庄子说："道赋予人容貌，天赋予人身体，不要因为个人好恶而伤及身体。如今你心神外驰，精血耗竭，每吟则必倚大树，每眠则必据槁梧。本来老天爷给你一个'人'的形体，你却非要呶呶不休于'坚白'之辨。"

【注释】

①故：固然，本来。情：一般指情感、情绪，在《庄子》中不同地方有不同含义，有时指情实、性情，有时指人情、世情。本节对话中，惠子所指的"情"有一般的意涵，而庄子所指的"情"则含有对世俗社会过度"用情"的批判和否定。因此，庄子和惠子在使用意涵不同的"情"字进行对话。但惠子不悟，于是招致庄子的讥讽。成玄英《疏》："前文云'有人之形，无人之情'，惠施引此语来质疑庄子，所言人者，必固无情虑乎？然庄惠二贤，并游心方外，故常禀而为论端。"

②道与之貌：自然之道法赋予人以容貌。之，指人。天与之形：天然之规律赋予人以形体。这里"道"、"天"义本相近，可以互换使用，都是指自然规律的主宰。《老子·二十五章》："人法地，地法天，天法道，道法自然。"郭象《注》："人之生也，非情之所生也。生之所知，岂情之所知哉？故有情于为离、旷而弗能也，然离、旷以无情而聪明矣；有情于为贤圣而弗能也，然贤圣以无情而贤圣矣。岂直贤圣绝远而离、旷难慕哉？虽下愚聋聩及

鸡鸣狗吠,岂有情于为之,亦终不能也?不问远之与近,虽去已一分,颜、孔之际,终莫之得也。是以关之万物,反取诸身,耳目不能以易任成功,手足不能以代司致业。故婴儿之始生也,不以目求乳,不以耳向明,不以足操物,不以手求行。皆百骸无定司,形貌无素主,而专由情以制之哉!"

③因:因任。自然:指道、天所遵循的根本规律。益生:超出生命本体或生活本然而做格外的增益,即刻意用情以养生。郭象《注》:"任当而直前者,非情也,止于当也。"

④无以:犹"不以"。此句是庄子重复自己前边已经表达的观点,既表示加重语气,又流露出不耐烦的意思,对惠子仅择取个别字句进行辩论感到无奈。

⑤子:你。外:使游离、驰骛。神:精神。劳:使劳顿、耗竭。精:精血。据:倚靠。槁梧:干枯的梧桐木。或释为"几案"。成玄英《疏》:"槁梧,夹膝几也。"瞑:睡眠,打盹儿。此句庄子讥讽惠子每有言辩,必有所据,固执而不通于变。郭象《注》:"夫神不休于性分之内则外矣,精不止于自生之极则劳矣,故行则倚树而吟,坐则据梧而睡,言有情者之自困也。"

⑥选:授予,禀赋。坚白:即战国时期名家所持的"坚白论",以俗之所谓"诡辩"为其学派特色,实为中国形式逻辑在先秦时期达到的最高峰,汉以后衰落于董仲舒"罢黜百家,独尊儒术"之倡。鸣:形容高声争辩。庄子此处批评惠子一生好辩。

大宗师[①]

【题解】

《庄子》一书作为"知识论"之书,"无知"乃其知识论主张之特色。然而,举凡生物,何者可以无知?大鹏有知,蜩与学鸠亦有知,而况人乎?故"无知"又非庄子知识论主张之全部。由此而要展开对"知"与"无知"之探讨,必有一个恰当的切入点,而其紧要之处,则在于对"知"做出区别。于是,《庄子》先别"小知"与"大知",再别"知之至"与"知之盛"。而在庄子看来,但凡"知",皆"有患"。因此,"知"之要害在"真"。《大宗师》篇的主旨,即在于推出"真知","真知"一出,则小知、大知、至知、盛知,便都在庄子所排遣之列。

通常,说"小知"为人所不屑,可能还会被接受。但是,如果说"大知"、"至知"、"盛知"都在庄子的否定之列,人必觉得不可思议,因这与我们通常所持有的"知识就是力量"的理念严重背离。但是,"知识就是力量"这句话,并非放之四海而皆准。这样说究竟有何根据?其实,庄子自己已经把话说得极其直白了:"夫知有所待而后当,其所待者特未定也。"在《庄子》书中,所有的"知"都是指那种依条件而成立的知识,因此,庄子之"知"也通常不可以"智"替代。倘若轻率以"智"代"知"或以"智"释"知",庄子学说的根基便可能被动摇。因为,在一个"万物皆流"、"逝者如斯"的真实世界当中，怎可期待庄子所言的那些公理性、常识性的"知"所依赖的假设条件之常备、恒在？仅仅这一点，就决定了一般的"知"的"可证伪性"甚至其"必伪性"，这也符合两千五百年后西方那位名叫波普尔的证伪主义逻辑。正是在这个意义上，庄子才主张"无知"，即悬置那些以教条形式存在的知识。以"无知"而行事，如何得事之成？庄子的结论是，必须以"真知"为宗本，此"真知"即为"大宗师"。

何为真知？情信之知乃为真知！何为情信？于具体情境中得以验证并得其真者，此即情信之知。通常说"实事求是"，便是庄子所言的情信之知。故庄子之真知，与今世之所主张者，并无二致；庄子之学，非玄虚无用之学，亦明矣！

以庄子之逻辑，若为真人，必有真知；若有真知，则为真人。何为真人？至人、神人、圣人，皆为真人。至人无己，故可以赴汤蹈火，虽死无辞，试看人间世，此等人亦非难寻；神人无功，故为而不倨傲，行而无朕迹，与天为徒，见首不见尾，再看人间世，此等人又非寥寥；圣人无名，则圣人可有功亦可无功，圣人可有己亦可无己，当其无功、无己，则圣人亦神亦至矣，当其有功、有己而无名，则圣人即圣人矣。所以，圣人之可有功于当世，其要点在于不博取功名，能游于"无"、"有"之间，兼涉方内、方外之术，此正是孔子之所求，亦孔子之所行，更是孔子一生之境界。故孔子为《庄子》书中之一大圣，亦可无疑矣。

《大宗师》篇所彰明的主旨，在于得"真知"。真知者，亦道也；道者，亦大宗师也。能以此真知为宗本者，便是"天与人不相胜"。凡不能致"天与人不相胜"之境界者，皆为"知"之所患。所以，庄子之"知"，为"大宗师"之敌；执念于"知"而妄行于世，是"大宗师"之反动。若能挣脱"知"之束捆，物来照应，随顺物事，则举凡小知、大知、至知、盛知，无不入于逍遥。得逍遥者，即为得与天为徒、与道为徒、与大宗师为徒。故得大宗师者，自天子以至庶人，无违无择，皆其可能者。释家言"人人可以成佛"，儒家言"人人可以成圣"，庄子言"人人可以成大宗师"，其旨一也。庄子若无此意，则必不言许由为意而子"言其大略"，亦不言"回益矣"，更将不于《应帝王》篇言"天根"矣。天根者，人皆有之，故人人可以成大宗师，此即《大宗师》之良苦用心。所以，相比于释家之佛、儒家之圣，佛似远矣，圣似难矣，而"大宗师"者，似可及矣。如何便说大宗师"似可及"？"坐忘"即可。何谓"坐忘"？"堕肢体，黜聪明，离形去知，同于大通。此谓坐忘。"所以，大宗师者，"离形去知"乃其修为之关键法门。摆脱形骸之累，遗弃知识系缚，这便是成就大宗师的光明大道。宗旨如此明了，如果还不能就道而行，那么，庄子只有借老子的话表达心迹了："吾言甚易知，甚易行。天下莫能知，莫能行。知我者希，则我者贵。"并慨叹："万世之后而一遇大圣，知其解者，是旦暮遇之也！"

即成大宗师，岂可不"应帝王"？既能"应帝王"，庄子之学又岂止拘拘于"无为"之论！故庄子所主，乃"无为无不为"也，乃倡"因天心而动作，故海内不期而随"（语见司马迁《史记·淮南衡山列传》）之论也。欲行"无为无不为"之事，须得入"无知"之境。此境，即循道而行，而终至于丘山者也。

【注释】

①大宗师：以为师尊，奉为宗本。此篇庄子集中论证以道为

大宗师的思想。陆德明《经典释文》:"大宗师,崔云:'遗形忘生,当大宗此法也。'"郭象《注》:"虽天地之大,万物之富,其所宗而师者,无心也。"王先谦《庄子集解》:"本篇云:'人犹效之。'效之言师也。又云:'吾师乎!吾师乎!'以道为师也。宗者,主也。"

一

知天之所为,知人之所为者,至矣①!知天之所为者,天而生也②;知人之所为者,以其知之所知以养其知之所不知,终其天年而不中道夭者,是知之盛也③。虽然,有患。夫知有所待而后当,其所待者特未定也④。庸讵知吾所谓天之非人乎?所谓人之非天乎⑤?

【译文】

知道天道的运行,又知道人道的规律,这也算是达到知识境界的极致了。能了然于天道的人,这是天生的;明察于人道的人,需要借助他已有的知识,来涵育超出这些知识范围之外的认知能力,能做到这一点的人,便能终其天年而不致于中途夭折。这也算是达到知识的顶点了。但即便如此,也还有不足之处。凡知识,都具有应用的前提条件,只有当条件符合,这种知识才能得到恰当的应用。而问题是,这些条件永远处于变动不居的不确定性当中。所以,你怎么会知道我所说的天道就不是人道,或我所说的人道就不是天道呢?

【注释】

①知（zhī）：了解，掌握，知识。此处及此篇乃至《庄子》全书，所用"知"一字，多为"知识"之义。后人常有不当地将此"知"释为"智"者，既误解庄子本意，也造成对全书主旨理解的混乱。通观《庄子》一书，凡欲表示"智"义之处，往往都是用一个组合词来完成，而且没有统一的概念。这样才使得《庄子》全书对识见性"知识"的否定态度得以完整地确立起来，从而在知识论的基本观点上完全自洽地承袭或呼应了老子"道"和儒家"易"的思想，甚至也与释子"空"的思想不谋而合。天之所为：天的作为，指天道。人之所为：人的作为，亦指圣道。至：极点，极致。成玄英《疏》："知天之所为，悉皆自尔，非关修造，岂由知力！"王叔岷《庄子校诠》："案《淮南子·人间篇》：'知天之所为，知人之所行，则有以径于世矣。知天而不知人，则无以与俗交；知人而不知天，则无以与道游。'正发明《庄子》此文之义。泯合天、人，乃为极致。《荀子·解蔽》篇谓'庄子蔽于天而不知人。'盖不然矣。"郭象《注》："知天人之所为者，皆自然也，则内放其身而外冥于物，与众玄同。任之而无不至者也。"

②天而生也：指与生俱来的能力，是为"能知"。《天道》篇："知天乐者，其生也天行。"《礼记·中庸》："子曰：'或生而知之，或学而知之，或困而知之，及其知之，一也。'"《论语·季氏》："孔子曰：'生而知之者上也，学而知之者次也；困而学之，又其次也；困而不学，民斯为下矣。'"郭象《注》："天者，自然之谓也。"

③以其知之所知以养其知之所不知：以其"能知"所获得的知识（即"所知"），来涵养此"能知"进一步认知未知世界的能

力。案此句亦可参考释家所言的"转识成智"之说。这里有三个概念需要辨析，即"知"、"所知"和"所不知"。第一个"知"为"能知"，即《齐物论》之"若有能知，此之谓天府"之义，是指人所具有的某种天赋性和本体性的认知能力，它已经超越了普通的知识范畴。"能知"的认知结果涵盖"所知"和"所不知"两个范畴。这个作为"能知"的"知"虽然与通常所说的"智"相近，但二者又并不完全对等。"所知"和"所不知"均为"能知"的结果，"所知"便是"知识"，是人对世界的认知结果，包含有具体内容或命题；"所不知"便是"无知"。处于"无知"状态的心或"天府"便是"真宰"、"真君"所居之所，它虽然是缺、空，但恰是这样的状态才能为人腾挪出进一步认知世界的空间和能力，因此，这个"无知"便成为"智"或"慧"的来源。孔子自称"我空空如也"，苏格拉底称"我唯一知道的就是我什么都不知道"，便是这种"无知"的状态。养，育成，养成，涵育。天年：天赋寿命。中道：中途。盛：至，极。此句中庄子所说知天道和知人道两种境界，其中"天而生也"呼应的是孔子所言的"生而知之"，另一种则对应的是"学而知之"。就"能知"的生理属性而言，人人都具有某种"生而知之"的能力。

④患：毛病，问题，缺欠。郭象《注》："虽知盛，未若遗知任天之无患也。"有所待：指客观条件，即与该知识所具有的前提假定相吻合的外在事实。当：恰当，妥当，适当。特未定：很不确定。成玄英《疏》："知必对境，非境不当。境既生灭不定，知亦待夺无常。"此句论点的基础是，由于"万物皆流"，所以，现实世界并不具备完全能匹配一般知识所要求的假定条件，因此，知识的有用性就存在着根本性的、先天性的局限。

⑤庸讵：怎么。王叔岷《庄子校诠》："'庸讵'，复语，犹何也，岂也。"知：知道，了解。

且有真人而后有真知①。何谓真人？古之真人，不逆寡，不雄成，不谟士②。若然者，过而弗悔，当而不自得也③。若然者，登高不栗，入水不濡，入火不热，是知之能登假于道也若此④。

【译文】

因而，一定要有真人之后才能有真知。什么叫做真人？古代的真人，不违拗寡少，不倨傲所成，不预谋来事。像这样的人，有过错也不会懊悔，有成就也不会得意。像这样的人，登高不颤栗，下水不浸溺，入火不灼热。这是他的知识升华到了"道"的境界，以至于能忘怀生死。

【注释】

①真人：指智慧完全之人。《逍遥游》篇之"至人"、"神人"、"圣人"，虽然境界略有差等，但都属真人。真知：指超越一般知识的智慧，其内涵可与《老子》中的"道"、《礼记》之"中庸"、《大学》中的"明德"、王阳明之"良知"及释氏之"般若"相近。理解庄子的"真知"，要点是它不同于《庄子》全书中常用的、普通的"知"。朱熹《大学章句》："明德者，人之所得乎天，而虚灵不昧，以具众理而应万事者也。"

②不逆寡：不违忤个别。逆，违忤，拒绝。真人不拘泥于常规和教条，因此能够涵容个别，不因属于少数而刻意轻视或违

拗。此正是"实事求是"、"格物致知"之义。阮毓崧《重订庄子集注》："不逆者，顺也。寡者，微也。真人循顺自然，虽极细微之事，亦无不合乎理者。"郭象《注》释"不逆寡"为"凡事皆不逆，则所顺者众矣"，当理解为"事不论大小皆能因顺之则顺者自众矣"，其义方才正确。不雄成：不倨傲于成事。《老子》："功成而弗居。"郭象《注》："不恃其成而处物先。"林希逸《庄子鬳斋口义》："功虽成，亦不以为夸。雄，夸也。"不谟（mó）士：不预谋于事，犹"来事不迎"之谓。谟，谋；士，同"事"。林希逸《庄子鬳斋口义》："无心而为之，故曰'不谟事'。"马其昶《庄子故》引褚伯秀曰："'士'同'事'，不豫谋也。"

③过：过往，过错，过失。当：得当，与之相称。《秋水》篇："得而不喜，失而不忧。"

④栗：战栗，害怕。濡（rú）：沾湿。知：指普通的知识，常识。登假于道：上升到道的层面。登假，跃升，升华，涅槃，死亡。郭象《注》："言夫知之登至于道者，若此之远也。"成玄英《疏》："假，至也。"

古之真人，其寝不梦，其觉无忧，其食不甘，其息深深①。真人之息以踵，众人之息以喉；屈服者，其嗌言若哇；其耆欲深者，其天机浅②。

【译文】

古代的真人，睡时不会做梦，醒来没有忧烦，吃饭不求甘美，呼吸深沉舒畅。真人的呼吸直达脚跟，而俗众的呼吸仅在喉咙之间，甚至就像身体弯曲时那样，咽喉出气不畅，发声就像是在呕吐。人的嗜欲越深，其保留下来的天赋根性就会越肤浅。

【注释】

①觉：醒着。息：呼吸，气息。《列子·周穆王》篇："古之真人，其觉自忘，其寝不梦。"褚伯秀《南华真经义海纂微》引郭象《注》："寝不梦，无意想也。觉无忧，遇即安也。食不甘，理当食耳。"

②踵：脚后跟。屈服：身体弯曲。嗌（ài）：咽喉。哇：呕。耆：通"嗜"。天机：天然的灵性。此句重点是对真人与庸众加以区别。真人呼吸能直达脚跟，而庸众的呼吸却仅在喉咙之间，甚至就像身体弯曲时那样（以至于不能从容地"含哺而熙，鼓腹而游"），咽喉出气不畅，发声就像是在呕吐。他们所以如此，是因为总是弊弊于俗事，嗜欲很深，其天赋的灵性也就逐渐丧失了。成玄英《疏》："凡俗之人，心灵驰竞，言语喘息，唯出咽喉。情燥气促，不能深静，曲折起伏，气不调和，咽喉之中，恒如哇碍也。"吕惠卿《庄子义》："踵者，气之元而息之所自起也。身以足为踵，息以其所自起为踵，皆以其最下者名之也。夫唯气平而息深，则复乎其元矣。"

古之真人，不知说生，不知恶死。其出不䜣，其入不距；翛然而往，翛然而来而已矣①。不忘其所始，不求其所终②。受而喜之，忘而复之③。是之谓不以心捐道，不以人助天，是之谓真人④。若然者，其心志，其容寂，其颡頯⑤。凄然似秋，煖然似春，喜怒通四时，与物有宜而莫知其极⑥。故圣人之用兵也，亡国而不失人心。利泽施乎万世，不为爱人⁷。故乐通物，非圣人也⁸；有亲，非仁也⁹；天时，非贤也⑩；利害不通，非君子也⑪；行名失己，非士也⑫。亡身不真，非役人也⑬。若狐不偕、务光、伯夷、叔齐、箕子、胥余、纪他、申徒狄，是役人之役，适人之适，而不自适其适者也⑭。

【译文】

古代的真人，不知悦生，不知恶死。不因降临人世而欣悦，也不因面临死亡而抗拒，把生死看做是可以超然面对的来来往往而已。不念其所由始，不求其所将终；凡天赋之形都欣然接受，凡不得已之亡失都视如归复原初。这种不刻意求道、不人为助长的态度，就叫做'不以心捐道，不以人助天'，能这样做的，就是真人。这样的人，燕处则心念笃定，容色静寂，神情泰然。比及物来事至，如果遇到的是悲凄之事，其情态就会肃杀似秋冬；如果遇到的是欢悦之事，其情态则会和煦若春夏。真人的喜怒变化就像四时更替一样自然，总是能与物相宜，又无法穷尽其变化。所以，如果圣人用兵打仗，即使将别人的国家灭掉，也不会丧失该国的人心；圣人即使将利泽施于万世，那也不是出于偏爱。因此，刻意于以和通万物为乐，就不是圣人；对物事存有偏私亲爱之心，就不是真正的仁者；刻意去择天候时，也算不上大贤；不能混同利害，就不是君子；高名行世却最终使自我亡失，并不是真正的士人。身体一旦亡失，一切便都成了虚妄，而这样的人都不是能够"役人"的人。像狐不偕、务光、伯夷、叔齐、箕子、胥余、纪他、申徒狄这些人，都是被他人所役，其所作所为只能让他人感到快适，而不能让自己感到快适。

【注释】

①说生：贪恋生命。说，同"悦"。恶死：厌恶死亡。《秋水》篇："生而不说，死而不祸。"成玄英《疏》："气聚而生，生我为时；气散而死，死我为顺。既冥变化，故不以悦恶存怀。"出：生。䜣（xīn）：通"欣"，欣喜。入：死。距：通"拒"，抗拒。成玄英《疏》："时应出生，本无情于忻乐；时应入死，岂有意于距讳耶？"《老子》："出生入死。"翛（xiāo）然：自在超脱的样子。往：死。来：生。此句总说生死观。

②忘：疑为"志"之误。郭象《注》："终始变化，皆忘之矣，岂直逆忘其生，而犹复探求死意也！"可推郭象所见亦非"忘"字。钱穆《庄子纂笺》："'忘'疑'志'字之伪。"并引成玄英《疏》："始，生也。终，死也。生死都遣，曾无滞著。"王叔岷《庄子校诠》："忘当作志，字之误也。志、求对言，文义一律。《淮南子·本经篇》作'不谋所始，不议所终。'谋、议对言，义亦一律。《吕氏春秋·贵公》篇：'上志而下求。'亦以志、求对言，与此同例。"所始：所从开始之处，指出生。所终：所将终了之处，指死亡。

③受：领受，得到，指天赋的形体之全与否。忘而复之：将失去视如归复。忘，亡失，失却；复之，视为归复。郭象《注》："不问所受者何物，遇之而无不适也。复之不由于识，乃至也。"此句之"忘"（亡）字，亦可与《齐物论》篇"一受其成形，不亡以待尽"及《德充符》篇之"亡足"等情节参看。

④以心捐道：谓刻意用心求道，相当于毕生、时刻将心捐献于道，为求道而求道，显然这是背离天道的。捐，捐弃，奉献；或以为"损"字之误，虽通，但属曲为更易，无此必要。心捐则

不复,此与下文"心志"不同,后者谓情境中的专念(英文当为mindfulness),而"以心捐道"是不在情境中却又无时不心心念念。是为"专念"与"执念"之别。郭象《注》:"真人知用心则背道,助天则伤生,故不为也。"郭象此处以"用心"释"以心捐道",甚是。盖《庄子》书中之"用心",常有"刻意而为"之义。相反,不刻意用心,则为合于道,此正《刻意》篇所谓"不敢用也,宝之至也。"助天:以人力助长天道,谓多余而无功。助,多余的帮衬。《孟子·公孙丑上》:"勿助长也。"考"用心"、"助"于字之本义,均属褒词,但孔、老、孟、庄在讨论相关问题时,却用其贬义,盖本于"中庸",视"过"犹"不及"。后文之"乐"、"有"、"天"等字,皆因"用心"而成"助",义皆一律。

⑤心志:心念笃定。志,专一而别无所骛。郭象《注》:"所居而安为志。"或以为"志"为"忘"之传写错误,未必。因自"若然者"三字以下至"莫知其极",乃分论"居"、"动"两种不同情境,已非属此前之对"真人"特征的一般论述。容寂:容色静寂。颡(sǎng)頯(kuí):额头舒展自然的样子。此数句谓真人居则不自扰,专其心意,不容一丝杂念,容貌安逸,表情沉静质朴。这是无物可应时真人的修养状态,犹静若处子也。

⑥凄然:肃杀的样子。后文"圣人之用兵"与此呼应。煖(xuān)然:和煦的样子。煖,同"煊"。后文"利泽施乎万世"与此呼应。与物有宜:与外物的变化相适宜。莫知其极:不知道这种因应变化的极限在哪里。成玄英《疏》:"真人应世,赴感随时,与物交涉,必有宜便。"此数句描述真人因顺外物变化的无限可能性。这是真人于物来照应时的修养状态,犹动如脱兔也。

⑦"故圣人之用兵"句:此句承"凄然似秋"说,言圣人用

兵，上合天时，下符人事，虽有杀戮，而不失百姓欢心。"利泽施"句：此句承"煖然似春"说，言圣人布泽天下，非出于偏爱之情。闻一多谓自此句共一百零一字为别处错入，当删去，陈鼓应等人从之，未见其当。盖闻氏未见此段文字正承接以上"秋"、"春"二喻，以进一步引申圣人因顺自然、不刻意而为之德。另外，后世或有注家以此节话题非属道家而疑为错入，是因为先有一个将庄子框定为道家学派的成见，方至于此，已失之狭隘矣。郭象《注》："因人心之所欲亡而亡之，故不失人心也。夫白日登天，六合俱照，非爱人而照之也。故圣人之在天下，暖焉若春阳之自和，故蒙泽者不谢；凄乎若秋霜之自降，故凋落者不怨也。"

⑧乐通物：刻意以使物和通为乐。郭象《注》："夫圣人无乐也，直莫之塞而物自通。"释德清《庄子内篇注》："有心要通于物，非自然矣。"庄子之学主张"无为无不为"，而其"无为"，必先"无心"，凡有心，皆妄。后文句意，统可以此主意会之。

⑨有亲：操持亲爱之心。《天运》篇："至仁无亲。"郭象《注》："至仁无亲，任理而自存。"

⑩天时：择天候时。指普通的所谓贤者，往往以知为能，"有待"之心不能离，总是计较于天时地利，而非顺时而动，因地制宜。此句后世注家异议甚多，且多不逮要领，唯郭、成、林、宣的注解有可取之处。郭象《注》："时天者，未若忘时而自合之贤也。"王叔岷《庄子校释》据郭象注而断为"疑郭本天时原作时天，今本误倒耳。"后于《庄子校诠》中又更正为"时读为待"。义虽通而所改未为必要，盖郭象之"时天"，乃即"择以天时"之义。成玄英《疏》："占玄象之亏盈，候天时之去就，此乃小智，岂是大贤者也。"林希逸《庄子鬳斋口义》："顺时而动，知天时者

也,贤者以此为能,亦非也。"宣颖《南华经解》:"择时而动,有计较成败之心。"而刘武《庄子集解内篇补正》则谓:"真人与物为春,接而生时于心者也;喜怒通四时,与物有宜者也。盖以知为时,而不以旦夕迁流之天时为时也。如以天时为时,必致劳生逐时,则非贤矣。"其"以知为时"之后两句,稍嫌未直达其义,且与其前论不无龃龉。钟泰以"注家虽强为解释,终不可通"而迳改"天"为"失",后曹础基等人从之,失之甚。盖钟泰等人未能体察庄子此处行文的主旨、分寸感及其反转式的表达方式。

⑪利害不通:不能将利、害和通为一。《齐物论》篇言圣人,明确说"不就利,不违害",即指圣人能和通利害,不刻意趋避。俗之所谓君子,必以利为利,以害为害,并以此为"知"(王阳明四句教中"知善知恶是良知"之论可参看),从而以趋利避害为能。但此已非大君子(圣人)之德。朱熹在《中庸章句》中也阐明了这一点:"君子知其在我,故能戒谨不睹,恐惧不闻,而无时不中。"朱子所谓"恐惧不闻",便与庄子的"登高不栗"同义。只是儒家通常讲"君子",都是"正言",是指"真君子";庄子所讲之"君子",有时是指"伪君子",是世俗之所谓"君子"。这是由《庄子》全书以"寓言"、"卮言"和"重言"笔法立论的特点所决定的,不可不察。郭象《注》:"不能一是非之涂而就利违害,则伤德而违累当矣。"

⑫行名失己:名虽著于世但却丧失自我。行名,以名行世。郭象《注》:"善为士者,遗名而自得,故名当其实,而福应其身。"案其身有福,即其寿不夭。

⑬亡身不真:身死则真实也不复存在。身,指肉身;不真,指行为非为真君、真宰所主,因此而亡身,则行为本身也就失

去了真正的意义和实在的价值。役人：使唤、驱使他人。郭象《注》："自失其性而矫以从物，受役多矣，安能役人乎！"或有注家将"役人"列为与上五种人并列之第六种，失之。凡世俗之所尚，役人而已，举凡以上五种，没有例外。圣人虽不求役人，但亦不避役人。圣人役人，一如乘云气、御飞龙，自然而然，去就自如，而不会反受制于人，为人所役。庄子在此一段文字中，实则依道德境界之高低差等而罗列了圣人、仁人、贤人、君子、士五类人，并通过列举世俗社会用以衡量五类人的标准，来反衬性地表达庄子的不同观点：他们都不是"真"或"大"的圣人、仁人、贤人、君子和士，都是要加引号的。庄子所列衡量此五类人的标准，实为世俗社会所推崇之标准，而非真人应符合的标准——本质上，也不存在可以衡量真人的标准。庄子的主意在于，真正的圣人通物而不乐，真正的仁人视万物如刍狗，真正的贤人安时而处顺，真正的君子和通于利害，真正的士得名而不亡身。"亡身不真"四字，正是庄子讥刺世俗标准之伪的点睛之笔。

⑭狐不偕、务光、伯夷、叔齐、箕子、胥余、纪他、申徒狄：这些人都是被世俗盛赞为贤人君子者，但他们为保名节，有的负石沉河，有的投水自尽，有的饿死首阳，有的身遭刑戮，皆未能养其生、终其天年。郭象《注》："斯皆舍己效人，徇彼伤我者也。"释德清《庄子内篇注》："此数子者，皆知之不真，殉名丧实，去圣远矣。"役人之役：为他人所驱役。适人之适：让他人感到快适。适，快活，舒适。宣颖《南华经解》："为人用，快人意，与真性何益！"

古之真人，其状义而不朋，若不足而不承①。与乎其觚而不坚也,张乎其虚而不华也②;邴邴乎其似喜乎,崔乎其不得已也③;滀乎进我色也,与乎止我德也④;厉乎其似世乎,謷乎其未可制也⑤;连乎其似好闭也,悗乎忘其言也⑥。以刑为体,以礼为翼,以知为时,以德为循⑦。以刑为体者,绰乎其杀也⑧;以礼为翼者,所以行于世也⑨;以知为时者,不得已于事也⑩;以德为循者,言其与有足者至于丘也,而人真以为勤行者也⑪。故其好之也一,其弗好之也一;其一也一,其不一也一⑫。其一与天为徒,其不一与人为徒⑬。天与人不相胜也,是之谓真人⑭。

【译文】

古代的真人,其行状无不合宜而又特立独行,所以看似有所匮缺而其实并不需要再填充什么。当其与人交接,棱角虽存却不坚执;当其与人言辩,辞令虚灵而不浮夸;当其行动起来,有时仿佛是高兴地主动施为,有时却又像是不得已被迫而为。当其独处,那种深沉渊静的样子足以养身;当其群处,那种含德不露的样子又足以容人。他那种砥砺自勉的样子,显得他和世人似乎没有差别;而那种自在高迈的样子,又显得他不受世俗的约束。当其辩论起来,那种恣肆而又严谨的样子显得他似乎很好辩,而当其沉默之际,又仿佛心不在焉而忘言。他以刑为体,将刑罚视为规训的手段;他以礼为翼,将礼仪视为行动的辅佐;他以知为时,将知识作为宜时合情的方略;他以德为循,将道德作为行动的方向和指南。以刑为体,便可以在杀罚时仍留有可左可右的余裕;以礼为翼,就可以与世俗人间的人情世故偕行不悖;以知为时,就不会固执己见、揠苗助长,凡事都能行于不得已之际;以德为循,是说他的日常所为,总像是与有足者偕行共进而每每都能抵达目标中的丘山一样,其行本是自然而然,但世人却还以为他们是勉力而为呢。总而言之,真人所好无多,一以贯之而已;其所恶亦无多,一以贯之而已。所以,其所好是一,其所不好也是一;当其是一时,是一;当其非一时,也是一。视物为一,便是与天同德,与天道偕行;视物非一,则是与人同德,与人道偕行。当能统一天道与人道,令彼此不相争胜,这样的人便是真人。

【注释】

①状:外表,外貌,实指真人的情态或外在行为表现。接下来共有十个"乎"字,从不同的角度、以对照的形式描摹了真人的这些情态,展现的是真人"入世"的德行。义:合理,合宜。通常指合乎正义的行为和事情,或合理的思想和主张。《白虎通·情性》篇:"义者,宜也,断决得中也。"朋:类,朋比,朋党。《论语·卫灵公》:"子曰:'君子矜而不争,群而不党。'"若:仿佛。《庄子》全书总贯之思想在"游",即主张行为处乎"是与不是"、"材与不材"等两极对立状态间某一最切当之处(如本节以下文字多有如此者),因此,常用此类"若"、"如"等虚词表意。林希逸以为"此一段形容之语,尽有温粹处,但说得太颟洞,佛书中多有此类状容也(《庄子鬳斋口义》)。"显然似有不取之意。其实庄子学说,要害本就在此,与儒家思想也并不违拗,而是把儒家的"中"与"游"连通,而又更其高屋建瓴而已。不足:犹匮缺,指含德而游,德不形于外,于是其外在表现为"若不足"。前以"若"冠之,则"不足"并非真不足。承:顺承,承受,指接受外部在德性方面的额外注入,如施教、熏陶之类。刘

武《庄子集解内篇补正》:"'状'字统摄下文,至'恍乎忘其言也'止。……朱桂曜云:'《鹖冠子·备知篇》:故为者败之,治者乱之。败则傰,乱则阿;阿则理废,傰则义不立。陆注:傰,党也。傰则义不立,正与此处义而不朋同意。'……《集韵》:'傰同朋。'……《说文》:'承,受也。'《老子》:'广德若不足。'盖德足而若不足也。《盗跖》篇:'足而不争。'又曰:'不足,故求之。'真人不仅不争不求,且与之而不受也。"释德清《庄子内篇注》释"若不足而不承"为"虚之至也,若一物无所受",亦当。

②与:指交往以及交往中相互容与的状态,为后文"相与于不相与"之伏笔。《吕氏春秋·慎行》:"始而相与,久而相信,卒而相亲。"本篇后文数处进一步申说此义,如"孰能相与于无相与"、"三人相视而笑,莫逆于心,遂相与友"。觚(gū):古代有八个棱角的酒具。《说文》释"觚":"乡饮酒之爵也。"《索隐》:"觚,八棱有隅者。"凡器有八棱,则形近圆而又非圆,有棱而棱又不坚。《汉书·志·舆服下》:"既正既直,既觚既方。"庄子以此器喻真人之能处方圆之间的真性。此亦正是孔子之"觚不觚。觚哉!觚哉!"之意(《论语·雍也》)。坚:坚执。陈详道注(据褚伯秀《南华真经义海纂微》):"觚而不坚,虽弗圆而非固守。"释德清《庄子内篇注》:"虽介然不群,而非坚执不化者。"张:指言辩时的开放与和合态度,为后文"相为于不相为"的伏笔。虚:虚灵,空阔,即广大而足可容物之貌,与固凿相对。华:浮华,矫饰,虚夸。《老子》:"大盈若冲,其用不穷。"郭象《注》:"冲虚无余,如不足也;下之而无不上,若不足而不承也。常游于独,而非固守。旷然无怀,乃至于实。"

③邴(bǐng)邴乎:明朗欣悦的样子。似喜:貌似自得于其

行动。此句言行动的主动性。崔乎：受到催迫的样子。此句言行动的被动性。从表面上看，真人行动，也有喜从屈就的样子，但实质上完全是因顺自然，无喜无忧。庄子用"乎"和"似"将这一层意思表达出来了。郭象《注》："至人无喜，畅然和适，故似喜也。"两句以"喜"和"已"为韵。

④滀（chù）乎：指心境像潭水一样宁静。滀，水聚集一处。钟泰《庄子发微》："'滀'，渟滀，不浅露也。"进：增益。色：容色，气色。此句言心体渊静足以养身。与乎：容裕和合的样子。止我德：使含德而不形于外。此句言行为上与物容与便可以德不形于外。林云铭《庄子因》："容色日见其充粹，而心德日见其停蓄也。"两句以"色"、"德"为韵。

⑤厉乎：砥砺自勉的样子。厉，为"砺"的古字，砥砺，勉励，激励。似世：与世俗之人相似。謷（áo）乎：自在高迈的样子。未可制：不能加以限制。刘武《庄子集解内篇补正》："'厉''世'二字，皆当如字。厉，犹《前汉书·儒林传》之'以厉贤才焉'之厉。言勉厉于礼，其状如世人之所为也。此句应上'人之所为'，伏下'与人为徒'。勉厉于礼，特似世人耳；实则謷然高远，不为世俗之礼所拘制也。"《论语·乡党》中关于孔子形容的描述，正可以作为本句及本段各句的注脚，其中反复用"如也"二字，与庄子使用"乎""若""似"的笔法异曲同工，也恰说明圣人行为之"不拘泥"："孔子于乡党，恂恂如也，似不能言者。其在宗庙，便便言，唯谨尔。朝，与下大夫言，侃侃如也；与上大夫言，訚訚如也。君在，踧踖（cù jí）如也，与与如也。"

⑥连乎：连贯、谨严的样子，指善于言辩，言辞恣肆而逻辑严谨。庄子在《天下》篇自称"其书虽瑰玮而连犿无伤也"，其

"连"字亦是此义。好闭：疑为"好辩"之音误。倘读如字，其义亦当释为"喜好缄人之口"，亦即好自辩之义。悗（mèn）乎：心不在焉的样子。忘其言：忘了要说的话。此两句专就言辩方面而言，致其两极，以状真人。真人似能辩但非好辩，似无言又并非无言，总在两极之间，善得其"中"。《荀子·非相》："君子必辩。凡人莫不好言其所善，而君子为甚焉。是以小人辩言险而君子辩言仁也。言而非仁之中也，则其言不若其默也，其辩不若其呐也；言而仁之中也，则好言者上矣，不好言者下也。故仁言大矣。"

⑦刑：刑罚，刑律。体：规则，轨则，格式。注家多释"体"为"主体"、"本体"，失甚。后文"绰乎"二字反映了庄子的真实意图。只有道才可为本，而刑乃是不得已而用之，故庄子以"刑、礼、知、德"为序，本有主意在其中。四者皆为人为所据，所以笔者在《德充符》篇题解中言"有道无道，关乎天，而至道必应乎自然；有德无德，关乎人，而至德自合于圣道。"此义不可不察。礼：礼仪，礼俗。翼：辅助，襄助。《国语·楚语上》："求贤良以翼之。"此两句中庄子以"刑""礼"并举，又以"体""翼"二字比类"刑""礼"，体重翼轻，体实翼虚，体现了真人入世治国以之作为不同工具的思想。管子也曾以"体""礼"并举，可知"体"本有接近于"刑"的含义。《管子·枢言》："先王取天下，远者以礼，近者以体。"以知为时：知识运用必求当其时宜，不能因地制宜的知识皆为妄论。以德为循：以道德作为行为的依据。从整体来说，庄子主张德是行之本，但也仅可依循之而不可强为之；至于刑、礼、知三者，则更都是手段，它们均在"有待"之列，其利用得是否恰当，都与利用者审时度势的能力有关。

⑧绰（chuò）乎：宽裕的样子。绰，宽，缓。《诗经·卫风·淇奥》："宽兮绰兮，倚重较兮。"杀：死，刑杀，消灭。整句谓真人虽以刑法作为规则，但在执法时仍留有可左可右的余裕。战国之际，百家争鸣。或有主张严刑酷法者，而儒道两家，则大不以为然。《论语·为政》："子曰：'道之以政，齐之以刑，民免而无耻；道之以德，齐之以礼，有耻且格。'"《老子》："法令滋章，盗贼多有。"即便持"性恶论"者如荀子，在对待"法"、"人"关系上，也认为："故有良法而乱之者有之矣；有君子而乱者，自古及今，未尝闻也。"（《荀子·王制》）"有乱君，无乱国；有治人，无治法。法者，治之端也；君子者，法之原也。故有君子，则法虽省，足以遍矣；无君子，则法虽具，失先后之施，不能应事之变，足以乱矣。"（《荀子·君道》）荀子此处之主意，与庄子通。

⑨"以礼"句：句谓真人将礼仪作为顺应世俗、涵育世风人道的辅助手段。郭象《注》："顺世之所行，故无不行。"成玄英《疏》："礼虽忠信之薄，而为御世之首，故不学礼无以立。是故礼之于治，要哉！羽翼人伦，所以大行于世者。"

⑩"以知"句：句谓真人将知识作为可以应时而用的手段，而时机之要，在于事情到了不得已而为之的程度。此时，知识"所待"的前提条件也已经"自然成熟"。郭象《注》："任时世之知，委必然之事，付之天下而已。"陆西星《南华真经副墨》："以知为时者，行乎其所当行，止乎其所不得不止。故曰'不得已于事也'。"以"不得已"理解庄子思想，可以解决对庄子的很多误解，知"方可方不可"之间，必有"当可而必可"，如此，真人便有赴汤蹈火之气概，也自然有"登高不栗、入水不濡、入火不

热"之神奇——凡置生死于度外者,自无恐惧湿热之感!

⑪"以德"句:句谓真人将德作为导人之行的根本依据,就像是与有足者偕行共进而至于丘山一样,其行本是自然而然,但世人还真以为他们是勉力而为呢。陈治安《南华真经本义》:"庄子见《论语》记夫子'足缩缩如有循',故言德为循。德为循者,言足之所循者唯德,生而与之有德,乃生而与之有足也。至夫子足缩缩如有循,人真以为勤行于德,在夫子岂自知为勤行哉!"丘,小山,喻为目的、目标、根本。郭象《注》:"丘者,所以本也。"刘武《庄子集解内篇补正》:"《淮南子·诠言训》'至德道者若丘山,嵬然不动,行者以为期也',注:'行道之人,指以为期。'据此,可以明本义。言吾之于德,循之而行,犹之与有足者指丘为期,循之而至也。盖丘可以远见,行者每以为前途之鹄,庶不歧趋。而德亦吾行之鹄,唯有顺而循之而已。"林云铭《庄子因》改"丘"为"邱",又释"邱"为"岸",但义仍近于"目的"。

⑫其:指真人。一:统一,同一,归一,本于一。马其昶《庄子故》:"'一'者,统体一极也;'不一'者,物物一极也。"此"一"是立足于真宰、真君的角度看待世界所形成的本体论认识,标志着万物之间相互关联、相辅相成的根本属性。全句意谓真人混同对错,将好恶建立在统一的基础上,这样,任何单方面的好恶在根本上是没有差别的。

⑬其一与天为徒:将事物视为"同一",这便是与天道偕行;其不一与人为徒:将事物视为"非同一",这便是与人道偕行。郭象《注》:"无有而不一者,天也;彼彼而我我者,人也。"

⑭相胜:相克,相抵触,相争胜。天与人不相胜,即天、人

之道和合而不相抵触，进入"自然"的状态。此正是老子所谓"人法地，地法天，天法道，道法自然"的境界。真人因循"两行"之德，就可以达到这一境界。郭象《注》："夫真人同天人，齐万致，万致不相非，天人不相胜，故旷然无不一，冥然无不在，而玄同彼我也。"刘武《庄子集解内篇补正》："同生死，一好恶，喜怒通四时，利泽施万物，不为爱人，此与天为徒也，为天之所为也。礼，所以讲节文者也。仪文繁委，至不一也，而真人以礼为翼，厉乎似世，此与人为徒也，为人之所为也。"

二

死生，命也；其有夜旦之常，天也①。人之有所不得与，皆物之情也②。彼特以天为父，而身犹爱之，而况其卓乎③！人特以有君为愈乎己，而身犹死之，而况其真乎④！

【译文】

人有死生，这是天命使然；就像是天恒有昼夜更替的自然规律一样，是天道使然。人自有其所不能随意干预的，这本来是事物的情理所在。试想那些以天为父、自称天子的君王，还那般爱身惜命，他们连天命都要违拗，还会在乎"道"、"自然"这样的规律吗？再试想那些将君王视为高于自己生命的贤臣们，他们以死进谏，最终连生命都不保了，还有什么真宰可言呢！

【注释】

①命：天地自然之理。夜旦之常：昼夜的持续更替。常，常变。天：指天命。《春秋左传·成十三年》："民受天地之中以生，

所谓命也。"孙奭《孟子注疏》:"是则天之使我有是之谓命,天命之谓性,是性命本乎天,故为天之所为也。"郭象《注》:"其有昼夜之常,天之道也。故知死生者,命之极,非妄然也,若夜旦耳,奚所系哉!"陈寿昌《南华真经正义》:"死生定于命,犹夜旦之运乎天。"

②与:参与,干预。情:情实,实理,尤指外在于人主观能动性的客观情境变化。郭象《注》:"夫真人在昼得昼,在夜得夜,以死生为昼夜,岂不有所得!人之有所不得,而忧娱在怀,皆物情耳,非理也。"刘武《庄子集解内篇补正》:"死生由命,夜旦由天,人不得而参与也。'命'字'天'字,为以下各节主脑。"

③彼:那种,那些,指"以天为父"之人,即天子、君王。特:特别。因其位极人臣,故称"特"。以天为父:把天当作父亲。古代帝王自称天子。陈寿昌《南华真经正义》:"彼,谓君也。'以天为父'者,天子而父母斯民者也。"身犹爱之:倒装句,即犹之爱身,谓惜命、求长生。卓:指比"天"还要高绝的道和自然,即本篇所谓"大宗师"。天道以自然为"大宗师"。此句紧承前之"死生"句意,批评君王爱身惜命的逆天行为。天子惜命即为逆天,更逆乎道、自然,固有"而况其卓乎"之叹。此处庄子暗寓老子"人法地、地法天、天法道、道法自然"的差序结构。后世学者总以为庄子学说独来独往,其实恰好相反。他一直以各种或隐或显的方式回应之前学术界的各种主流思想,其中包括孟子的学说。

④人:指与"天子"相对的"臣子"。有君:谓心怀君王。愈乎己:超过了自己。指将君王置于高于自己生命的地位。另王叔岷《庄子校诠》引杨树达云:"'已'字当为'已止'之'已'。

已,止也。"恐非。身犹死之:倒装句,即犹之死身,即致命、捐身。陈寿昌《南华真经正义》:"谓事君以忠,不敢爱其死也。"真:真宰、真君,指主宰个体的人使其行为能合于道、合于自然的东西,近于"人心"。圣道以人的真宰为"大宗师"。整句谓那些事君至上的贤臣以死相谏,身已不保,还谈什么保其真宰呢!这便是前文说的"行名失己"、"亡身不真"。总括以上两句,庄子意在说明,当一个人死非其所当死的时候,就说明他的真宰未曾正确扮演真宰的角色,而人死之后,真宰更无从谈起了。君王、臣子所以做得都不对,原因是君王不能和同生死,臣子不能和同对错。所以,紧接下来,庄子才有"与其誉尧而非桀,不如两忘而化其道"之叹。

泉涸,鱼相与处于陆,相呴以湿,相濡以沫,不如相忘于江湖①。与其誉尧而非桀也,不如两忘而化其道②。夫大块载我以形,劳我以生,佚我以老,息我以死。故善吾生者,乃所以善吾死也③。

【译文】

当泉水干涸的时候,一同被困在陆地上的鱼便会相呴以湿、相濡以沫,以求苟延彼此的生命。它们这样,显然不如遨游于江湖,即便那样会彼此相忘。与其赞誉尧帝而非议夏桀,不如把他们统统忘掉,而将他们的存在视为道之流行的结果。既然天地赋予我肉身以作为寄存精神的载体,用生计来烦劳我,用老病来消损我,到最后才用死亡来安息我,那么,只有能够善待我的生命,才算是真正善待我的死亡。

【注释】

①泉涸（hé）：泉水干竭。庄子借此隐喻夏桀、商纣时期君臣关系所处的环境。相与：彼此相处在一起。相呴（xǔ）以湿：用吐出来的湿气相互延续喘息。呴，嘘气。相濡以沫：用吐出来的泡沫彼此滋润皮肤。这两句言鱼只要离开了泉流湖海，即使彼此关切，相互施爱以救，但其命运注定仍只能是苟延残喘。庄子讥讽世俗之人在不辨事物本质的情况下仍汲汲于是非善恶，却没有意识到自己已经处在险恶的环境当中。相忘：彼此忘怀，不加系恋。江湖：隐喻万物天性所适之地。郭象《注》："与其不足而相爱，岂若有余而相忘！"

②誉尧：赞美尧的仁德。非桀：贬斥桀的暴行。两忘：指是非两忘。化其道：即一其是非，归因于道。成玄英《疏》："岂若无善无恶，善恶两忘；不是不非，是非双遣，然后出生入死，随变化而遨游。"王叔岷《庄子校诠》："'其'犹'于'也。'化其道'，犹'化于道'也。"这里庄子主张将尧桀的出现视为道之流行所产生的如同夜旦一样的变化，若非人力所能左右，则当因顺而为。

③大块：指造物主、道，也可指大地。司马彪："大块者，自然也（《文选》郭景纯《江赋》注引）。"林希逸《庄子鬳斋口义》："大块，天地也。"褚伯秀《管见》："大块本以言地，据此经意，则指造物。"载我以形：以形体来承载我的存在。载，承受，寄托；形，犹形体、身体、形骸。《齐物论》篇："一受其成形，不忘以待尽。"《德充符》篇："道与之貌，天与之形。"劳我以生：生来便劳役不止。佚我以老：用衰老来消损我。佚，散失，消损。息我以死：死亡可让我安息。息，安息，止息。善：善待，爱惜，

不轻弃。宣颖《南华经解》："生死一理，不过乾坤之幻泡耳。生而任乎天，则死无所系。故善吾生则善吾死矣。"本段文字针对那些行名亡身的贤士而言，故此处的"善"的主旨为"爱惜"而不是"喜好"，意在奉劝此类贤士遗名保身。

夫藏舟于壑，藏山于泽，谓之固矣①！然而夜半有力者负之而走，昧者不知也②。藏小大有宜，犹有所遁③。若夫藏天下于天下而不得所遁，是恒物之大情也④。特犯人之形而犹喜之，若人之形者，万化而未始有极也，其为乐可胜计邪⑤？故圣人将游于物之所不得遁而皆存⑥。善夭善老，善始善终，人犹效之，又况万物之所系而一化之所待乎⑦！

【译文】

将船藏在深谷当中，将山藏在大泽当中，这样的藏法可以说够稳妥了。然而，夜半时分，如果有力大之人把山、船背走，沉睡中的人是不会觉知的。这样看来，物无论大小，即使掩藏的地方看似很妥当，也会有丢失的可能。如果将天下藏于天下，那么，天下便无处可遁，这才是应物行事所当遵循的恒久不变的规律。倘若造物主刚刚打算要用人的形范来造物，待造者便开始喜不自禁，那么，人的具体形貌可以说千变万化而无所穷极，那待造者的自喜自乐还能有穷尽吗？所以，圣人应物，总能自如于事物万事俱备、不得不为之际，无过无不及。像善待老幼、善待生死这样的规训，人们都能遵循效法，为什么却不能因循那个万事万物都离不开，而且还能一统事物变化所需要的全部条件的"道"去做事呢！

【注释】

①藏舟于壑（hè）：将舟船掩藏在深谷当中。藏，犹"藏仁"之藏，暗寓贬义。壑，谷，沟池。《天地》篇："夫大壑之为物也，注焉而不满，酌焉而不竭。"藏山于泽：将山掩藏在大泽之中。泽，沼泽，湖泽。固：牢固，妥当。郭象《注》："方言死生变化之不可逃，故先举无逃之极，然后明之以必变之符，将任化而无系也。"

②昧者：睡着了的人。"昧"字在此处一字双关，既为"寐"之假借，又暗寓"愚昧"之义。本来舟漂流于湖海，山崛起于大陆，但有舟、有山者为爱之切，而藏之于壑、泽，所藏本非其地，但却自以为"固"，可谓昧之极者。此句庄子假设大山、小舟可为人所有，并欲私藏于自以为安妥之处，殊不知有力者会在夜半时分将其背起来放置他处，而昧者浑然不知。《胠箧》篇之主旨，与此处有所呼应。

③藏小大：不论所藏之物是小是大。小指舟，大指山。有宜：都在合适之处。句谓凡藏物，只要能藏在适当的地方，就算是藏得合适了。犹有所遯（dùn）：还是会有丢失、逃遁的时候。遯，通"遁"，失。庄子用藏者不能全天候厮守来比喻人相对于时间永动、万物皆流时的无奈。句谓凡是小于天下之物，无论大小，无论藏在何等妥当的地方，都会有失去的机会。郭象《注》："不知与化为体，而思藏之使不化，则虽至深至固，各得其所宜，而无以禁其日变也。故夫藏而有之者，不能止其遯也；无藏而任化者，变不能变也。"

④若夫：假如。藏天下于天下：意谓把天下万物当作统一的一物而藏之于天下这个统一的空间之内。这里可以引申出"藏物

于物"从而使物"是其所是"的等价命题。是：此，这。恒：总是，永远是。物之大情：物的至理。这是一个在哲学上十分高妙的命题，不仅可以推演出"藏物于物"、"藏此物于此物"这样的"直观本质"的现象学思想，而且还再现了"万物皆流"这个命题所具有的普遍性，也呼应了庄子"以死生为一条，以可不可为一贯"的整体论应事思想，这也充分地证明，现代西方现象学思想在中国先秦时期便已经有了卓越的展现。郭象《注》："无所藏而都任之，则与物无不冥，与化无不一。故无外无内，无死无生，体天地而合变化，索所遁而不得矣。此乃常存之大情，非一曲之小意。"

⑤特：一旦。犯：通"范"，铸造器物用的模子，铸造。万化：极言人的形体、面貌差别之大。极：极限。胜计：能够计算。郭象《注》："人形，乃是万化之一遇耳，未足独喜也。无极之中，所遇者皆若人耳，岂特人形可喜而余物无乐邪？"案此句大意是：一旦大自然打算要用人的形范来造物，待造者便欢喜不尽，那么，由于人的具体形态本就千变万化，不可胜计，那是不是也要为每一种形态而高兴不已呢？如此高兴下去，还高兴得过来吗？陈鼓应以为自"特"字以下二十九字为后文错入，遂使上下文义不连贯，陈说失之。盖后文为例举，此处为总论，文义虽有重复，但文法并不完全一样。庄子此类写作手法，不仅此篇内多有，于《庄子》全书亦为独具特色的一种叙述方式。

⑥"故圣人"句：句谓圣人将自由应对于事物之势所必然且充分可行的状态。所不得遁：无所逃遁。指物之来其势已成必然，即具备了必要条件，此时应物，乃属不得已。皆存：指构成该事物的所有条件都无一缺位并被知悉，即具备了充分条件，此时应物乃属可行之事。"所不得遁"与"皆存"为并列语，指事成的诸

条件周遍完备，为后文"道有情有信"之伏笔，亦即构成"情信"的条件已经完备。这里所言的"物之所不得遁而皆存"，便是人对物之性理的认识的周遍性，承篇首之"知天之所为"（知天道）、"知人之所为"（知人道乃至圣道）；而此认识所以能达到周遍，则必基于全面的视角和辩证的观点。极而言之，只有在"藏天下于天下"的情况下，才可达到此一条件。然而，在日常事为当中，"天下"似已成为不可及、无所用的空泛概念，在这种情况下，庄子思想实际上隐含了现代现象学的"本质直观"的核心观点，即如海德格尔所言"艺术品就是艺术品"，其意涵与"藏天下于天下"并无二致。这时，物既"不得遁"，物还"皆存"，即物乃正"是其所是"。圣人应物，便总在这一"节骨眼"上，而在先秦儒家那里，此即"中庸"。所以，这句话本是一句要害的话，点破了圣人对待此前所谈的善恶、生死的总态度，而且也表达了庄子学说与儒家学说的高度一致。郭象《注》："夫圣人游于变化之涂，放于日新之流。万物万化，亦与之万化；化者无极，亦与之无极，谁得遁之哉！夫于生为亡而于死为存，则何时而非存哉！"

⑦善夭（ǎo）善老：善待幼小，善待老人。善，善待，珍惜。夭，幼小的东西。《战国策·赵策四》："刳胎焚夭，而麒麟不至。"《孟子·梁惠王上》："老吾老，以及人之老；幼吾幼，以及人之幼。天下可运於掌。"善始善终：善待生，善待死。始、终，犹生死。《论语·子张第十九》："（子夏曰：）君子之道，焉可诬也？有始有卒者，其惟圣人乎！"人犹效之：人们还效法这样的规训。效，效法；之，指"善夭善老、善始善终"的规训。这里庄子遥应孟子、子夏等儒家先哲所推崇的君子、圣人之道，认为既然人们能效法这些人道法则，就更应该能够效法天道、自然，

因为只有天道、自然，才堪为"大宗师"。万物之所系而一化之所待：此即"道"、"自然"，即"大宗师"。道，必为"万物之所系"，道不离万物；循道而行，必"一化之所待"（将万变所依赖的条件看做是一个整体），如此方能混同是非、和合彼此。陈寿昌《南华真经正义》："此盖谓大宗师也。"整个前文，庄子不直接点明"道"、"自然"，而分别以"卓"、"万物之所系"来表示它们，显示出庄子为文的诡谲变幻，无有穷尽。下文才一转而直言"道"。庄子行文之奇，着实令人叹为观止！

夫道，有情有信①。无为无形，可传而不可受，可得而不可见②；自本自根，未有天地，自古以固存；神鬼神帝，生天生地③。在太极之先而不为高④，在六极之下而不为深⑤，先天地生而不为久⑥，长于上古而不为老⑦。豨韦氏得之，以挈天地；伏戏氏得之，以袭气母⑧。维斗得之，终古不忒；日月得之，终古不息⑨。勘坏得之，以袭昆仑；冯夷得之，以游大川⑩。肩吾得之，以处大山；黄帝得之，以登云天⑪。颛顼得之，以处玄宫；禺强得之，立乎北极⑫。西王母得之，坐乎少广，莫知其始，莫知其终⑬。彭祖得之，上及有虞，下及五伯⑭。傅说得之，以相武丁，奄有天下，乘东维、骑箕尾而比于列星⑮。

【译文】

道，既有随情境而变的事实，又有不随情境而变的规律。它既不刻意作为，也没有形体迹象，因此，人只能靠日常涵养而习得领悟道的能力，却无法通过言传、身教、手授而从他人那里领受；即使已经心悟此道，也没有外显的行迹能让人看到。道自本自根，从没有天地的时候直到今天，道一直就存在。它赋予鬼神和天帝以神性，使天地得以诞生。它比太极还要早、还要高，也比在六合之内的任何空间都要深邃。道先天地而生也不算久远，在上古便出现也不会显得衰老。狶韦氏得到它，用来统驭天地；伏羲氏得到它，用来调和元气。北斗星得到它，方位万古不移；日月得到它，运行万古不息。勘坏得到它，可以入处昆仑；冯夷得到它，可以遨游大川。肩吾得到它，可以掌管泰山；黄帝得到它，可以直登云天。颛顼得到它，可以久处玄宫；禺强得到它，可以立于北极。西王母得到它，可以安坐少广宫，莫知其始，莫知其终。彭祖得到它，可以从有虞氏时代一直活到五霸时期。傅说得到它，可以相事武丁，一统天下，最终得道升天而成为乘东维、骑箕尾之星，与众星并比同列。

【注释】

①夫道有情有信：句谓"道"既有随情境而变的事实，又有不随情境而变的规律。"道有情有信"五字，实为庄子知识论学说的总眼目、总纲领。庄学能上达老子玄学，下及孔子实学，全在此五字而方能尽得枢要。道，与"自然"一样，即本篇所指之"大宗师"。陆西星《南华真经副墨》："到此方说出：大宗师者，道也。夫'有物混成，先天地生'，圣人不得已而强名之曰道，无形也，无为也，而却有情有信者何？《老子》曰：'恍兮忽，其中有物。杳兮冥，其中有精。其情甚真，其中有信。'此数语者，千古论道之閟密藏也。庄子之学得之老子，直下便说有情有信。"情，情实，实情，义同"实事求是"之"是"（此"是"可

作"道"解)。信,准时,有规律。参看《齐物论》篇"可行己信,而不见其形,有情而无形"一句注解。陆西星《南华真经副墨》:"情者,静之动也;信者,动之符也。"庄子以五个字概括了道的辩证法,呼应了老子"道可道,非常道"的终极界定。可见,庄子之"道",与老子之"道"通。当其言"道",便主张与"常道"对立,反对有放之四海而皆准的"常道",而强调此"道"存在于具体"情境"当中。这与现当代西方哲学中的"情境主义"、"语境主义"、"实用主义"以及"后现代主义",都有相通之处,只是庄子早了两千多年而已。但道之流行,又有其规律性的一面,构成"常道"的存在,此便是规律,便是"信"。庄子对此已经十分明了,并以"情"和"信"来分别加以概念化,其"信"与西方自亚里士多德以来各种科学理论所阐明的主张(定理、公理、公式)相呼应,而其"情"则与西方19世纪初及此后的现象学运动、实用主义和后现代主义思想相呼应。下文藉"无为无形"、"自本自根"、"在太极之先而不为高"三句,进一步解释道的特性。

②可传:可通过养成而习得领悟(包括渐悟、顿悟)道、顺应道的能力。此言"道"本质上是可传续的,但传续的方式和路径却极为特殊,只能靠自我日常涵养而成,不能靠言传、身教、手授而得,即接下来的"不可受"。不可受:不可借言语传授。受,通"授"。可得:能以心得、以慧悟。不可见:不能外显而为感官所知。郭象《注》:"咸得其容,而莫见其状。"案道缘情而成其实,始终处于迁流不息的状态,以此只能藉心得而悟其精义,而不可凭言传而领教;又,道本恒在而无形,故不可见。此即《齐物论》篇"昭文之子以文之纶终,终身无成"、《天道》篇

"轮扁之子不能受之于父"及《天地》篇"象罔索珠而独能得"所言之旨。

③自本：以自己为本。自根：以自己为根。曹础基《庄子浅注》："自本自根，自为根本。根本是生长的基础，任何事物的产生、发展都有个根本条件，但道却只是自己产生自己。"未有天地：天地尚不存在。自古以固存：在最开始本来就存在着。陈寿昌《南华真经正义》："道为事物之根本，更无可为道之根本者。未有天地先有道，自太古以至今日，道无往不存。"神鬼神帝：能令鬼与帝赋有神性。神，此处作动词用，谓使之神奇、玄妙、神灵。罗勉道《南华真经循本》："鬼与帝藉之以神。"章炳麟、朱桂耀、王叔岷皆以为"神"与后文"生"义同，亦通。生天生地：能使天地得以产生。老子于《道德经》中所说的"天得一以清，地得一以宁"中的"一"，亦近庄子此处所说的"道"。庄子正是在老子这一宗旨之下进一步阐释道的特性和功能。以上数句，均为"自本自根"一句之引申。

④在太极之先而不为高：比太极还要早、还要高。极，物之端点，如屋柱的顶头或屋脊，即为房屋之极。太极，物的最尽头。先秦时期的"太极"是一个重要的哲学概念。如《易·系辞传上》："'易'有太极，是生两仪。"专指阴阳未判之际的一种初始状态，当它作为一个时间概念，则无物比太极更早，除非是"无"或"无有"从而"无极"的状态；当它作为一个空间概念，则无物比太极更高、更低、更大、更小，除非是"无"或"无有"从而"无极"。所以，太极是"有"（"有"之前则是"无"，而"无"与"道"通）概念之下的一个最极端的存在形态，可以认为它存在于六合之内，但它却窈然不可触及。《天地》篇："泰初有

无，无有无名；一之所起，有一而未形。"《知北游》篇则在更深入的层面对此"有无"做出了阐释，故此句实就时间与空间合言，时间在"先"，空间在"高"。庄子仅以两字之变而全其句意，达其欲言之主旨，若非体物御言之至者，不能为也！

⑤在六极之下而不为深：比上下左右前后六个维度所构成的任何空间都要深邃。六极，即六合之端点，也即上下左右前后六个方向所包围空间的最深远处。深，深邃。此"深"所指非仅限于向外扩张之广，还指向内收缩之极。《秋水》篇："至精无形，至大不可围。"《天下》篇："至大无外，谓之大一；至小无内，谓之小一。"《文子·自然》："老子曰：'朴至大者无形状，道至大者无度量。'"《淮南子·本经训》："夫至大，天地弗能含也；至微，神明弗能领也。"凡至精、至微、至大、至小、大一、小一，其义均属庄子所言之"深"。此句但就空间言，谓道无处不在。

⑥先天地生而不为久：此句就时间言，专指"道"亘古长存，无时不有。

⑦长于上古而不为老：此句仍就时间言，特指"道"生生不息。以上三句，紧承"在太极之先而不为高"，分别从几个方面进一步阐述"道"在时间和空间上所具有的特性。郭象《注》："言道之无所不在也。故在高为无高，在深为无深，在久为无久，在老为无老。无所不在，而所在皆无也。且上下无不格者，不得以高卑称也；外内无不至者，不得以表里名也；与化俱移者，不得言久也；终始常无者，不可谓老也。"

⑧狶（xī）韦氏：传说中的远古帝王。之：指"道"、"大宗师"。挈（qiè）：提举。成玄英《疏》："狶韦氏，文字已前远古帝王号也。得灵通之道，故能驱驭群品，提挈二仪。契，合也，

言能混同万物、符合二仪者也。"伏戏（xī）氏：即伏羲氏，三皇之一，相传是畜牧业时代的帝王。袭：合。气母：能使六气和合而生物者。《在宥》篇有"合六气之精以育群生"，即此之谓。言伏羲氏能合气母，从而阴阳调和，四时有节，畜生草长。此两句以豨韦氏和伏羲氏因得道而能契二仪、生万物为例，彰明"道"之"情"力。

⑨维斗：北斗。成玄英《疏》："维斗，北斗也。为众星之纲维，故谓之维斗。"不忒（tè）：没有差误。指北斗运行不离轨道。不息：指日月东升西落，运行不息，光明永照。此两句言道之"信"力。

⑩勘坏（pēi）、冯夷：均为传说中上古之御者，后得道。袭：入，处。堪坏，《淮南子·齐俗训》作钳且，当指同一人。亦可参刘武《庄子集解内篇补正》："昔者冯夷得道，以潜大川；钳且得道，以处昆仑。"案司马彪以堪坏、冯夷分别为山神、河神，因缺乏交代，于《庄子》文本中文意失联，似属凭空横生两个角色。又《淮南子·原道训》曰："昔者冯夷、大丙之御也，乘云车，入云蜺，游微雾，骛怳忽；历远弥高以极往，经霜雪而无迹，照日光而无景；扶摇抮抱羊角而上，经纪山川，蹈腾昆仑，排阊阖，沦天门。末世之御，虽有轻车良马，劲策利锻，不能与之争先。"这里所状冯夷、大丙之御，正合庄子此处"袭昆仑"、"游大川"之旨，而作为对比的"末世之御"，则与《达生》篇的"东野稷以御见庄公，进退中绳，左右旋中规"呼应。庄子此处以御者得道作喻，乃是《庄子》全书强与论道、勉为言道、冀其或可得之的个案体现，也是儒家"人人皆可成圣"理念的传续，与释家"人人可以成佛"理念也不谋而合。故司马彪之释，仅可作为二人

得道之后的角色来理解。

⑪肩吾、黄帝：均在《庄子》各篇中多有涉及。其中涉及肩吾的地方，凡四篇，为《逍遥游》、《应帝王》、《田子方》及本篇；涉及黄帝处则多达一十四篇。遍览这些篇章，比较肩吾、黄帝与他人的关系，可知庄子对二人实际上已经寓有境界上的定位。拿肩吾来说，在《逍遥游》篇中，肩吾为向连叔求问之人；在《应帝王》篇，肩吾是向日中始和接舆问道之人；在《田子方》篇，肩吾又是请孙叔敖解惑之人。这意味着《庄子》书中之肩吾，乃是慧根虽好、初未得道但又终成正果者。陆德明《经典释文》在《逍遥游》篇引司马云"山神，不死，至孔子时"，正是本于本篇所言。本篇及本节作为内篇中直接论道的最紧要也近于尾声的关节，庄子于此以"得之"赞肩吾，在于说明当时社会上所流行的神化肩吾得道的传说（比如据《淮南子》所载），其背后实有一个历程。这一点，如果再相应去研究《庄子》中关于黄帝知识和道德境界的变化、升迁（《庄子》中之黄帝，其道德境界有明确的转化路线）就更加明显。这种情况，也发生在孔子身上。因此，窃以为《庄子》中的肩吾、黄帝和孔子，其道德境界都属于"发展中之圣人"，其终极境界，上可及玄学，下可抵实学。由此可见，庄子于此节有意历数一些人名、神名，目的不仅仅是给"神鬼神帝"做粗略的注解，而是暗寓深意，呈现的是一个常人可以得道的现实路线。

⑫颛顼（zhuān xū）：黄帝之孙，号高阳氏，为五帝之一，又称玄帝。玄宫：玄帝所居之宫。玄，或兼有三义：以色言，为黑色；以方向言，指北方，故可释"玄宫"为"北方之宫"；以物言，则有玄妙、深奥之义，类于老子"玄牝"之玄。陆德明《经

典释义》引:"李云:'颛顼,帝高阳氏。玄宫,北方宫也。《月令》曰:其帝颛顼,其神玄冥。'"同时,《礼记·月令》还记有这样的描述:"天子居玄堂左个,乘玄路,驾铁骊,载玄旂,衣黑衣,服玄玉。"胡平生、张萌注《礼记·月令》:"(颛顼)以水德王,尊为水德之帝。"禺(yù)强:传说为黄帝之孙,水神。北极:北方海域的极处。成玄英《疏》:"禺强,水神名也,亦曰禺京。人面鸟身,乘龙而行,与颛顼并轩辕之胤也。虽复得道,不居帝位而为水神。水位北方,故位号北极也。"

⑬西王母:传说中的神人,见《山海经》。少广:山名,钟泰《庄子发微》以为王母所居宫名。成玄英《疏》:"少广,西极山名也。王母,太阴之精也。……颜容若十六七女子,甚端正,常坐西方少广之山,不复生死,故莫知始终也。"

⑭彭祖:传说中的长寿之人。参见《逍遥游》篇注解。有虞:即舜,号有虞氏。五伯:即五霸,指夏朝的昆吾、殷朝的大彭、豕韦和周朝的齐桓公、晋文公。成玄英《疏》:"彭祖得道,所以长年。上至有虞,下及殷周,凡八百年也。"

⑮傅说(yuè):殷代贤相。武丁:殷高宗。奄(yǎn)有:拥有,覆有。奄,掩覆。东维:星汉之东端。箕:二十八星宿之一。比:并比,等列。列星:众星。陆德明《经典释文》:"司马云:'傅说,殷相也。武丁,殷王高宗也。东维,箕斗之间,天汉津之东维也。'星经曰:'傅说一星在尾上。'言其乘东维,骑箕尾之间也。崔云:'傅说死,其精神乘东维,讬龙尾,乃列宿。今尾上有傅说星。'"盖庄子或借傅说星之名而喻傅说得道升天。案自"狶韦氏"至"傅说",庄子"皆言得此道而后能如此也(林希逸《庄子鬳斋口义》)","杂写古之神圣若干人,无不以道为大宗

师。区区小智，反思跃冶也邪？至此一篇大势收住（宣颖《南华经解》）。"而郭象《注》则以"独化"概括了此段的要旨，从而进一步把主题向下一节延伸开来："道，无能也。此言得之于道，乃所以明其自得耳。自得耳，道不能使之得也。我之未得，又不能为得也。然则凡得之者，外不资于道，内不由于己，掘然自得而独化也。夫生之难也，犹独化而自得之矣；既得其生，又何患于生之不得而为之哉！故夫为生果不足以全生，以其生之不由于己为也，而为之则伤其真生也。"或以为此节笔法烦琐不似庄子风格，此乃未见此恰是庄文变化之妙，更何况其笔势本就如瀑下注，一气呵成。林希逸《庄子鬳斋口义》对此看得颇到位："此是其笔端逾越规矩处，不可以圣贤之书律之，当另作一眼看。"罗勉道《南华真经循本》所论亦是："此篇首至此，明大道之要尽矣。犹恐人泥于执着，下文又极论死生俱无，以广其见，犹命宗、性宗之说。"钱穆《庄子纂笺》以为此段文字"似颇晚出"，陈鼓应、章启群等从之，似未为当。

三

南伯子葵问乎女偊曰："子之年长矣，而色若孺子，何也①？"曰："吾闻道矣。"南伯子葵曰："道可得学邪②？"曰："恶！恶可！子非其人也。夫卜梁倚有圣人之才而无圣人之道，我有圣人之道而无圣人之才③。吾欲以教之，庶几其果为圣人乎？不然④。以圣人之道告圣人之才，亦易矣，吾犹守而告之⑤。参日而后能外天下；已外天下矣，吾又守之，七日而后能外物；已外物矣，吾又守之，九日而后能外生⑥；已外生矣，而后能朝彻，朝彻而后能见独；见独而后能无古今，无古今而后能入于不死不生⁷。杀生者不死，生生者不生⁸。其为物，无不将也，无不迎也；无不毁也，无不成也⁹。其名为撄宁。撄宁也者，撄而后成者也⁽¹⁰⁾。"

【译文】

南伯子葵问女偊："你的年岁已高，但容色却像处子一般，为什么会这样？"女偊回答说："我'闻道'了。"南伯子葵问："道可以学得吗？"女偊回答："喔！不可！你不是那种能通过学习而得道的人。卜梁倚是一位有圣人之才而无圣人之道的人，而我是有圣人之道而无圣人之才的人。我要想向他传授圣道，按说最终可以让他成为圣人吧？其实不然。怀圣人之道的人向有圣人之才的人讲授一下道法，其实本不难。但即便如此，我还是好生'自守'之后才向他宣讲。我'自守'三天之后，才能将天下置之度外；当能这样'外天下'了，我又要好生'自守'，七日之后，就能将万事万物置之度外；当能这样'外物'了，我又要好生'自守'，九日之后，便能将死生置之度外了。当已能这样'外生死'了，接下来就能进入到被称为'朝彻'的澄明状态，朝彻而后则是被称为'见独'的顿悟境界，见独而后就能'无古今'，无古今而后就能和同生死。这时，杀生者可以不死，生生者可以不生。这个时候我做任何事情，既没有送往不送往，也没有迎来不迎来，于时无不宜；既没有毁坏不毁坏，也没有成全不成全。这样的状态叫做'撄宁'。所谓撄宁，就是先扰动诸物而后再和合而成一物。"

【注释】

①南伯子葵:当即南伯子綦。陆德明《经典释义》:"李云:'葵当为綦,声之误也。'"成玄英《疏》:"'葵'当为'綦'字之误,犹《人间世》篇中南伯子綦也。"《庄子》书中,以"子綦"为名者凡四人共五处,即《齐物论》篇之南郭子綦,《人间世》、《徐无鬼》篇之南伯子綦,《寓言》篇之东郭子綦和《让王》篇之司马子綦。除司马子綦外,注家多以为其他三人为一人。女偊(yǔ):虚构的人名,已得道。吕惠卿于《庄子义》中对二人名字也有诠释,文繁不引,可参看。色:容色,面容。孺子:孩童,婴儿。

②闻道:听说过人们谈论"道",即由听闻而知有关"道"的一些表述。此语切须小心理会。一者,"闻道"并不意味着"得道",故注解不可擅改其义;二者,从上下文看,一般读者、注家很容易得出这样的结论:闻道即可养生,此亦大乖庄子本意。若如此,世上闻道者多矣,岂非人人皆可得道而登假!盖此处之女偊只是开启一个回答南伯子葵问题的话头。真正的答案在后文,关键在于"修道",而不在于"闻道"。王叔岷《庄子校诠》:"《知北游篇》:'道不可闻,闻而非也(成《疏》:道无声,不可以耳闻,耳闻非道也)。'此言'闻道',何也?盖道不可以耳闻,而至于听而已。当听之以心,进而听之以气,《人间世》篇'无听之以耳,而听之以心;无听之以心,而听之以气。气也者,虚而待物者也。唯道集虚。'是也。"案此处王叔岷引成玄英《疏》,已略失其正。所谓道不可闻,非指人离开了耳听也能与自然的声音之道(近似音性声理)相接,更非指"道无声",而是强调不可凭言语传闻而得道。自然之道,必以声、色、嗅、味、触、运动

而展露之，非"无声"也。人若不凭借五官之助，怎可与外物相接？只是五官所感，往往有所择取，非经"心"、"气"之综合，必不周遍，自非道。道可得学邪：道能够通过学习得来吗？此句中一个"学"字，其义很微妙，值得做细微体会（本段其他几个字，如"闻"、如"教"、如"告"，亦当特殊注意，对理解整段文字宗旨十分关键）。通常，"学"必与"知"与"识"相关，且《庄子》书中的"知识"，虽然其量无涯，一如恒河沙数，但仍是可学的，而庄子所言之"道"，却并非可以由"学"而得。不仅南伯子葵不能，几乎（不是完全）无人可能。此在佛家，实亦持同样观点。如释迦牟尼佛于《金刚经》中，反复申明："如来所说法，皆不可取、不可说，非法，非非法。""若人言如来有所说法，即为谤佛，不能解我所说故。须菩提！说法者，无法可说，是名说法。""所言善法者，如来说即非善法，是名善法。"谆谆告诫之意溢于言表。须知庄子时代，释氏之学尚未东来，庄子便已承老子、孔子之说而有此明确主张（全书中还有多处同样的观点，且其本属庄子之学的核心观点之一），足可见后来佛教能在东土开花结果，自有其必然性。

③恶（wū）：叹词，表示否定。《孟子·公孙丑上》："恶！是何言也！"恶（wū）可：怎么可以。恶，怎么，如何。子非其人：你不是能通过"学"而得道的人。女偊此处之"子"虽表面为特指，但实亦指一般意义上的"人"。此从《庄子》全书有关道的修习路径方面的观点，即可看出，道非仅凭耳目所能闻见。不过，女偊在此也没有完全否决"以言传道"的可能性，只是已经看出并明确指出南伯子葵不是可以通过这条路得道的人。卜梁倚：姓卜梁，名倚。成玄英《疏》："虚心凝淡为道，智用明敏为才。言

梁有外用之才，而无内凝之道；女偊有虚淡之道，而无明敏之才。各滞一边，未为通美。然以才方道，才劣道胜也。"林希逸《庄子鬳斋口义》："圣人之才，圣人之道，如此分别，两句极佳，非庄子不能道，前此未有也。道与才俱全，五帝三王之外，伊尹、周公、孔子而已。"宣颖《南华经解》："倚聪明，是子贡一流人；偊忘聪明，是颜子一流人。"案庄子当亦以女偊自况，并自知所著之书，亦未必能真正成为传道之作，盖以难得其人也。

④教之：以言传、身教向卜梁倚传道。庶几：差不多。果为：结果是，最终成为。不然：没有，不是的。此句言女偊曾尝试向卜梁倚传道。女偊本以为，以己之道行，以卜梁倚之才具，按说还是可以传道的，结果总该差不多培养出一个圣人吧？但没有。此句郭象无注，后来注家标点、注释多失之。

⑤告：以言相告。此"告"字是一关节，应前文之"闻"、"学"、"教"，不可轻易放过。亦易矣：句谓说出"道"的道理并不难。吾犹守而告之：我仍然先要"自守"然后才去向他传道。守，一种自我修持之法。此语极言女偊对待传道的谨慎态度，绝不轻率以言辞相授，而希望通过自己先完成"自守"的功夫，达到内外兼修，然后才可以借助包括语言但不限于语言的综合路径来向卜梁倚传授道法。当然其结果并不理想，上文已经做结。下文直至"撄而后成者也"，均为具体陈述其盈科而进的"自守"或自修路径和方法。

⑥参日：同"三日"。与后七日、九日，皆言自守阶次所需的时间。外：置之度外，即遗忘，以为不存在。天下：以君位而当之者，犹国家。物：举凡一切事物，尤指日常百事。生：生命。郭象《注》："物者，朝夕所须，切己难忘。"成玄英《疏》："天下

万境疏远,所以易忘;资身之物亲近,所以难遗。守经七日,然后遗之。"天下为远,物为近,故"外天下"较之"外物"为易,所需时日亦为少;"生死"比之"日常百事"则更为大,尤其难以舍弃,故所需时日又多。"外生"犹"丧我"、"无己"。

⑦朝(cháo)彻:入澄明之境。朝,朝向,进入;彻,澄明无垢之境。见独:以周遍之见而识独特之物,即得见真实的事物。见,识见,发现;独,绝然独立之物。无古今:视古今无别。亦谓不"与古为徒"。入于不死不生:进入和同生死的境界。案朝彻与见独,前者是应事之前的"虚心"准备,后者是应事之际的"豁然"见得。后世注家对朝彻和见独的解释,都不免失于道教方术之陋或玄学空泛之弊。其实,当庄子之时,百家之学多为实学。即如名家者流,其学也无不以治国安邦教民为鹄的,更遑论庄子。故庄子此处所用朝彻、见独二词,亦在启发人们如何在日用事为当中,全力排除对事物认识的各种干扰因素而直抵事物本质,此即今现象学所谓"本质直观"、"回到事实本身"之谓。郭象《注》也体现了这一思想宗旨,只是后人没有读出而已:"遗生则不恶死,不恶死故所遇即安,豁然无滞,见机而作,斯朝彻也。当所遇而安之,忘先后之所接,斯见独者也。"此种状态,在当今世界高水平的体育运动者身上,最能得以体现。此句主要阐述有关"能见"(即智慧之本体)、"所见"(即识见之物象),与上一句主讲修养、下一句主讲行为及其后果,都有不同。当人对世界真伪的认知进入"道"的层面之后,其对行为的是非判断也会发生变化,倾向于混同是非而不作分别。

⑧杀生者:毁灭生命者。不死:不灭亡。生生者:生育生命者。世之生物,或杀于天,或杀于地,或杀于人,或杀于物,总

其所以杀，道也。道本恒在，故道不死；世之生物，或生于天，或生于地，或生于人，或生于物，总其所以生，道也。道本恒在，故道不生。此为后世注家所已领会到的含义。但除此之外，还须注意到，女偊此节总言个人自守、自修的果报，并非直接论"道"。而且，"道"之无所不在，在《庄子》全书多处都有论及，女偊本不必在谈论通过"自守"而"不入于生死"之际，横插一句言"道"之一般特性的话，于上下文意都不相属。另外，举凡"杀"者、"生"者，除"天杀""天生"之外，尚有"人杀""人生"，而后者是否基于天道、合于圣道（人道），必是本篇论题需要面对的关键问题，而此句也正是对此所做的回应。因此，应该将此句还原至女偊说话的上下文语境当中，连贯理解为：进入朝彻、见独境界的人，其杀乃所当杀，因而无过；其生为所当生，因而无功。既已入于和同是非、一贯生死的境界，其生其死，都是因顺自然所必致，是以"不死"、"不生"。只有如此理解庄子，才能还原庄子之道无处不在、既可上达玄天又可下及俗尘的本色。

⑨其：指进入朝彻、见独境界的女偊自己。为物：使物成其为物，使事成其为事。即所谓做事、成物或事成物和。将：送往。迎：迎来。不将、不迎，语亦出《应帝王》篇："至人之用心若镜，不将不迎（参见该句注解）。"此处言"无不将也，无不迎也"，语义恰与该处语义扞格，初看似不可理解，但实际并无矛盾。一方面，《应帝王》篇主言至人"应世"的态度，此处则主言"为物"（亦同"应世"）的结果。应世的态度须如镜照物，为物的结果则应是"将"、"迎"俱"中"。另一方面，庄子此处将一对矛盾的命题并置一处，形成相互否定的命题关系，其实质反映的是"无将无不将，无迎无不迎"的行为结果，响应的是"无为

无不为"的总原则，操持的是"方可方不可"的价值准则。这恰是得道之人入世、处世的至高境界，与《应帝王》篇壶子"虚与委蛇，不知其谁何，因以为弟靡，因以为波流"的境界遥相呼应。《庄子》书通篇只论"道"一事，而手法变幻如此无穷，实在难以想象，因此也粗读不得。毁、成：指物的形成和毁灭。此句的逻辑关系与上一句同，即在毁、成之间同样存在着辩证的、对立统一的关系。老子、庄子思想中充满着辩证法，于此亦可见其一斑。《齐物论》篇："其分也，成也；其成也，毁也。凡物无成与毁，复通为一。"其注解亦可参看。

⑩撄（yīng）宁：于扰乱中所获得的安宁。撄，扰乱，搅动，触犯，伤害；宁，安宁，寂静。成玄英《疏》："撄，扰动也。宁，寂静也。"《刘子·正赏第五十一》："越人腥蛇以飨秦客，秦客甘之，以为鲤也。既而知其是蛇，撄喉而呕之。此为未知味也。"《孟子·尽心章句下》："虎负嵎，莫之敢撄。"赵岐注："撄，迫也。"《吕氏春秋·孟春纪第一·本生》："始生之者，天也；养成之者，人也。能养天之所生而勿撄之谓天子。"庄子以撄、宁合成一词，再次体现了他的辩证法思想：撄而后成。此如庄子所用"吊诡"一词一样，体现了事物的矛盾及其对立统一规律。自"吾犹守而告之"至此数句，皆为女偊向南伯子葵描述其传道于卜梁倚的自守功夫、法度和在自身上渐次呈现的效果。这些效果并未在卜梁倚身上有所体现，"不然"二字已经先行交代清楚了。同时，道不可闻、不可告、不可学的道理，也必然导致这样的结果。另外，自"朝彻"至"不死不生"，虽为女偊"自守"的阶次，看似循序渐进，但这种情况只发生在女偊欲"以言传道"之时，他试图藉"自守"功夫来摆脱仅以"言"传道的无力和不能。

至于女偊向卜梁倚以言传道而失败的过程,似乎也影射了孔子游说列国之君而最终不得其人的历程。

南伯子葵曰:"子独恶乎闻之①?"曰:"闻诸副墨之子,副墨之子闻诸洛诵之孙②,洛诵之孙闻之瞻明,瞻明闻之聂许③,聂许闻之需役,需役闻之於讴④,於讴闻之玄冥,玄冥闻之参寥,参寥闻之疑始⑤。"

【译文】

南伯子葵问:"那你又是如何'闻道'的呢?"女偊说:"我闻道于副墨之子,副墨之子闻道于洛诵之孙,洛诵之孙闻道于瞻明,瞻明闻道于聂许,聂许闻道于需役,需役闻道于於讴,於讴闻道于玄冥,玄冥闻道于参寥,参寥闻道于疑始。"

【注释】

①子独恶乎闻之:你又是怎样闻道的?独,乃,特。此句言子葵已经知道卜梁倚虽"闻道",但并未得道,于是奇怪女偊为什么可以通过"闻道"而得道。以下女偊所言,实际上是明确他的"闻道"本是一个综合的渐悟与顿悟相统一的过程,这一境界并非仅靠耳闻所能达至。

②闻诸:闻于。或本"诸"作"之",义同。案以下数句,女偊以"有圣人之道"的身份,通过隐喻其义的命名方式,虚构了九个人物,以此交代自己"闻道"的渊源和途径,其中寓有三义:一者,"道"仍可"闻",要在得其人,而卜梁倚乃"非其人也",此实也是老子、庄子、释子、孔子等圣人明知"道不可学"

而仍著书立说以传之的原因;二者,"闻道"的途径,非止于"耳闻",还包括视触味嗅,更离不开心府、真宰之玄冥状态。女偊所列其闻,实际上也暗示他在"得道"过程中所不可或缺的种种亲历;三者,庄子所述,实际上隐含了人类文明史的发展缩影:他很巧妙地将人类智能发育所依赖的文明工具从文字拉回到远古时代的无文字、无语言甚至万物起源的时期。庄子之深意,实际上是告诉人们,今日所谓"道",以及本节言及的"道无古今",其实在人类没有语言的时期,不仅同样存在,而且更加澄明易见。细想一下,其理甚明,毋需置辩。将此结论推及当下,人类在经历了印刷术、摄影术和互联网时代之后,智能的发展工具日新月异,而人之"存在"所面临的问题却远比庄子时代为严重。在这一历史背景下,回看庄子哲学,不免会令人为其高瞻远瞩而感喟不已。副墨:书册简牍,借指著书立说的学者。洛诵:朗诵习读,借指讲诵知识的人。成玄英《疏》:"临本谓之副墨,背文谓之洛诵。"褚伯秀《南华真经义海纂微》引陈碧虚云:"副墨,典教也。洛诵,习读也。"此句喻借助书卷可以闻道。书卷之出,最为晚近,故庄子首言之。

③瞻明:视觉所见,借指实见者。聂许:听觉所闻,借指实闻者。眼见、耳闻,皆属亲历,比之书卷传习,离"真实"(reality)更近一步。成玄英《疏》:"瞻,视也,亦至也;聂,登也,亦是附耳私语也。"马其昶《庄子故》:"《说文》:'聂,附耳私小语。'《广雅》:'许,听也。'"钱穆《庄子纂笺》:"王闿运曰:'瞻明,孟子所云见而知。聂许,孟子云闻知也。'"此句暗示文字、书册出现之前的人际"闻道"途径,以"实见实闻"为特征。

④需役:勤行不辍,借指采风人。王先谦《庄子集解》:"须

勤行，勿怠慢。"於（wū）讴：歌咏吟唱。於，无实义，借指歌咏者。成玄英《疏》："需，须也。役，用也，行也。讴，歌谣也。"罗勉道《南华真经循本》："需役、於讴者，假役夫、歌谣之名。"本句中的需役、於讴，以往注家都无法确切了解其含义，有的便以无特殊含义的普通人名来对待。窃以为，既然庄子前后各个名字都有明确意涵，此两个词汇必也不会例外。细品庄子所罗列的这些有寓意的人名，可以肯定，庄子实际上是在暗示一段"闻道"及"传道"的发展史和结构面。按照每两个成对、后边的必是前边的逻辑延展的规律，需役、於讴的角色，必有与"实见实闻"的瞻明、聂许相对立的特点。据此，可推断庄子此处的需役，当指远古时期奔走于民间搜集各种诗歌、传说的采风人。譬如《诗经》，据信便有由周代设置的名为"酋人"和"行人"的官员采集而来的（程俊英《诗经译注》序言）。与此相应，於讴则是那些原始部族中能够传唱其祖先创世传说的歌者和一些行吟诗人。人类学研究表明，一些史前时期人类部族的传道方式和途径，恰恰都是这种"传说传闻"的方式。

⑤玄冥：玄奥冥昧。借指处于虚心境界的有道之人，也喻示阴阳和合成物的复杂状态，即真人可以乘、可以御之者。郭象《注》："玄冥者，所以名无而非无也。"参寥（cān liáo）：高旷辽远。借指有此胸襟的怀道之人，也喻示"道"本身在阴阳未判、于物未成之际的廓然旷远，此正暗应庄子的"太极"概念，描述的是无所拘系的世界自在状态。陆德明《经典释文》："参寥，李云：'高也，高邈寥旷不可名也。'"郭象《注》："夫阶名以至无者，必得无于名表。故虽玄冥，犹未极，而又推寄于参寥，亦是玄之又玄也。"郭象的意思是，"玄冥"虽"玄"，然"犹未极"，

所以他说"参寥"乃为"玄之又玄",可见郭象也以"参寥"为"太极"。太极属于"有",而非"无",故他所言"夫阶名以至无者,必得无于名表"一句,其实更适合用来概括"疑始"的特征。疑始:怀疑"始"作为"名"的适当性。借指持有此观念的怀道之人,又喻示世界本始于"无",即"有未始有夫未始有始也者"。陆德明《经典释文》:"疑始,李云:'又疑无是始,则始非无名也。'"宣颖《南华经解》:"似有始而未尝有始也。"案玄冥以上为太极,而太极之上是无极,这便是庄子的"有""无"观。但一旦以"无"、"无极"、"无始"这些名词概念表达相应的现象,这些现象立刻跌入"有"的范畴,从而消解了所有对于"无"的界定。所以,庄子也意识到,这是一个极其复杂而又深奥的哲学命题,谁也无法确切加以论证、阐述,所以,庄子以"疑"做结,标志着他给世界留下了一个再度以"无始"而"有始"的重新开启的可能性。

子祀、子舆、子犁、子来四人相与语曰①:"孰能以无为首,以生为脊,以死为尻;孰知死生存亡之一体者,吾与之友矣②!"四人相视而笑,莫逆于心,遂相与为友③。

【译文】

子祀、子舆、子犁、子来四人相互交流说:"谁要是能把'无'当做头颅,把'生'当做脊柱,把'死'当做尾骨;谁要是知道死生、存亡本为一体,那么,我就可以与他为友了!"四人相视而笑,莫逆于心,于是便相与为友。

【注释】

①子祀、子舆、子犁、子来：皆为虚构的人名。成玄英《疏》："子祀四人，未详所据。观其心迹，并方外之士，情同淡水，共结素交。"相与：相互。寓有彼此相得之义。

②以无为首：把"无"作为脑袋。首，头脑，也喻指事物的起始、宗本。以生为脊：将"生"当做脊背。生，生命，通"身"，也喻指事物的主体。以死为尻（kāo）：视"死"为尾骨。尻，脊椎骨的末端，也喻指事物的终结、归去。一体：犹一贯。成玄英《疏》："夫人起自虚无，无则在先，故以无为首；从无生有，生则居次，故以生为脊；既生而死，死最居后，故以死为尻；亦故然也。尻首虽别，本是一身；而死生乃异，源乎一体。能达斯趣，所遇皆适，岂有存亡欣恶于其间哉！"

③莫逆于心：都觉得顺心。逆，违忤，冲突。成玄英《疏》："目击道存，故相视而笑；同顺玄理，故莫逆于心也。"

俄而子舆有病，子祀往问之。曰："伟哉！夫造物者将以予为此拘拘也①。"曲偻发背，上有五管，颐隐于齐，肩高于顶，句赘指天，阴阳之气有沴②。其心闲而无事，胼䖀而鉴于井③，曰："嗟乎！夫造物者又将以予为此拘拘也④。"

【译文】

不久，子舆病了，子祀前往探问。子舆说："好伟大啊！造物者这是以为我的'生'是一种拘系而要给我以解脱啊。"子祀看子舆的身体，只见腰弯背驼，五官扭曲到了头顶，下巴深陷肚脐当中，双肩隆起高过头顶，颈椎凸起指向天空。他这都是阴阳失调导致的。再看子舆的神态,那闲适的样子好像什么事情也没有发生。他趔趔趄趄地走到井边,从里边照见自己的样子,说:"噢!造物者是要把我身体扭曲的样子当做是对我的拘系而要给我以解脱啊。"

【注释】

①俄而:不久。往问:前往探问。伟哉:赞叹词,太好了。这是子舆预感到自己要死了的时候的真实心情,因为他早已"以死为尻"了。造物者将以予为此拘拘也:这是造物者要把我的"生"看作是一种拘系啊。将,表示未来,指子舆临死那一刻;予,我;为,被;此,指代子舆的一生;拘拘,拘系,囹圄。钟泰《庄子发微》:"'造物'即造化。'拘拘'谓形体也。人有形体则为所拘系,不能自脱,故曰'拘拘'也。"此句后世注家多依后文有关身体状貌的描述来注解"拘拘",失之甚。如此则无法解释子舆语气上先"伟哉"后"嗟乎"的微妙变化。以往关于此句的注解错误主要有几种情况:(1)以为"自此至'鉴于井',皆子祀(案应为子舆,原文为与子舆误倒)自说病状"(《经典释文》之"崔云"),非是;(2)读为"伟哉造物者",注为"言造化之大也"(《庄子鬳斋口义》、《庄子集释》),亦非是;(3)以"拘拘"为形容身体状貌之"挛缩不申"、"挛曲之甚",亦非是。

②曲偻(lǚ)句:形容子舆受疾病所困,身体出现极度变形。此句注解可参看《人间世》篇关于支离疏容貌的描写。所需区别的是,该处所言乃支离疏之自然长相,此处所言乃子舆病重后身体所出现的极度扭曲的状貌。庄子灵活运用类似的扭曲形体描述于不同的情境并产生不同的寓意,是其能文之处,又暗寓"一物

多变"之义。另外,此处这些描述和判断,是庄子借助子祀的视角观察所得,非子舆自述,此点甚为重要。阴阳之气有沴(lì):这些都是由于子舆身体当中阴阳失调所致。沴,紊乱,失调。郭象《注》:"沴,陵乱也。"王叔岷《庄子校诠》引《汉书·五行志》:"气相伤谓之沴。沴,犹临莅不和意也。"成玄英《疏》:"伛偻曲腰,背骨发露。既其俯而不仰,故藏腑并在上,头低则颐隐于脐,膊耸则肩高于顶,而咽项句曲,大挺如赘。阴阳二气,陵乱不调,遂使一身遭斯疾笃。"

③其:指子舆。乃从子祀视角观察所见。心闲而无事:不以为意的样子。郭象《注》:"不以为患。"胼䜴(pián xiān):犹"蹒跚",行路不稳的样子。陆德明《经典释文》引司马彪云:"病不能行,故胼䜴也。"鉴于井:从井水中照看。鉴,镜子,用镜子照。此句描述子舆心情轻松、步履蹒跚走到井边,从里面看到自己的影子。此前他根本没有在意过自己的形貌变化。极言其心大。

④嗟乎:感叹词,表示又有所悟的样子。造物者又将以予为此拘拘也:这是造物者要把我的"身体变形"看作是一种拘系啊。此,指代子舆此时身体形貌被疾病所困产生的变形。言其将死,实为造物者要给他一个彻底的解脱,使他免于病患所困。子舆从"伟哉"到"嗟乎"的语言变化,反映了他丰富的内心世界以及物来照应的道德境界。庄子看似无所用心的描述,却完全体现了他一贯的思想宗旨。陈寿昌《南华真经正义》:"上叹有身为己累,此又叹有病为身累。字句同而意自别。"

子祀曰:"女恶之乎?"曰:"亡,予何恶①!浸假而化予之左臂以为鸡,予因以求时夜②;浸假而化予之右臂以为弹,予因以求鸮炙；浸假而化予之尻以为轮，以神为马，予因而乘之，岂更驾哉③！且夫得者，时也；失者，顺也。安时而处顺，哀乐不能入也④。此古之所谓县解也；而不能自解者，物有结之⑤。且夫物不胜天久矣，吾又何恶焉⑥！"

【译文】

子祀问："你厌恶死亡吗？"子舆说："不！我怎么会嫌恶死亡呢！假如死亡一点点将我的左臂变化为鸡，我就因顺其成，去为人司夜报晓；假如死亡一点点将我的右臂变化为弹弓，我就因顺其成，用它来打鸮鸟然后烤了吃；假如死亡一点点将我的尾骨变化为车轮，把我的精神变化为骏马，我就因顺其成，用它们做骑乘，再不用找别的车驾了！更何况，所谓得到、出生，不过时遇而已；所谓失去、死亡，不过顺遂而已。如果能够做到安时而处顺，哀乐就不能入我心怀。在古代，这叫做'悬解'，让人解脱倒悬之苦。当人不能自解倒悬的时候，其实是被外物给束缚住了。本来万物就不能胜天，这已经由来已久了，我又何必厌恶死亡呢！"

【注释】

①恶之：讨厌死亡。之，指造物主将要施于子舆的变化，即死亡。亡：不，不要，没有。

②浸（jìn）假：或为"假浸"之倒，义为"假设逐渐"。案此词之义虽在语句中不难理解，且各家有注，释义亦大体接近，但于语感则终难畅其义，除非正之为"假浸"。罗勉道《南华真经循本》："浸，渐也；假，设使也。"林希逸《庄子鬳斋口义》：

"假，使也；浸，渐也。此一段最奇，只浸假二字便自奇特，言假使造物渐渐以予之身而化为他物，吾亦将因而用之，此即顺造化而无好恶之意。是虽寓言，亦自有理。"化：使变化。因：因顺。求：顺求，追求。钟泰《庄子发微》："'求'者，求以尽其能，以见其不恶。"时夜：犹"司夜"。郭象《注》："浸，渐也。夫体化合变，则无往而不因，无因而不可也。"

③弹：弹弓。鸮（xiāo）炙：鸮鸟的烤肉。神：精神。轮：车轮。更驾：更换车驾。成玄英《疏》："假令阴阳二气渐而化我左右两臂为鸡为弹，弹则求于鸮鸟，鸡则夜候天时，尻无识而为轮，神有知而作马，因渐渍而变化，乘轮马以遨游。苟随任以安排，亦于何而不适者也。"

④得：生，获得。时：时机，时遇。失：死，失去。顺：顺应，随顺。郭象《注》："当所遇之时，世谓之得；时不暂停，顺往而去，世谓之失。"成玄英《疏》："得者，生也。失者，死也。夫忽然而得，时应生也；倏然而失，顺理死也。是以安于时则不欣于生，处于顺则不恶于死。既其无欣无恶，何忧乐之入乎！"

⑤县解：意谓"解脱倒悬之苦"。县，犹"悬"。陆德明《经典释文》："向云：'县解，无所系也。'"亦见《养生主》篇注。结：结敷，束缚，缠绕。郭象《注》："一不能自解，则众物共结之矣。故能解则无所不解，不解则无所而解也。"林希逸《庄子鬳斋口义》："县解者，言其心无系着也。苟为物所着，则不能自释，故曰不能自解，物有结之。"

⑥物：万物，万有。胜天：超越于天。天，天命，天道。郭象《注》："天不能无昼夜，我安能无死生而恶之哉！"

俄而子来有病，喘喘然将死。其妻子环而泣之①。子犁往问之，曰："叱！避！无怛化②！"倚其户与之语曰："伟哉造化！又将奚以汝为？将奚以汝适？以汝为鼠肝乎？以汝为虫臂乎③？"子来曰："父母于子，东西南北，唯命之从。阴阳于人，不翅于父母④。彼近吾死而我不听，我则悍矣。彼何罪焉⑤？夫大块载我以形，劳我以生，佚我以老，息我以死。故善吾生者，乃所以善吾死也⑥。今大冶铸金，金踊跃曰：'我且必为镆铘！'大冶必以为不祥之金⑦。今一犯人之形而曰：'人耳！人耳！'夫造化者必以为不祥之人⑧。今一以天地为大炉，以造化为大冶，恶乎往而不可哉⑨！成然寐，蘧然觉⑩。"

【译文】

不久，子来又病了，呼吸急促，奄奄一息。他的妻子儿女围着哭泣。子犁前往探问，说："去！都走开！不要惊扰生死的变化！"然后，子犁倚着房门对子来说："造化好伟大啊！它将为你做什么？它将让你到哪儿去？把你变化成鼠肝吗？把你变化成虫臂吗？"子来说："父母之命对于子女来说，不管是在东西南北任何地方，都要唯命是从。阴阳变化对于人来说，不啻于父母之命。它让我临近死亡，我如果不听任这种安排，便是在悍然违命呢。死亡，本无什么可怪罪的。既然天地赋予我肉身以作为寄存精神的载体，用生计来烦劳我，用老病来消损我，到最后才用死亡来安息我，那么，只有能够善待我的生命，才算是真正善待我的死亡了。现在假设有一位大冶师傅熔炼金属想要打造金器，如果金属马上高兴地跳起来说：'一定要把我铸成镆铘宝剑！'大冶师傅一定以为这是一种不祥的金属。那么，假若造物主刚一打算造人，'人属'便喊：'要成人！要成人！'那么，造物主一定以为这是不祥的'人属'。一旦能够将天地当做大熔炉，将造化当做大冶师傅，那么，变化成什么不行呢！已生，不妨当作是一场大梦，安然对待；将死，不妨当作是一朝醒悟，踊跃相迎。"

【注释】

①喘喘然：气息急促的样子。妻子：妻与子。环：立于周围。

②叱（chì）：呵斥声。避：躲开。指子犁喝令哭者退避到一边去。无怛（dá）化：不要惊动正在变化之人。怛，惊扰。郭象《注》："夫死生犹寤寐耳。于理当寐，不愿人惊之；将化而死，亦宜无为怛之也。"

③倚：靠着。户：单扇门。与之语：对子来说。奚以汝为：把你变成什么。奚以汝适：把你带到哪里。鼠肝、虫臂：皆为微不足道甚至可能不存在的东西。陆德明《经典释义》："王云：'趣微蔑至贱。'"林云铭《庄子因》："《子平渊海》曰：'鼠无肝。'《字汇》：'有足曰虫，无足曰豸。'是虫虽有足，实无臂。喻或化为无物亦无处也。"

④不翅：不啻。翅，通"啻"，但，止，仅。郭象《注》："自古或有能违父母之命者矣，未有能违阴阳之变而距昼夜之节者也。"成玄英《疏》："夫孝子侍亲，尚驱驰唯命，况阴阳造化，何啻二亲乎！故知违亲之教，世或有焉；拒于阴阳，未之有也。"

⑤彼：指阴阳变化，犹"造化"。近吾死：让我与死亡靠近。近，动词，使靠近。听：从命，听从。悍：扞格，违忤，抵制。彼何罪：它哪有什么罪过呢？彼，指死亡。郭象《注》："死生犹

昼夜耳，未足为远也。时当死，亦非所禁，而横有不听之心，适足悍逆于理以速其死。其死之速，由于我悍，非死之罪也。彼，谓死耳；在生，故以死为彼。"

⑥参见本篇前文注解。成玄英《疏》："此重引前文，证成彼义。斯言切当，所以再出。其解释文意，不异于前旨。"

⑦大冶：指熔炼金属、铸造器件的大师。大，喻技艺超绝。冶，熔炼金属。王先谦《庄子集解》："大冶，铸金匠。"踊跃：跳跃（指还没有成型的金属原材料）。且：将。镆铘（mò yé）：古代良剑名。钟泰《庄子发微》："'镆铘'即莫邪，吴王阖闾剑名。'我且必为镆铘'者，言必当为宝剑，不甘于凡器也。"刘武《庄子集解内篇补正》："金而踊跃自言，大冶必致惊怪，以为妖异不祥。"

⑧一犯人之形：刚一打算按照人形来造化。一，一旦，刚要；犯，同"范"，铸造器物用的模子，或以模子铸成器物。人耳：成人。郭象《注》："'人耳，人耳！'唯愿为人也，亦犹金之踊跃。世皆知金之不祥，而不能任其自化。夫变化之道，靡所不遇，今一遇人形，岂故为哉？生非故为，时自生耳。矜而有之，不亦妄乎！"。王先谦《庄子集解》："犯同'范'。偶成为人，遂欣爱郑重，以为异于众物，则造化必以为不详。"庄子以"范"状人形初得，颇具深意。一者，"范"乃人为之框定工具，以"范"铸人，有违天道；二者，人之初便喜"为人"（即刻意为人），可比之于情愿接受"仁义教化"，此亦非造化所本。凡此两种，都足以令造化者以为是不祥之"人属"。此句与上一句，都是庄子所设寓言。观其行文，有三个细节需要注意：（1）踊跃自言的是作为原材料的"金"而非铸成的"兵器"，和拟范人形的"人属"

而非成人;(2)"铸金"和"范人"的共同点是限制其自由变化的可能性,而此恰为庄子所不取;(3)以为"不祥"的是大冶和造化者,而非郭象所言的"世人",由此观之,"大冶"之名,亦非谓普通工匠,必为能合天道者,此当为"大"字义之所关。由此三点,自然便有下一句的逻辑推论了。

⑨"今一"句:意谓如果能将天地当做大炉,以造化当做大冶,任由造化的锤炼、锻造,以万物为一,和同有无、生死、对错、成毁、往来、得失,如此则无往而不可。成玄英《疏》:"夫用二仪造化,一为炉冶,陶铸群物,锻炼苍生,磅礴无心,亭毒均等,所遇斯适,何恶何欣!安排变化,无往不可也。"

⑩成然:稳实的样子。寐:睡着,指子来。蘧(jù)然:于恍惚不定之间有所惊动、醒悟的样子。觉:醒着,亦指子来。此六字各家点读、注释不尽同,或以"成然寐"喻"生"、以"蘧然觉"喻死,似亦不悖庄子本意,故取之。或有注家将此六字排除在子来所言之外者,或以为子来之语,前者作子来行状解,后者作子来态度解,义无大别。郭象《注》:"寤寐自若,不以死生累心。"成玄英《疏》:"成然是闲放之貌,蘧然是惊喜之貌。"吕惠卿《庄子义》:"'成然寐,蘧然觉',言虽死生之际,寤寐从容,不为之变也。'成'言其无所亏,'蘧'言其觉,而形明视之犹蘧而已,则与'蘧蘧然周'同义也。"罗勉道《南华真经循本》:"成然,犹安然。蘧然,觉而匆遽之貌。人生乃是寐,死乃是觉也。"林希逸《庄子鬳斋口义》:"成,安也,成然,寐之状也;蘧然,觉之状也。以生为寐,以死为觉。却下六字如此结上一段,真文之奇处。"

子桑户、孟子反、子琴张三人相与友,曰^①:"孰能相与于无相与,相为于无相为^②?孰能登天游雾,挠挑无极,相忘以生,无所终穷^③?"三人相视而笑,莫逆于心,遂相与友。

【译文】

子桑户、孟子反、子琴张三人要相互结交为友,说:"谁能'相与'于'无相与','相为'于'无相为'?谁能登天游雾,周旋于无极,彼此相忘于生死,直至于无穷呢?"三人相视而笑,莫逆于心,遂相与为友。

【注释】

①子桑户、孟子反、子琴张:皆为虚构的人名。钱穆《庄子纂笺》引马叙伦曰:"《论语》中有'孟子反'。"查无其据。《论语·雍也》有"孟之反",未必即为"孟子反"。案庄子命名,多有隐喻,此亦未必不然。可参见吕惠卿《庄子义》注,但其见屈曲而未必真;刘武《庄子集解内篇补正》与钟泰《庄子发微》曾有考据,虽未为确,但其可作为理解庄子设名思路的参考,盖庄子总采取一种亦虚亦实的设名手法。王叔岷引朱熹注《论语·雍也》认为子桑伯子即为《庄子》之子桑户,并是其论,可信。子琴张或即为《孟子·尽心下》及《春秋左传》所载之琴张。而无可考据的孟子反,正是此节庄子最要隐喻的角色,或即为孟子,而其旨意在于表达对孟子学说的批评甚至致敬。理由有三:(1)孟子反,或寓"反孟子"之意。观孟子反之行为操持及所相与为友者,未必不然;(2)三子虽均无可稽考,但"《孟子》中

有琴张,以为狂者,盖亦接舆之流也(吕惠卿语)";《春秋左传·昭公》中亦有"琴张闻宗鲁死,将往吊之",而仲尼与之语的记载,说明琴张确有其人,但并非仲尼弟子(《史记·仲尼弟子列传》无载)。以庄子文法,借琴张而关联孟子,借孟子反而寓意"反孟子",这是很有可能的。此点亦可参见《应帝王》篇有关"阳子居"的注解思路;(3)庄子所处时期大体与孟子同时或略晚,但二人著作中从未相互提及,此事历来成谜。以二人的学术高度以及孟子之好辩,若真处于同时,彼此必有观点交锋。而今所见之《孟子》,几乎丝毫不见庄子思想痕迹;而《庄子》中,其观点则多有与孟子相扞格者,但却从无直言相讥的时候,仅可见多处曾委婉而变通地引用孟子言论予以批评。这些事实至少说明:一者,庄子比孟子晚出,两人生活年代虽相及但学术高峰不在同一时期,故孟子对庄子学说未闻而无辩或闻而不及辩;若庄子学出于子夏是实,孟子选择性不辩似亦非不可理解;二者,庄子若系孔门之后,孟子为孔门大贤,庄子虽不完全赞同孟子学说但能理解孟子,且尊重孟子地位,故不便(或以为不值得)直接予以批驳(此与更为晚出的荀子颇不同,说明庄子也是厚道人,亦是其文风特点所致)。此点从《天下》篇独于儒家学派无议论,亦可见其心思所在。这样,就可解释庄子为什么对孟子学说有知而亦不辩的原因;(4)观《孟子》中言及"琴张"之文,孟子对琴张的态度亦甚相属:"如琴张、曾皙、牧皮者,孔子之所谓狂矣。"这或许是庄子精心设计三子"相与为友"、"相与于无相与,相为于无相为"以致敬孟子的一种方式,亦未可知。举凡《庄子》中所有为常人所以为不可理喻者,根源均在于我辈皆为常人耳。不入于庄子之灵府,安可得知庄子之真意?呜呼!

②相与于无相与：句谓"将朋友交游所依赖的相互容与建立在不相互容与的基础上"。这是一个辩证性的表述，指既要以相互容与作为交游的基础，又不要以相互容与作为交游的基础。前此庄子一直在为"相与"立言，将其作为朋友间志同道合的交友条件。在此庄子本于"无为无不为"的总纲领，将此前的观点再推进一步，提出"相与于不相与"，使自己的观点进入到更高级的"辩证法"层面。相为于无相为：句谓"将朋友间相互有所作为建立在相互无所作为的基础上"。郭象《注》："故以天下为一体者，无爱为于其间也。"成玄英《疏》："斯乃无与而与，无为而为，非为之而为、与之而与者也。……故于无与而相与周旋，于无为而为交友者，其义亦然乎耳！"

③登天游雾：意谓遨游于云天雾海，超然于物外。本篇前文有"黄帝得之，以登云天"，即其境界。挠挑无极：宛转委顺于无极太虚。挠挑，宛转的样子，亦状轻轻拨弄而无动于其根本之貌，暗寓随天钧而周旋之意。陆德明《经典释文》："李云：'挠挑，犹宛转也，宛转玄旷之中。'简文云：'循环之名。'"相忘以生：相互不为生死所拘系。意谓三子间虽相交游，又彼此相忘，有生之年悠游自在，无所拘系。承前文"不如相忘于江湖"之义。无所终穷：没有终止。意谓和同生死、穷达、终始、是非，则入永恒。成玄英《疏》："终穷，死也。相与忘生复忘死，死生混一，故顺化而无穷也。"

莫然有间，而子桑户死，未葬。孔子闻之，使子贡往待事焉①。或编曲，或鼓琴，相和而歌曰②："嗟来桑户乎！嗟来桑户乎！而已反其真，而我犹为人猗③！"子贡趋而进曰:"敢问临尸而歌,礼乎?"二人相视而笑曰:"是恶知礼意④!"子贡反,以告孔子曰:"彼何人者邪?修行无有而外其形骸,临尸而歌,颜色不变,无以命之⑤。彼何人者邪?"孔子曰:"彼游方之外者也,而丘游方之内者也。外内不相及,而丘使女往吊之,丘则陋矣⑥!彼方且与造物者为人,而游乎天地之一气⑦。彼以生为附赘县疣,以死为决疣溃痈。夫若然者,又恶知死生先后之所在⑧!假于异物,托于同体⑨;忘其肝胆,遗其耳目⑩;反覆终始,不知端倪⑪;芒然彷徨乎尘垢之外,逍遥乎无为之业⑫。彼又恶能愦愦然为世俗之礼,以观众人之耳目哉⑬!"

【译文】

很快又过了一段时间,子桑户死了,但还没有下葬。孔子听说,就派子贡前往吊唁并助治丧事。子贡看见孟子反和子琴张二人,一个编曲,一个鼓琴,相互应和而歌唱道:"嗟来桑户啊!嗟来桑户啊!你已返其真,而我犹为人!"子贡走上前说:"敢问你们这样临尸而歌,合乎礼吗?"二人相视而笑,说:"这人才是不知'礼'的真谛呢!"子贡回来,把他的遭遇告诉了孔子,并说:"他们是些什么人啊?没有修行,忘身遗形,临尸而歌,面容泰然,不可名状。他们究竟是什么人?"孔子说:"他们是生活在俗世之外的人,而我孔丘是生活在俗世的人,这就是所谓的'方外'和'方内'的区别。方外、方内本来互不兼涉,而我却让你前往他们那里去吊唁,孔丘我实在鄙陋啊!他们所要尽的人事一定是随顺天道,将天地万物视为一体并遨游于其中。他们把生看作附赘悬疣,把死看作决疮溃痈。像他们这样的人,又怎么能在意死、生和先、后之类的仪礼呢！他们把生命看做是假借着异物而存在，把死亡看作是托付给了与自己同体的自然大道；他们能遗忘肝胆之别，能和同耳目所见的差异；他们能反覆终始，不计较何者为开端，何者为终结；他们自由自在遨游在世俗尘垢之外，逍遥于无为无不为的境界当中。他们又怎么能拘拘然强为世俗之礼，以便取悦于众人耳目呢！"

【注释】

①莫然有间：犹"俄而"，表示时间不久。莫然，同"蓦然"，形容时间很短；有间，有一段时间。林云铭《庄子因》："莫然，犹忽然。有间，有顷也。"二词合用，为复语，《庄子》中常有，而此处庄子的文法，更显乖巧，且合于"相为于无相为"、"无为无不为"之旨，暗示"死得快又不快"的辩证意味。或释"莫然"为"漠然无声"，谓言谈之间子桑户就死了，义颇乖怪。死之前大家都不说话了，是"等死"吗？死得如此之快，孔子知道得也如此之速吗？若如此，其葬不也应当同样快速吗？使：派遣。子贡：孔子弟子，复姓端木，名赐，字子贡，为孔门十哲之一，善辩而达。待事：又作"侍事"，指助治丧事，侍、待古通。

②编曲：编作曲辞。陆德明《经典释文》引李云："曲，蚕薄。"失之，然多有从者。鼓琴：弹琴。相和：指曲歌配合。刘武《庄子集解内篇补正》："编，《说文》'简次也'。《周礼·春官磬师》注：'编，读为编书之编。'宋玉《对楚王问》：'是其曲弥高而和弥寡。'《渔父篇》：'孔子絃歌鼓琴奏曲。'然则曲者，乐曲也，歌辞也。编曲者，编次其辞也。时则仅孟、琴二人，一编辞而歌，一鼓琴以和之。……李说亦太不伦矣。"

③嗟来：犹"嗟乎"，叹词。而：你。反其真：二子将死亡视为"返真"。反，同"返"。猗（yī）：同"兮"。郭象《注》："人哭亦哭，俗内之迹也。齐死生，忘哀乐，临尸能歌，方外之至也。"

④临尸而歌：站在尸体旁边唱歌。礼乎：这合乎礼吗？是：指子贡及其观点。恶知：不知。礼意：礼之本质，或制礼的意图。郭象《注》："夫知礼意者，必游外以经内，守母以存子，称情而直往也。若乃矜乎名声，牵乎形制，则孝不任诚，慈不任实，父子兄弟，怀情相欺，岂礼之大意哉！"崔大华《庄子歧解》引陈景元云："安生顺死，礼之意；哭泣蹯踊，礼之文。"林希逸《庄子鬳斋口义》："礼意，犹言礼之本也。《庄子》虽为寓言，而《礼记》所载原壤《狸首》之歌，则知天地之间，自古以来，有此一等离世绝俗之学。今人但云：佛至明帝时始入中国，不知此等人不待学佛而自有也。"周启成校注：原壤之事之歌，《礼记·檀弓》："孔子之故人曰原壤，其母死，夫子助之沐椁。原壤登木曰：'久矣予之不托于音也！'歌曰：'狸首之斑然，执女手之卷然。'夫子为弗文也者而过之。"

⑤反：同"返"。修行无有：不修礼仪。外其形骸：谓将身体、性命、生死置之度外。无以命之：犹"不可理喻"。成玄英《疏》："命，名也。子贡使返，且告尼父云：'彼二人情事难识，修己德行，无有礼仪，而忘外形骸，混同生死，临丧歌乐，神形不变。既莫测其道，亦难以名之。'"

⑥游：遨游，此处亦指思想、生活之行止。方：谓为礼法所规训的世俗世界。不相及：互不兼涉。吊：吊唁。陋：鄙陋。孔子自谓鄙陋，显具有道者之德。《庄子》中凡被世人误以为诋毁孔

子的叙述，不是出自孔子自己之口，就是出自道德境界高于孔子、比于老子或其上者的告诫、提醒——这些人若不以孔子为"上士"、为"中人以上"，则必不与之语。至于出自盗跖之类"下士"、"中人以下"者之口的批评甚至诅咒，则正反衬圣人之德。因此，《庄子》书全无贬抑孔子之意，而处处在襃扬孔子不仅孜孜于学，而且善于因情境所变而改正、提升自我，这本就属于圣人之道。这一点，郭象《注》讲得十分清楚，对理解庄子心目中的孔子也极其重要："夫理有至极，外内相冥，未有极游外之致而不冥于内者也，未有能冥于内而不游于外者也。故圣人常游外以弘内，无心以顺有。故虽终日挥形而神气无变，俯仰万机而淡然自若。夫见形而不及神者，天下之常累也。是故睹其与群物并行，则莫能谓之遗物而离人矣；睹其体化而应务，则莫能谓之坐忘而自得矣。岂直谓圣人不然哉？乃必谓至理之无此。是故庄子将明流统之所宗，以释天下之可悟，若直就称仲尼之如此，或者将据所见以排之，故超圣人之内迹，而寄方外于数子。宜忘其所寄以寻述作之大意，则夫游外弘内之道坦然自明，而庄子之书，故是涉俗盖世之谈矣。"郭象一句"庄子之书，故是涉俗盖世之谈"，便足见郭象是真知庄子者！

⑦彼方且与造物者为人：他们那是在随顺天道而尽人事呢。方且，刚刚，正在；与，相与，协同，顺应，有"引为同道"之义；为人，即行人道、尽人事。盖人既犯人之形，必行人之事，而行事能和合于道，则亦与造物者为一矣。道亦有别，有天道，有人道（圣道），天道高于人道。三子之道，更近天道，此即"方外"之谓。

⑧附赘（zhuì）县疣（yóu）：悬挂的赘肉或肉瘤。县，同

"悬"。决疣（huàn）溃痈：决，溃破；疣，痈疽之类；溃，破裂；痈，毒疮。先后：就先和居后，借指行止的礼仪。本篇后文有"孟孙氏不知所以生，不知所以死；不知就先，不知就后"，即承此义。郭象《注》："若疣之自悬，赘之自附，此气之时聚，非所乐也；若疣之自决，痈之自溃，此气之自散，非所惜也。死生代谢，未始有极，与之俱往，则无往不可，故不知胜负之所在也。"郭象《注》对"先后"的解释略有未安之处。

⑨假：凭借。异物：不同的东西，指人的形骸，即所谓生之逆旅。托：寄托，托付，指将死亡看做是把自己托付给了无差别的自然或道，即视死如归之谓。同体：犹"本一"、"本体"、"一体"，与"异物"为对文。郭象《注》："今死生聚散，变化无方，皆异物也。无异而不假，故所假虽异而共成一体也。"

⑩忘其肝胆：忘掉肝胆之间的差别。遗其耳目：不对耳目听闻加以区别。《德充符》篇："仲尼曰：'自其异者视之，肝胆楚越也；自其同者视之，万物皆一也。夫若然者，且不知耳目之所宜，而游心乎德之和；物视其所一而不见其所丧，视丧其足犹遗土也。'"郭象《注》："任之于理而冥往也。"

⑪反覆：犹"反复"，循环，往复。终始：死生。郭象《注》："五藏犹忘，何物足识哉！未始有识，故能放任于变化之涂，玄同于反覆之波，而不知始终之所极也。"

⑫芒然：无所系累的样子。陆德明《经典释文》："芒然，李云：'无系之貌。'"彷徨：与"逍遥"义同而辞异。尘垢：指世俗之名缰利索、声色功业。无为之业：无为乃"无为无不为"的省文，谓三子所有的境界。郭象《注》："所谓无为之业，非拱默而已；所谓尘垢之外，非伏于山林也。"案郭说甚是。总观庄子之

学，在"无为无不为"，非仅仅无为而已。

⑬愦（kuì）愦然：拘谨、僵硬的样子。《淮南子·时则训》："矩之为度也，肃而不悖，刚而不愦。"王充《论衡》："齐部世刺绣，恒女无不能；襄邑俗织锦，钝妇无不巧。目见之，日为之，手狎也。使材士未尝见，巧女未尝为，异事诡手，暂为卒睹，显露易为者，犹愦愦焉。"以往注家多释"愦愦然"为"混乱"，失之。为：实行。观：炫示，这里指故意做给人看。成玄英《疏》："彼数子者，清高虚淡，安排去化，率性任真，何能强事节文，拘世俗之礼，威仪显示，悦众人之视听哉！"宣颖《南华经解》："举世皆言为礼。问其礼之故，不知也。不过饰人之视听耳。'愦愦'两句，说透世情。故知'礼意'二字妙也。"

子贡曰："然则夫子何方之依①？"曰："丘，天之戮民也②。虽然，吾与汝共之③。"子贡曰："敢问其方④？"孔子曰："鱼相造乎水，人相造乎道⑤。相造乎水者，穿池而养给；相造乎道者，无事而生定⑥。故曰：鱼相忘乎江湖，人相忘乎道术⑦。"子贡曰："敢问畸人？"曰："畸人者，畸于人而侔于天⑧。故曰：天之小人，人之君子；人之君子，天之小人也⑨。"

【译文】

子贡说："那么先生您作何选择呢？"孔子说："我孔丘啊，是天生要受到上天的惩罚的！虽然如此，但我还是愿意与你努力游于方外、方内之间。"子贡说："敢问怎样才能做到呢？"孔子说："鱼相遇于水，人相遇于道。如果鱼相遇于池水，那么，只要池塘给水不断即可各自安处；如果人相遇于道路，那么，由于彼此各行其道所以会相安无事。所以说：鱼若身在江湖就能彼此相忘，人若心怀大道也能彼此相忘。"子贡又说："敢问什么叫'畸人'？"孔子说："所谓'畸人'，通常指那些能合于天道却不能合于人道的人。所以才有这样一种说法：天之小人，人之君子；人之君子，天之小人。这种人也算是畸人吧。"

【注释】

①何方之依：子贡问尼父选择什么方向或人生路线。方，兼有指前文"方内"、"方外"和"方向"之义，因前文孔子已自明是方内之人。郭象《注》："子贡不闻性与天道，故见其所依而不见其所以依也。夫所以依者，不依也，世岂觉之哉！"

②天之戮民：天生要受到惩罚的人。即"上帝之悬不解者"（陆西星《南华真经副墨》），亦《德充符》篇所谓"天刑之，安可解"之人。章启群《庄子新注》："《庄子》云孔子自称为'天之戮民'，是对于孔子及其学说之毁灭性打击。"此论虽代不乏人，但并不公允，出于不解庄子文意，盖与其释"共之"为"共享"的错误有关。实际情况是，一者孔子向往方外之游乃其毕生所向，《论语·先进》中一句"吾与点也"以及《论语·子路》篇中"不得中行而与之，必也狂狷乎"那种倡导"狂狷"的态度，就表明孔子学问境界绝非仅限于方内之事。观孔子一生，虽前期奔走于列国以至于自嘲如丧家之犬，但后期则设坛讲学，投身于治《易》等事业，显然已入方外之域；二者，一定要理解，《庄子》所塑造之孔子，是一极丰盈且总处在"发展中"之孔子，与《论语》、《孔子家语》及其他先秦典籍中的孔子正相吻合，绝不是宋明理学

之后的孔子。孔子自称"天之戮民",乃有自嘲"知其不可为而强为之"的意思,而其内心,必有"知我者谓我心忧,不知我者谓我何求"之叹。

③共之:兼于方内方外。共,总共,兼并;之,指前文提及的"方内""方外",孔子愿与子贡努力修为,以游于方内与方外之间,此正是圣人境界。旧注自郭象始多释"共之"为"同往",指共同致力于方外之游,失之。郭象《注》:"以方内为桎梏,明所贵在方外也。夫游外者依内,离人者合俗,故有天下者,无以天下为也。是以遗物而后能入群,坐忘而后能应务,愈遗之愈得之。苟居斯极,则虽欲释之,而理固自来,斯乃天人之所不赦者也。虽为世所桎梏,但为与汝共之耳!明己恒自在外也。"

④敢问:犹"请问",谦辞。其方:指同时游于方外、方内的方法或路径。方,方法,路径,策略,这些通属于"术"的范畴。子贡学问不逮,故以"术"相问,后孔子所强调的,乃为"道术"而非一般"方术"。此"方"亦不当如成玄英《疏》所释为纯粹的"道",以免同《庄子》书中的核心概念"道"相混淆(成《疏》:"方,犹道也。")。

⑤相造:相遇,指鱼与鱼相遇。造,至,到,访问,有偶然相遇的意思。陆德明《经典释文》:"造,诣也。"水:指与江河湖海不同的池塘之类的地方,此亦以喻俗世。道:指道路。句谓一般言鱼相遇,则必在水中;言人相遇,则指在路上。相遇是社会的人际关系所不免的现象,故庄子有意申论之。水池、道路,是鱼和鱼、人和人相互遭遇的地方,也算是普通的生存环境。

⑥穿池:凿地而得水成池。池,水塘,非大鱼所宜居之所,此喻人所在之俗世。孔子自比为鱼而拘于小池。养给:营养得以

补给。孔子以"穿池养给"比喻"治世"的打造。无事：人偶然相遇于道，自然彼此无事相累。生定：性情笃定。生，犹"性"。此句谓鱼和人在其日常生境中相遭遇，都会各安其事，不相撄扰。

⑦道术：指行路的原则、法术。因以"遇于道"为喻，故此处道术直观含义是各自的路线、目标，但间接的寓意则是可以彼此统一的"大道"。王充《论衡·自然》篇："君臣相忘于治，鱼相忘于水，兽相忘于林，人相忘于世。"此如郭象《注》言："各自足而相忘者，天下莫不然也。"上面两句话统而言之是说，凡鱼，只要在水池中相互遭遇，初亦可彼此相忘，而一旦池水干涸又不补给水源，彼此间则必相濡以沫。倘若凿地补水，则鱼复又各自悠游自在，彼此两忘。句谓孔子自以为既落于俗世人间，就不能如大鱼遨游于湖海，但若能保证池中水足（此喻"治世"），大约也可足以让鱼彼此相忘。以此推论，倘若鱼得造乎江海，其彼此两忘则自不待言；凡人，不论熟人或生人，只要遭遇于路，因其彼此互不牵系，所以自然会情性淡定，继续遵道而行而彼此两忘。以上两句话，各假设一个日常生活现象作为论证的前提，然后推演出一个很自然的逻辑结论：鱼游于江湖则彼此两忘，人游于天道则彼此两忘。孔子如此洞达于道，怎说庄子是在贬抑孔子呢？宣颖《南华经解》："此夫子所心得者。举示子贡如此，岂'天之戮民'哉！"钱穆《庄子纂笺》引严复曰："鱼不能去水，人不能离道，则方内外皆可相忘，何必求为畸人之侔于天而畸于人乎！庄子盖知孔子之深。"

⑧畸人：畸形人，异乎寻常、偏于一极的人。这里是子贡针对前文"共之"而有针对性地提问。他已经意识到能兼游方内方外的人是完整的人，即庄子所谓"真人"中的"圣人"，于是才

特别提出,有没有一种人可以叫做"畸人"。这是在不断把问题推向新的高度。下文数句,即孔子列举的两种"畸人":一种是仅仅与天齐的人,一种是仅仅与人齐的人。前者可谓天人,后者则为君子,但并非圣人。侔(móu)于天:与天齐一。侔,齐等。陆德明《经典释文》:"畸,司马云:'不耦也,不耦于人,谓阙于礼教也。侔,等也。'"王叔岷《庄子校诠》引王引之云:"'畸于人而侔于天',谓异于人而同于天也。"孔子话语至此,其俗世之"大宗师"地位已经呼之欲出了。

⑨故曰:本来还有一种说法。故,固,尚,仍然。天之小人四句:被天当作小人的,反被世人看作君子;被世人看作君子的,在天看来就是小人。此四句承接前文"天之戮民"的说法。小人,指为礼俗所拘而处于"帝之倒悬"状态的人。本来天无不覆,对人本无大、小和好、坏分别,畸人之谓,只是依世人俗见而勉强名之。此说并非孔子或庄子的观点,而是世俗的观点。要点在于,孔子把这两种不能兼涉方外、方内的人,都视为"畸人"。如此,孔子的见解就可谓"极高明"了。四句中前后两句重复,各本均同。或有以为后两句当别为"天之君子,人之小人"者,吾以为一者不必,二者不可。"不必"在于,庄子以语序调换方式强调同一事实,以示重要;"不可"在于,天待人本无别,只因世人逐名、贪功、利己而背离天道,即便世俗视为君子,但此类人亦无异于"天之小人"。又且一般言"人之君子",其为"天之小人"者常有,如务光、伯夷、叔齐者;但若言"天之君子",必尧舜周孔,则世无视之为"小人"者。故只可言天之小人,却不宜言天之君子。刘武《庄子集解内篇补正》:"因子贡拘拘礼文,故下二语专就子贡而言,以警觉之,语复而意不复也。"

颜回问仲尼曰："孟孙才，其母死，哭泣无涕，中心不戚，居丧不哀①。无是三者，以善处丧盖鲁国②。固有无其实而得其名者乎？回壹怪之③。"仲尼曰："夫孟孙氏尽之矣，进于知矣④；唯简之而不得，夫已有所简矣⑤。孟孙氏不知所以生，不知所以死。不知就先，不知就后⑥。若化为物，以待其所不知之化，已乎⑦！且方将化，恶知不化哉？方将不化，恶知已化哉⑧？吾特与汝，其梦未始觉者邪！⑨且彼有骇形而无损心，有旦宅而无情死⑩。孟孙氏特觉，人哭亦哭，是自其所以，乃且也相与吾之耳矣⑪！庸讵知吾所谓'吾之'乎？且汝梦为鸟而厉乎天，梦为鱼而没于渊⑫。不识今之言者，其觉者乎？其梦者乎⑬？造适不及笑，献笑不及排⑭；安排而去化，乃入于寥、天、一⑮。"

【译文】

颜回问仲尼："孟孙才这个人，他的母亲死了，却哭泣不见流泪，像是心中也没有悲戚，在居丧期间也看不出有哀痛的样子。他在这三个方面都有欠缺，却能以善于处治丧事而名盖鲁国。真有那种本无其实而得其虚名的人吗？颜回我深感奇怪。"仲尼说："孟孙氏已经尽了他的'戚'道了。他的这个境界，要超越一般礼教知识所能达到的水平。唯一欠缺的是他的丧事还不够俭约，但他已经竭力有所简化了。孟孙氏不执持有关人为什么会出生、为什么会死亡之类的知识，也不执持人何时应该就先、何时应该就后的礼教。面对刚刚才化成的一物，就要用它来预待未来不可预知的变化，这怎么行！况且某物刚要变化，你怎么会知道它不变化？它刚不变化，你怎么会知道它已在变化？我跟你这是还没有从梦中觉醒啊!而且孟孙才居丧之际,虽然容色上显出害怕的样子,但心并没有因此而受到损伤;由于他有含德蓄情的宅府,所以也并不会使自己变成完全无情的人。孟孙氏这个人有着极特殊的觉悟,能做到人哭亦哭,不仅发自内心,而且还能让我们的耳朵听了感觉和顺!不过,又怎么能知道我这里所说的'我们的'究竟指的是谁的呢?假如你梦见自己变成了鸟,那你自然就会飞到高天;假如你梦见自己变成了鱼,那你自然就会潜入深渊。我不知道此时我这个说话的人,到底是一个醒着的人呢,还是一个梦着的人?意外遇到开心之事就来不及笑,主动应物而自然流露出的笑也同样不是出于安排。如果刻意安排而规避变化,就一定会陷入对'寥'、'天'、'一'这些空洞概念的刻意执持。"

【注释】

①孟孙才:姓孟孙,名才,史无载其人,或谓三桓之后,不知何据。此节紧承前文孔子"共之"之意,以孟孙才作为一个能够兼涉方内方外之人,申言前文的思想。以文中所描写的情况看,孟孙才的行为深得仲尼嘉许,而"孟"字所标序位在"仲"之上,故此人亦或为庄子有意虚构的人物,以作为孔子的道德进修目标,从而坐实了孔子堪与其相比伍的地位,并借以综合体现本篇首句"知天之所为,知人之所为者,至矣"的圣人境界。无涕:没有眼泪。中心不戚:心中并不悲伤。戚,忧伤。居丧不哀:守丧期间不见其有悲哀情绪。居丧,服丧,守丧期间。

②无是三者:犹"无是者三",指"戚"的三种表现均有失于礼。是,正确,合适。以善处丧盖鲁国:以善于操办丧事而名盖鲁国。处丧,料理丧事。盖,掩覆,超拔,名闻。林希逸《庄

子虡斋口义》:"盖鲁国者,以善丧之名,高于一国也。"郭庆藩《庄子集释》:"盖与《应帝王篇》'功盖天下'义同,言孟孙才以善处丧名盖鲁国。《尔雅·释言》:'弇,盖也。'《小尔雅·广诂》:'盖,覆也。'《释名·释言语》:'盖,加也。'并有高出其上之意,即此盖字义也。"结合前句可知,孟孙才因善处丧而名闻鲁国,因不善居丧而致颜回疑议。"居"与"处",仅以一字之差,庄子便将一个深刻的人格矛盾勾勒出来,可见其笔力之老到。

③固有:真有,本有。壹:同"一",乃,竟,实在。陆树芝《庄子雪》:"一者,诚也。"颜子所论,起于孔门之教。盖仲尼尝有答丧礼之问,是必颜子生疑所由。《论语·八佾》:"林放问礼之本。子曰:'大哉问!礼,与其奢也,宁俭;丧,与其易也,宁戚。'""子曰:'居上不宽,为礼不敬,临丧不哀,吾何以观之哉?'"《孔子家语·六本》子曰:"丧纪有礼矣,而哀为本。"《本命解》子曰:"故丧礼有举焉,有恩有义,有节有权。"《论语·阳货》:"夫君子之居丧,食旨不甘,闻乐不乐,居处不安,故不为也。今女安,则为之。"庄子此节通过设计一个颇有张力的对话情境,反映了孔子开导颜子放弃教条而能权变、顺化的思想。前一节言子贡不知"礼意",此节言颜子不知"戚意"。郭象《注》:"鲁国观其礼,颜回察其心。"

④尽之矣:已经尽其戚道了。尽,竭尽,达于顶点;之,指"戚"。孔子赞誉孟孙才的"戚"不同寻常,是真正的"戚"。言外之意,谓颜子并未得"戚"意,只泥守一些教条的"知识"而已。此与前文二子讥子贡未得"礼意"正相呼应而又有所推进。由此可见庄子对孔子思想掌握的娴熟程度,已是应用自如。进于知:超过了知识。知,由书本、说教所获得的知识,这里指对丧

事仪礼的了解,全句寓有对颜子的教诲。孔子的这种思想,亦见于儒家经典《礼记·檀弓下》:"延陵季子适齐,于其反也,其长子死,葬于嬴博之间。孔子曰:'延陵季子,吴之习于礼者也。'往而观其葬焉,其坎深不至于泉,其敛以时服。既葬而封,广轮掩坎,其高可隐也。既封,左袒,右还其封,且号者三,曰:'骨肉归复于土,命也。若魂则无不之也,无不之也。'而遂行。孔子曰:'延陵季子之于礼也,其合矣乎。'"是当为庄子立意所本。郭象《注》:"尽死生之理,应内外之宜者,动而以天行,非知之匹也。"

⑤唯简之而不得:只是还不够简约。意谓孔子觉得孟孙才治丧,仍有失繁缛,但亦知其在于从俗而已。这与孔子主张的"丧,与其易也,宁戚"亦相吻合。如朱熹《论语集注》:"易,治也。孟子曰:'易其田畴。'在丧礼,则节文习熟,而无哀痛惨怛之实者也。戚则一于哀,而文不足耳。"简,犹"俭",不繁复。孔子主张"礼尚俭"。《论语·雍也》:"仲弓问子桑伯子。子曰:'可也,简。'仲弓曰:'居敬而行简,以临其民,不亦可乎?居简而行简,无乃大简乎?'子曰:'雍之言然!'"夫已有所简矣:不过还是有所简化了。这几句言孟孙才居丧而异于俗,尽其忧戚;治丧而从于俗,未得极简。此正显出孟孙才能因是因非、游于方内方外、具朝三暮四之明德。后世注家对此两句的解释,多已歧离庄子盛赞孔子权变思想的本意,以致钟泰在《庄子发微》中感叹:"此节极为难看。"

⑥不知四句:谓孟孙氏并没有什么关于生死、先后的礼教知识,因此也就不会区别对待生死、先后。所以生:生的由来;所以死:死的去向;就先、就后:指行为礼节方面的趋前和落后。

《天道》篇士成绮见老子,有"士成绮雁行避影"的行状;《寓言》篇阳子居见老子,亦有"阳子居不答。至舍,进盥漱巾栉,脱屦户外,膝行而前曰"的行状,都表示行止方面的礼节,亦均为老子所不嘉许者。此即"就先、就后"之谓。四句话集中反映了孔子——当然也是庄子——对礼教知识的鲜明态度:倘"知"非道,则任何知识都不足以导行。庄子以知生、知死来比喻"知礼之大者",以知先知后来比喻"知礼之末者",大小二知俱谴,以彰其欲援人出知识泥沼之意。

⑦若化为物:刚刚才化成一物,指人刚死。若,才,乃,刚好,为承接语。以待:用已成之物预待。其所不知之化:不可预知的变化。其,指针对既成之物的认知或知识。已乎:不可如此。已,止。郭象《注》:"不违化也。死生宛转,与化为一,犹乃忘其所知于当今,岂待所未知而豫忧者哉!"成玄英《疏》:"不知之化,谓当来未化之事也。已,止也。见在之生,犹自忘遣;况未来之化,岂复逆忧!若用心预待,不如止而勿为也。"此句所表达的思想亦极深邃,要点在于不以成论预待未来,故可参看桓公与轮扁的对话而会其宗旨。

⑧方将化:正要变化。方将,刚要,正要,极言时间之短、变化之速。已化:已开始变化。郭象《注》:"已化而生,焉知未生之时哉!未化而死,焉知已死之后哉!故无所避就,而与化俱往也。"成玄英《疏》:"方今正化为人,安知过去未化之事乎!正在生日,未化而死,又安知死后之事乎!俱当推理直前,与化俱往,无劳在生忧死,妄为所恶也。"案此处可以用赫拉克利特的那句"人不能两次踏进同一条河流"来注解这句话的深意。通观庄子此节所阐述的思想,不难发现,现当代盛行于西方社会的现象

学、后现代主义、存在主义和实用主义哲学，无非庄子之思想灵光在两千年后之异域再现而已。当然，也不可否认，西方世界的这股思潮，也是古希腊苏格拉底哲学的一种回响。

⑨吾特与汝：只有我跟你。特，特别，仅仅。其梦未始觉者邪：还没有从梦中觉醒啊！案此句虽然孔子将自己与颜子并提，但孔子实际上已有所悟，只有颜子还在梦中，否则怎说得清以上道理？由此可推断孔子于此有自谦之意。《庄子》全书，凡涉及人物，皆有其境界差等。从"人学"或"圣学"的角度而非从"神学"的立场来看，围绕孔子的各色人等，都有"过犹不及"之瑕，而孔子则正处其"中"。郭象《注》："夫死生犹觉梦耳。今梦自以为觉，则无以明觉之非梦也；苟无以明觉之非梦，则亦无以明生之非死矣。死生觉梦，未知所在，当其所遇，无不自得，何为在此而忧彼哉！"陈寿昌《南华真经正义》："言吾与汝皆在大化不可知之中，特梦而未觉耳。自叹其梦，正以见孟孙之独觉也。"

⑩彼：指孟孙才。有骇形而无损心：虽然形容上有害怕的样子，但心并没有为之受到损伤。骇形，容色因害怕而改变，指孟孙才为母丧而哭泣。有旦宅而无情死：由于有含德蓄情的宅府，所以并不会使自己变成完全无情的人。这两句所陈述的现象之间，微有张力，正符合孟孙氏能兼涉方内、方外的盛德。旦，通"怛"（dá），悲痛，悲伤，畏惧。朱桂耀《庄子内篇证补》："'旦'与'怛'通。"宅，府邸，宅第。旦宅，同"怛宅"，陆德明《经典释义》："崔本作靼宅。靼，怛也。"指含蓄恐惧情感的地方，可与"灵府"（《德充符》）对读。情死，情感断灭。上句言，子失母祜，心痛而怕，人之常情，孟孙氏亦不免；而孟孙氏能和同死生，故不以死生损累其心之灵府，此正合养生之道，证明孟孙氏有不

同寻常之处。下句言，孟孙氏尽管已得混同生死之道，但既然生而为人，则必有情感怛宅，这样就不可能走向情感断灭。孔子之见，卓而真，充满辩证法，接天接地而又荡漾人间烟火，真不愧圣人也！后世注家为解此句真义，虽曾旁征博引，但多歧离庄子本意。

⑪特觉：有异乎寻常的觉悟。人哭亦哭：别人哭他也跟着一起哭。言其随顺、从俗之状。陈寿昌《南华真经正义》："特觉人之居丧皆哭，则己亦哭耳。"是自其所以：这既是出自其本性真情。谓天性使然，承《齐物论》篇"怒者其谁邪"之意。乃且：而且，又且，于是。也：语助词，无义。相与：与之和谐、容与。吾之耳：我们的耳朵。案此句承上节"愦愦然为世俗之礼，以观众人之耳目"而发，意谓孟孙氏之"人哭亦哭"也属顺应俗情，能和人耳目，进而指出孟孙才乃是兼游方外、方内的得道之人。后世注家对此句之"耳"字或予直接略过，或当虚词对待，殊为奇怪。不管从文意还是词法，此字都是一个实词，不可放过。这句是说孔子赞赏孟孙氏能随俗而哭，以至于他的哭泣之声让人听了都觉得特别舒坦。此句中之"乃"字，各本句读、注释亦有所不同，文意由此大别，且多不通。通行本将其归于上句读为"是其所以乃"，文意牵强。宜与下文连读为"乃且"，义甚朗然，古籍亦多见。《孟子注疏·万章章句下》孙奭疏曰："乃且叹曰：夫子罪我以群婢故也。"《韩非子·外储说左上》："乃且复召之，因复更嫁之。"吕不韦《吕氏春秋·开春论》："简子曰：'不如而言也。卫有士十人於吾所，吾乃且伐之，十人者其言不义也，而我伐之，是我为不义也。'"刘向《新序·杂事》："凡吾所以求雨者，为吾民也，今必使吾以人祠乃且雨，寡人将自当之。"全句

言孟孙氏乃"知天之所为,知人之所为者",既能顺天道而怀忧戚之心,又能行圣道而尽人事之情。孔子如此盛赞孟孙才,以其所操"三人行,必有我师"的品德,则其心中必已以孟孙才为楷模矣。

⑫庸讵:怎么。知吾所谓'吾之':知道我所说的"我们的"耳朵就是"我们的"耳朵。在前文层层推进、娓娓道来、恰正波光潋滟之际,孔子话头一掉,将放出去的立论再收回来,此正是最高哲学境界的体现!庄子将此境界给予孔子,等于是在致敬孔子。且汝梦为鸟而厉乎天:假如你梦见自己变成了鸟,就会飞到高天。且,连词,表示"假如"。厉通"戾",至,到达。没于渊:潜入深水。语本《礼记·中庸》:"故君子语大,天下莫能载焉;语小,天下莫能破焉。《诗》云:'鸢飞戾天,鱼跃于渊。'言其上下察也。君子之道,造端乎夫妇,及其至也,察乎天地。"原意喻指鸟、鱼各以天、渊为自在之地。此句的意思兼有其原意和作为假设一种"梦"的情形,后者用来引出一个"不知到底是梦还是觉"的大疑问。

⑬不识:不知。今之言者:现在说话的人。指"说鸟、鱼之梦为梦"的人,即孔子自况。孔子自己知道在言说一番有关道的至论,但自己也十分清楚,用语言来传达有关道的观点并寄希望他人理解,这也不啻一种"痴人说梦"。此段文意遥应《齐物论》篇"庄周化蝶"一节的寓意,也可见庄子已经在此篇将孔子列为自己所向往的知识和道德境界的实践者,足见其对孔子的推崇之高。

⑭造适不及笑:意外遇到开心之事就来不及笑。造,猝然或偶然而至的样子。《广雅·释诂》:"造,猝也。";适,适意,快

意，满足；不及，来不及；笑，指发乎自然的笑。此句言有的时候自然而然的笑是有时滞的，暂时表露不出来。同样，哀伤、惊惧、害怕也可能这样。林希逸《庄子鬳斋口义》："意有所适，有时而不及笑者，言适之甚也。亦犹杜诗'惊定乃拭泪'，乐轩先生亦曰：'及我能哭，惊已定矣。'"案孟孙才之"骇"，何独不然？献笑不及排：应物而表露出的笑同样并非出于安排。献，显露，显现。《经典释文》："献，王云：'章也。'"章犹"彰"。献笑，受外物触动而自然表露的笑；不及，不须，不需要；排，安排，施设。此句言感动于物而流露的笑并非人为施设安排所致。林希逸《庄子鬳斋口义》："排，安排也，因物而笑，是物献笑于我，此笑出于自然，何待安排！故曰献笑不及排。"罗勉道《南华真经循本》："造，诣也。适，适意也。喜者必笑，忽诣适意之境者中有真乐，不及待笑而后适。献笑者，忽自献其笑也。排，布置也，自献其笑者出于不觉，不及布置使之笑，以喻自然天真，不待于循守礼法。"宣颖《南华经解》："人但知笑为适意，不知当其忽造适意之境，心先喻之，不及待笑也。及至忽发为笑，又是天机自动，何尝及安排而为之。是适与笑，自己毫不能主也。"陈寿昌《南华真经正义》："言譬犹常人之情，既造适意之境，则不待笑而已适。既动发笑之容，则不及排而已笑。只在当境之须臾耳。"王叔岷《庄子校诠》："二语谓猝然适意，尚不及笑。既显为笑，则不及推排。盖不得不笑也。"案此两句总喻喜、怒、哀、乐之情出乎自然者贵。

⑮安排而去化：刻意安排而规避变化。安排，人为的设计、预谋、筹划；去化，规避变化，即拒绝与物同化。入于寥天一：执念于"寥"、"天"、"一"这些概念。入，这里指执持教条、泥

陷于概念；寥、天、一，三者均为《庄子》全书的重大概念。"寥"为虚，与实相对；"天"为自然，与人相对；"一"为物之本，其一端归于道，一端流于事（老子所谓"道生一，一生二，二生三，三生万物"）。三者均涉及庄子所主张的核心观点，其所喻之境界，非安排、预谋所能达到，而须因顺变化（即非"安排而去化"）方得与之俱往，因此，三字所标的境界，都是至高境界。但在注解这一句时，以往注家都面临一个无法解决的前后语义之间的矛盾，最终只能含混而过。其实，这里最为关键的一个字是"入"，它是破解千多年来对此四句话所做的猜谜一样的注解的唯一钥匙，因此必须再详加讨论。盖《庄子》中的"入"，除了有"进入"义（如《德充符》"勇士一人，雄入于九军"，"故不足以滑和，不可入于灵府"）之外，还有从老子"出生入死"化用而来的"亡"、"死"之义（如《田子方》"是出则存，是入则亡"，《知北游》"注然勃然，莫不出焉；油然漻然，莫不入焉。已化而生，又化而死，生物哀之，人类悲之"），更有容易被误解和忽视的"堕入"、"泥陷"、"执迷"的含义，如《徐无鬼》篇言："古之真人，以天待人，不以人入天。"这说明，庄子也将各种念念不忘的意识活动用"入"来描述，这样，即使人们所念的是"寥"、"天"、"一"这样的大词大字，只要仅仅停留在"有名无实"的概念层面，便是不可取的。《天地》篇老子告诫孔子曰："有治在人，忘乎物，忘乎天，其名为忘己。忘己之人，是之谓入于天。"这句话的深意和正解，实质上是说，凡刻意用心于忘物、忘天的人，他仅得"忘己"之名，却未行"忘己"之实，这类人被老子讥为"入于天"，因为其前提是"有治在人"，是为忘而忘的刻意之忘。因此，孔子在要戛然而止结束与颜子的对话之际，将以上一通关于"大道"

的高论,以"乃入于寥天一"六字,一下子全部扫尽,从而将自己归于"空空如也"的"无知"状态,真是一派圣人气象。后文"回益矣",则又如空谷回声一样,将孔子已经进入的"空"的状态再现于颜子身上,展现了这一轮对话所引发的师徒二人境界的共同提升,呈现了一幅美丽而壮观的教学相长的问学画卷。

意而子见许由,许由曰^①:"尧何以资汝?"意而子曰:"尧谓我:汝必躬服仁义而明言是非^②。"许由曰:"而奚来为轵^③?夫尧既已黥汝以仁义,而劓汝以是非矣,汝将何以游夫遥荡恣睢转徙之涂乎^④?"

【译文】

意而子去拜见许由,许由问他:"尧对你有什么指教吗?"意而子曰:"尧对我说:'你一定要躬行仁义,明辨是非。'"许由说:"那你还到我这里来干什么呢?既然尧已经像'黥面'一样给你刻上'仁义'的标签,像'劓鼻'一样给你留下'是非'的标记,那你还怎么能够遨游于逍遥、自适、迁化之途呢?"

【注释】

①意而子:虚构的人名。吕惠卿、王夫之等以为借用燕子(鹢鸸)以喻"有知而傍人门户者",此解甚可取,盖《庄子》全书主题,不出"知识论"的范畴,因此,各类角色都体现在知识层面的作为。许由:即《逍遥游》篇"尧让天下"的许由。此节承前文南伯子葵问女偊"道可得学邪"之意,在该节"非其人则道不可学"的观点的基础上,进一步推出"道只可言其大略"的

主旨。

②资:给予,资助。躬服:身体力行,亲身践行。明言:明辨,辨清。

③而:你。奚来为:为什么来。轵(zhǐ):通"只",句尾助词。《说文》:"只,语已词也。"

④黥(qíng):古代在犯人脸上刺字的刑罚,谓之"黥面"。劓(yì):古代将犯人鼻子割去的刑罚。陆德明《经典释文》:"李云:'毁道德以为仁义,不似黥乎!破玄同以为是非,不似劓乎!'"何以游:靠什么来遨游。遥荡:逍遥放纵的样子。恣睢(suī):从容自适的样子。转徙:迁转,变化。涂:通"途"。郭象《注》:"言其将以刑教自亏残,而不能复游夫自得之场、无系之涂也。"

意而子曰:"虽然,吾愿游于其藩。"许由曰:"不然。夫盲者无以与乎眉目颜色之好,瞽者无以与乎青黄黼黻之观①。"意而子曰:"夫无庄之失其美,据梁之失其力,黄帝之亡其知,皆在炉捶之间耳②。庸讵知夫造物者之不息我黥而补我劓,使我乘成以随先生邪③?"许由曰:"噫!未可知也。我为汝言其大略④:吾师乎!吾师乎!𩽾万物而不为义,泽及万世而不为仁,长于上古而不为老,覆载天地、刻雕众形而不为巧。此所游已⑤!"

【译文】

意而子说:"即便如此,我还是很向往游于那样的境界。"许由说:"你做不到的。不能给盲人呈现眉目颜色之好,不能给瞎子展示青黄黼黻之观。"意而子说:"无庄能够不以美貌自矜,据梁能够不以力大恃勇,黄帝能够不以多知为知,这些都是靠逐渐陶冶锻铸才达到的啊。怎么就知道造物者不会抚平我的黥痕、修补我的劓缺,让我得以借助全德之身而追随先生呢?"许由说:"噫!还真不好说呢。那我且为你说个大概吧:我的大宗师啊!我的大宗师!毁成万物而不为义,泽及万世而不为仁,长于上古而不为老,覆载天地、刻雕众形而不为巧。这就是我所与游的大宗师的境界!"

【注释】

①其藩:那样的疆界、境界。其,指"遥荡恣睢转徙之涂";藩(fān),领域,疆界,境界。与:给予,示以。瞽(gǔ):瞎。眉目颜色:指容貌、姿色。青黄:指色彩。黼黻(fǔ fú):古时礼服上的花纹。林云铭《庄子因》:"无瞳子曰盲,有瞳子曰瞽。言质既受伤,即藩亦不得与也。"

②无庄:虚构的女性名字,取义"不矜于庄重"。失其美:不以美自美。据梁:虚构的男性名字,取义"以力自恃"。失其力:不以力为勇。亡其知(zhī):不以知为知。炉捶:锤炼,锻造。郭象《注》:"言天下之物,未必皆自成也。自然之理,亦有须冶锻而为器者耳。故此之三人,亦皆闻道而后亡其所务也。此皆寄言,以遣云为之累耳。"成玄英《疏》:"无庄,古之美人。为闻道故,不复庄饰,而自忘其美色也。据梁,古之多力人。为闻道守雌,故不勇其力也。黄帝,轩辕也,有圣知,亦为闻道,故能忘遣其知也。"

③庸讵:怎么。息我黥:修复我的黥面。息,养息,复生。

钱穆《庄子纂笺》引王闿运曰："息，肉复生。"补我劓：补全我被劓去的鼻子。乘成：藉由有成或全德之身。乘，趁着，凭恃；成，完成，完备。指意而子自谓经过"炉捶"之后可以成为全德之人。意而子假借许由的黥、劓之喻，以天道自然或能修复形体之残为譬，欲说动许由示以修行大道。《德充符》篇："孔子曰：'弟子勉之！夫无趾，兀者也，犹务学以复补前行之恶，而况全德之人乎！'"郭象《注》："夫率性直往者，自然也。往而伤性，性伤而能改者，亦自然也。庸讵知我之自然当不息黥补劓，而乘可成之道以随夫子邪？而欲弃而无告，恐非造物之至也。"

④言其大略：说个大概。盖《庄子》书中，凡涉及"传道"之言，均以虚拟语气传之，以合于"道不可学"之一贯宗旨。成玄英《疏》："至道深玄，绝于言象，不可以心虑测，故叹云'未可知也'。既请益殷勤，亦无容杜默，虽复不可言尽，为汝梗概陈之。"

⑤吾师：指许由以天道为师。齑：粉碎而调和成物。陆德明《经典释文》："齑，司马云：'碎也。'"钱穆《庄子纂笺》引陶光曰："齑读为济。齑或体作䪡，与济皆从齐声。《尔雅》：'济，成也。'"案《天道》篇亦有"齑万物而不为戾，泽及万世而不为仁"，彼处以"戾、仁"对文，此处以"义、仁"对文，故"齑"字之释，当有微妙差别。彼处以"碎"释之，义便完足；此处则当释为"碎而调和成物"，方才妥帖。此所游已：这便是我以造化为师而与之同游的境界了。此一节，宣颖赞之曰是"从虚空画出一大宗师"，所见的确。如果联系后一节来看，此节也是正常行文中突然插入的一段，仿佛湖光中忽然搅动的涟漪，使文章极富波澜，于叙事的迁转起伏之间，暗示出修道、悟道之不易。

颜回曰:"回益矣。"仲尼曰:"何谓也?"曰:"回忘仁义矣^①。"曰:"可矣,犹未也^①。"他日,复见,曰:"回益矣。"曰:"何谓也?"曰:"回忘礼乐矣。"曰:"可矣,犹未也。"他日,复见,曰:"回益矣。"曰:"何谓也?"曰:"回坐忘矣^②。"仲尼蹴然曰:"何谓坐忘?"颜回曰:"堕肢体,黜聪明,离形去知,同于大通,此谓坐忘^③。"仲尼曰:"同则无好也,化则无常也。而果其贤乎!丘也请从而后也^④。"

【译文】

颜回说:"我有所得了。"仲尼说:"你指什么?"颜回说:"我能把仁义忘掉了。"仲尼说:"好啊,可还是不够。"过了几天,颜回又来拜见仲尼,说:"我有所得了。"仲尼说:"你指什么?"颜回说:"我能把礼乐忘掉了。"仲尼说:"好啊,可还是不够。"又过了几天,颜回再来拜见仲尼,说:"我有所得了。"仲尼说:"你指什么"颜回说:"我'坐忘'了。"仲尼蹴然正色,说:"什么叫'坐忘'?"颜回说:"遗忘肢体的功能,废黜耳目的作用,离弃形骸执念,摆脱知识系缚,和同万物于一统,这就是'坐忘'。"仲尼说:"与大道和通就无所偏好,与自然同化便无所常守。你真是大贤之人啊!我也要向你学习。"

【注释】

①益:进步,增益。郭象《注》:"以损之为益也。"案此"益",亦本于《老子·四十八章》:"为学日益,为道日损。"可:对了。犹未:还不够。此节当是颜回于前一节受到孔子勿"入于寥、天、一"虚名的教诲后,退而自省,终有所悟,返而告诸孔

子。全节以"益"为主线,总括以前诸节所强调的"忘"和"无知",最终以颜回自悟的"坐忘"归宗于《老子·四十三章》所阐明的思想:"无有入于无闻。是以知无为有益。不言之教,无为之益,天下希及之。"中间穿插的"意而子见许由"一节,构成了行文和情实的暗相呼应,反映出《庄子》一书结构设计之巧,已经达到了超乎寻常的高度。

②坐忘:指一种极度的形止虑空的状态。坐,指身体;忘,指思虑。郭庆藩《庄子集释》:"司马云:'坐而自忘其身。'""坐忘"一词是《庄子》中一个极重要的概念,也是庄子思想中的核心概念之一。此借颜回之口说出,也表明庄子对颜回乃至孔子学问境界的敬仰。

③蹴(cù)然:讶异、惊悚的样子,表示因吃惊而神态突然变得恭敬或惭愧。"堕(huī):通"隳",废黜,遗忘。黜(chù):废止,罢免。聪明:指耳闻目见。成玄英《疏》:"堕,毁废也。黜,退除也。虽聪属于耳,明关于目,而聪明之用,本乎心灵。既悟一身非有,万境皆空,故能毁废四肢百体,屏黜聪明心智者也。"离形:心念脱离形骸。去知(zhī):头脑摒除知见。大通:指大道,即和合万有之道。郭象《注》:"夫坐忘者,奚所不忘哉!既忘其迹,又忘其所以迹者。内不觉其一身,外不识有天地,然后旷然与化为体而无不通也。"

④同:指"同于大通"。无好:无所偏私、好恶。化:变化。无常:没有常规可循。而:你。果其贤乎:真是大贤之人啊!果,果真。从而后:追随你,犹"以你为师"。郭象《注》:"无物不同,则未尝不适;未尝不适,何好何恶哉!同于化者,唯化所适,故无常也。"成玄英《疏》:"忘遗如此,定是大贤。丘虽汝师,遂

落汝后，从而学之，是丘所愿。撝谦退己，以进颜回者也。"此处再现了孔子"三人行，必有我师焉"的道德境界。在《庄子》全书中，有很多处类似这样"择其善者而从之"的描述，而且孔子反应之快，真如其所盛赞的老子"犹龙也"一样。俗儒以为庄子藉此诋毁孔子，其论何其狭隘不智也！

　　子舆与子桑友①。而霖雨十日，子舆曰："子桑殆病矣！"裹饭而往食之②。至子桑之门，则若歌若哭，鼓琴曰："父邪！母邪！天乎！人乎③！"有不任其声而趋举其诗焉④。子舆入，曰："子之歌诗，何故若是？"曰："吾思夫使我至此极者而弗得也⑤。父母岂欲吾贫哉？天无私覆，地无私载，天地岂私贫我哉？求其为之者而不得也！然而至此极者，命也夫⑥！"

【译文】

　　子舆与子桑为友。赶上一场连阴雨，一连下了十天。子舆自语道："子桑大概要饿病了！"于是，他便带着饭食去看望他。到了子桑家门口，听到子桑像是在唱歌，又像是在哭泣，还一边鼓琴。他唱道："父亲啊！母亲啊！天啊！人啊！"听上去声音又断续又低沉，好像连诗句都无力吟诵的样子。子舆进屋，说："你唱的歌词，怎么是这样的呢？"子桑说："我在想啊，到底是什么让我穷困到这样的地步，可我却思考不出答案来。如果天是父母，那么，它怎么会让我如此穷困呢？天无私覆，地无私载，天地岂能私贫我呢？我怎么想也想不明白究竟是什么在主宰这一切！能穷困到如此地步，一定是命运的安排吧！"

【注释】

①子桑：即子桑户，尚俭，家贫，参见前注。

②霖雨：连绵不断的细雨，俗谓"连阴雨"或"连雨天"。霖亦通"淋"。陆德明《经典释文》："本又作淋，音林。《左传》云：'雨三日以往为霖。'"殆病矣：大概要饿病了。意指子桑户因揭不开锅而致病。殆，大概，接近；病，因饿而致病。子桑户贫（参见前注孔子赞子桑伯子"简"），正所谓"屋漏偏遭连夜雨"，所以子舆以交深而知其可能断炊。食（sì）之：给予子桑饭食。郭象《注》："此二人相为于无相为者也。今裹饭而相食者，乃任之天理而自尔耳，非相为而后往者也。"成玄英《疏》："子桑家贫，属斯霖雨，近于饿病。此事不疑于方外之交，任理而往，虽复裹饭，非有相为之情者也。"庄子在本篇最后，结束以一个非常具有人间烟火气的人际关怀情境，正是隐喻大宗师者即知天又知人，既应天道又尽人事的"至理至情"，为后一篇《应帝王》所引入的"为天下者"应有的道德操持埋下了伏笔。

③若歌若哭：子桑的歌咏荡漾着伤感的情怀。若，不绝对、似是而非的样子。《庄子》中类似此语及类似用法颇多，暗示以"言"喻"道"应持的容裕态度。"父邪"句：为子桑歌哭之辞，极状其感怀之切。王叔岷《庄子校诠》："《史记·屈原传》：'夫天者人之始也，父母者人之本也，人穷则反本。故劳苦倦极，未尝不呼天也。疾痛惨怛，未尝不呼父母也。'"

④不任其声：气息不足而使声音断续、低沉。趋举：发声颇为吃力的样子。陆德明《经典释文》："趋举其诗，无音曲也。"此述子桑于奄奄一息的弥留之际，歌而失调，诗而词浊。

⑤何故若是：为什么如此？郭象《注》："嫌其有情，所以趋

出远理也。"成玄英《疏》:"今子歌诗,似有怨望,故入门惊怪,问其所由也。"思夫使我至此极者而弗得:思考使我如此穷困潦倒的根源是什么,却没有答案。

⑥为之者:即上文"使我至此极者"。命也夫:是天赋之命啊!郭象《注》:"言物皆自然,无为之者也。"成玄英《疏》:"夫父母慈造,不欲饥冻;天地无私,岂独贫我!思量主宰,皆是自然;寻求来由,竟无兆朕,而使我至此穷极者,皆我之赋命也,亦何惜之有哉!"

应帝王[①]

【题解】

《庄子》书有《齐物论》之辩,有《养生主》之主,有《人间世》之入,有《德充符》之德,有《大宗师》之法,于此之后,则必有《应帝王》之归,以成其《逍遥游》之道。这是《庄子》内篇的一个严谨的逻辑闭环,形成了庄子学说所主张的"入世而逍遥游"的宏大理论叙事。郭象说:"与人群者,不得离人。"入得人世,必得快意人生,方不枉为人。庄子此篇之旨,就在于彰明一理:能因顺者为帝王。帝王者,在自家为真宰,在天下为君王。所以,帝王之冕,但凡天下"无知"之人,皆可冠之。啮缺无知而四问,帝王也;王倪四问而四不知,帝王也;伏羲氏不知自己究竟为牛为马,真帝王也;浑沌本无知,中央之帝王也。日中始自以为有知,非帝王也;帝舜怀仁知,儵、忽之帝怀德知,虽名为帝王,实亦有时非帝王也;蒲衣子、狂接舆、老子、壶子、无名人,皆属于欲无知而又不得不以知言者,则其于有知有言之际,则不免于失而不得为帝王,而其于无知无言或有言而出于自然之际,又不失为帝王;至于肩吾、天根、阳子居和列子,均行于为帝王、成帝王之途,究竟是与不是,取决于其所应、所止之处。凡能应于所时来、止于所当止者,皆可谓帝王。此等修为,在儒家谓之"中庸",在佛家谓之"中道",在《庄子》中则变幻有多种名谓,如"和之以天倪"之类,但终未离儒家思想之轴心。此亦《应帝王》篇各个角色定位之所据。

《应帝王》篇前四节专言脱离情境之知识,即《养生主》篇所谓"无涯之知"。当今之"科学"知识,亦属此类。这些知识即使曾与情境相关,但在言辩之际,则皆属教条、成论,是成见的直接来源,而它们又都在言辩、说教中相与授受,互相影响。壶子将此类知识比喻成"无雄之众雌",可谓形象之至!本篇中间季咸、列子与壶子互动一节,则专言不离情境之知,按照壶子的比喻自然是"众雌而有雄",此时之"知"已经脱离了"知"的层次而登假于"道",即《养生主》篇之"督",亦即庄子于《大宗师》篇所主张之"自然"。从中可见,圣人之"所以不可测者,游于何有也"(陆长庚语)。这一节不仅寓有至理,而且描述还极其生动,活灵活现,宣颖誉之为"奇绝",绝非夸言。

此篇最后两段,庄子先以议论做结,再补以寓言示警。"日凿一窍,七日而混沌死"一句,以死为警,岂不振聋发聩!由此可知,知识在庄子心目中,曾经扮演着何等不堪的角色!幸而庄子于《大宗师》篇中还有一句"知人之所为者,以其知之所知以养其知之所不知,终其天年而不中道夭者,是知之盛也",方不至于以为庄子对知识的看法已经彻底偏于一端。纵观《庄子》全书,他实际上已经十分辩证地对待公理、常识、"主义"之知与道、督、天钧、真宰这些"真知"之间的关系。只是后学(如宋之理学和明之心学)往往倾向于各观其一面、捉其一端,才影响了对庄子的理解,甚至也影响了中国的学术发展道路和社会治理方略。

【注释】

①应：顺而为之，一词双关二义，一为顺应，二为应当。帝王：指俗世的君主。郭象《注》："夫无心而任乎自化者，应为帝王也。"陆德明《经典释文》："崔云：'行不言之教，使天下自以为牛马，应为帝王者也。'"王叔岷《庄子校诠》："《天道》篇：'静而圣，动而王。'《大宗师》，穷内圣之道；《应帝王》，尽外王之理。圣人非欲为帝王也，其德不形，物自不能离之。"

一

啮缺问于王倪，四问而四不知①。啮缺因跃而大喜，行以告蒲衣子②。蒲衣子曰："而乃今知之乎？有虞氏不及泰氏③。有虞氏，其犹藏仁以要人；亦得人矣，而未始出于非人④。泰氏，其卧徐徐，其觉于于；一以己为马，一以己为牛⑤。其知情信，其德甚真，而未始入于非人⑥。"

【译文】

啮缺向王倪求教，四问而四不知。啮缺因而高兴得跳了起来，跑着去告诉蒲衣子。蒲衣子说："你现在知道了吧。有虞氏其实就不如伏羲氏。有虞氏还是那种'藏仁以要人'的人，他用仁义的标准取人，虽然也能得人，但毕竟未能超越以是非取人的窠白。伏羲氏则不然，他睡觉的时候安适舒展，他醒着的时候无知无识；一会儿以为自己是马，一会儿以为自己是牛。他的知识体现为情境中的应对，他的德行非常实事求是，没有陷入以是非成见取人论事的窠白。"

【注释】

①啮缺、王倪：事与注均见《齐物论》篇。尽管啮缺、王倪及下文蒲衣子均为庄子虚构人物，但《庄子》书此类人名的安排往往别有深意。此点宋代吕惠卿《庄子义》留意最多，辨析最详，且多能契合庄书义理。比如此处对三人名字所做的推断："啮缺非道之全也，以其知之而问也。王倪则王之端所自起也，故其所体如此也。蒲衣则被衣也，衣被万物而不为主者，唯道为然，而蒲又所以安之也。王乃天，天乃道，不识不知者，王之所以体天而合道，而衣被万物而安之者也。"《天地》篇："尧之师曰许由，许由之师曰啮缺，啮缺之师曰王倪，王倪之师曰被衣。"四问：指《齐物论》篇啮缺对王倪的问话。钱穆《纂笺》："陈景元曰：'四问：一同是，二所不知，三物不知，四利害。'"刘武《庄子集解内篇补正》："'知'字为篇中骨干，通贯全篇，故首为揭出，而结之以'无为知主'。本节之以己为马牛，三节之游淡，合漠，顺自然，四节之游于无有，五节之不知谁何，食豕如食人，末节之浑沌，皆不为知主也。本节之藏仁要人，二节之经式义度，四节之物彻疏明，五节之神巫预知，末节之倏、忽凿窍，皆为知主也。《知北游篇》黄帝曰：'彼其真是也，以其不知也。'无始曰：'不知深矣，知之浅矣。'据此，可晓然于本篇知与不知之义矣。"

②跃而大喜：犹"大喜而跃"。行：往。此处有强调的意思，相当于"走"，可理解为"快步前往"。成玄英《疏》："啮缺得不知之妙旨，仍踊跃而喜欢，走以告于蒲衣子。"《论语·子罕第九》："子曰：'吾有知乎哉？无知也。有鄙夫问于我，空空如也。我叩其两端而竭焉。'"《老子·七十一章》："知不知，尚矣；不知知，病也。圣人不病，以其病病；夫唯病病，是以不病。"蒲衣

子：即被衣。陆德明《经典释文》："蒲衣子，《尸子》云：'蒲衣八岁，舜让以天下。'崔云：'即被衣，王倪之师也。'"案圣人以"无知"为尚。《庄子》全书的关键在于知识论，本篇亦然，故开篇一句，又以"不知"始，此当予以特别留意。

③而：你。有虞氏：舜帝，倾向于有知。泰氏：伏羲氏，倾向于无知。陆德明《经典释文》："泰氏，司马云：'上古帝王也。'崔云：'帝王也。'李云：'大庭氏，又云，无名之君也。'"成玄英《疏》："有虞氏，舜也。泰氏，即太昊伏羲也。"

④犹：仍然。藏仁：怀仁。要（yāo）人：指寻取才士和邀得民心。要，要结，笼络，寻取。陆德明《经典释文》："崔云：'怀仁心以结人也。'"成玄英《疏》："夫舜，包藏仁义，要求士庶，以得百姓之心，未是忘怀自合于天下，故未出于是非之域。"得人：得人心。未始：未曾，不能。出于：超过，超越。非人：以是非取人，非议、赞取他人。非，反对，责怪，非议，为"是非"的省语。《逍遥游》篇："举世而非之而不加沮。"陆西星《南华真经副墨》释"非人"为"天"，于此句义虽通，但于后文"入于非人"则不可解。他注或以"非人"为"物"或"外物"者，更属牵强。句谓虞舜不能超越以世俗之仁义、是非取人的境界。按此解，虞舜角色在《庄子》全书中各处都是自洽的。此义郭象《注》所说甚明，惜历来被忽视了："夫以所好为是人、所恶为非人者，唯以是非为域者也。夫能出于非人之域者，必入于无非人之境矣，故无得无失，无可无不可，岂直藏仁而要人也！"有虞氏未能及此，所以说他"未始出于非人"。吕惠卿《庄子义》："然以仁为藏而是之，则不免于以不仁为否而非之，是未始出于非人也。"

⑤卧：入睡。徐徐：安闲舒展的样子。觉：醒着。于于：浑然无知的样子。陆德明《经典释文》引司马云："徐徐，安稳貌。于于，无所知貌。"《大宗师》篇："古之真人，其寝不梦，其觉无忧，其食不甘，其息深深。"一：指某个特定的情境，是一个时空连续体，具有决定"存在"之本质的特性。可释为"一会儿"或"一种情况下"。以己为马：把自己当做马。"一以己为马，一以己为牛"一句，是"道"之流行的典型表现，亦即既可朝三暮四、又可朝四暮三之意，真人能乘善御，无所拘执。《天道》篇："老子曰：'夫巧知神圣之人，吾自以为脱焉。昔者子呼我牛也而谓之牛，呼我马也而谓之马。苟有其实，人与之名而弗受，再受其殃。吾服也恒服，吾非以服有服。'"

⑥知：知识，认知，指对当下事实本质的认识。情信：在情境中获得征信。情，情境，情实。德：德行。指据于情实而做出即时行为反应的正当性。甚真：非常真实，即合情合理。入于：陷入，沦为。郭象《注》："不入乎是非之域，所以绝于有虞之世。"谓有虞氏及之前的明王圣君尚能不入是非取人之域，不"藏仁以要人"。钱穆《庄子纂笺》引唐顺之曰："泰氏之于天道，不期而合。"

肩吾见狂接舆。狂接舆曰："日中始何以语女①？"肩吾曰："告我君人者以己出经式义度，人孰敢不听而化诸②？"接舆曰："是欺德也。其于治天下也，犹涉海凿河而使蚊负山也③。夫圣人之治也，治外乎？正而后行，确乎能其事者而已矣④。且鸟高飞以避矰弋之害，鼷鼠深穴乎神丘之下以避熏凿之患，而曾二虫之无知⑤？"

【译文】

肩吾去见狂接舆。狂接舆说:"日中始跟你说了些什么?"肩吾说:"他告诉我,国君依照己意制定法典、程式、仪礼、准则,哪个人敢不闻之而归化呢?"狂接舆说:"这是欺德啊。这样治理天下,就等于是蹚水渡海、人工凿河,是让蚊子背负大山。圣人治理国家,难道是靠治理外物吗?不是!圣人先正身、正己,然后乘物而行,只做其力所能及的事儿罢了,如此而已。况且鸟高飞以避箭矢之害,鼷鼠筑巢于神丘之下以避熏凿之患,难道可以说这两种动物就无知吗?"

【注释】

①肩吾、接舆,注见《逍遥游》篇。日中始:亦虚构人名。吕惠卿《庄子义》:"日中则名极而非其始也,日中始则不知始乎窈冥之原也。"吕氏的意思是,日中始这个名字有双重含义:既有如日中天的威望,又乏得其威望之正本——日之始,必源于窈冥而非中天。故其威望必可疑。从原文的角色关系看,日中始正是扮演着这种主张知识威权而实际陷入偏执的人物,他实际上代表了庄子书中两种类型的人之一种,即有知派,而另一派当然便是无知派了。这一点,也可从《天下》篇言惠子"惠施多方,其书五车"一句看出,在庄子眼中,惠子便是个"有知派",其学说就有"日方中方睨,物方生方死"之论,故日中始之名,也是庄子影射惠子学说的一个小伎俩。当肩吾问于日中始之际,乃是肩吾学问境界尚未"得道"之时,即他还是一个知识领域的"发展中人"。《庄子》书行文多变,插叙、倒叙随时取用,寓言、重言、卮言此起彼伏,实是奥妙无穷,体现了形式与内容、主旨与绪余

之间的高度统一,不可以俗常标准对待庄文,更不可轻率臆度庄子在人物身份设定、角色扮演中存在自相矛盾的情况。

②君人者:指国君。经式义度:四种统治国家的法度形式。经,法典,经典;式,程式,规矩;义,裁断之法,仪礼之规;度,准则。崔大华《庄子歧解》引王念孙:"'义'读为'仪'。仪,经式仪度,皆谓法度也。"此四者,正拙著《灵水识谭》所分两种知识类型之一,即属"常识"(另一类名之为"缘识")范畴。孰:谁。化:接受教化。诸:语尾助词。

③欺德:虚伪的德行。成玄英《疏》:"欺诳之德,非实道。"老子将道、德两分,而德又有上德、下德之谓,有玄德、常德、广德、建德之类,有有德、无德之别。涉海:涉水渡海。凿河:挖出一条大河。使蚊负山:让蚊子背起大山。此谓三事皆不可能之举。注家多以"涉海凿河"为一事,理不可喻。陆德明《经典释文》:"李云:'涉海必陷波,凿河无成也,'"吕惠卿:"而以之治天下,则是犹涉海之不足以有济,凿河之不足以有成,而使蚊负山之不足以胜任也。"郭象《注》:"以己制物,则物失其真。夫寄当于万物,则无事而自成;以一身制天下,则功莫就而任不胜也。"

④治外:指治理天下。外,外物。《庄子》中凡"务外"、"治外",均非其观点所主。相反,凡"务内"、"修内",则为庄子所主张的修道路径。这一基本宗旨,在《庄子》内、外、杂各篇都有极为一致的体现。正:指事物的至理。此"正"字,兼有二义,一者即《逍遥游》篇"乘天地之正"的正,二者则《膳性》篇"正己而已矣"之正。全句言修己得正而又能乘外物之正。确乎能其事者:行其力所能及而又不得不做的事情。郭象《注》:

"不为其所不能。"修己悟道,因顺自然,成其当成之事,而不求于"刻意"、"务必"。此便是这句话的大意。相反,凡务求"治于外"者,均非天道。《田子方》篇:"物无道,正容以悟之。"《在宥》篇:"故贵以身于为天下,则可以托天下;爱以身于为天下,则可以寄天下(语本《老子·十三章》)。""崔瞿问于老聃曰:'不治天下,安藏人心?'老聃曰:'女慎无撄人心。'"《德充符》篇:"幸能正生,以正众生。"《缮性》篇:"逮德下衰,及燧人、伏羲始为天下,是故顺而不一。德又下衰,及神农、黄帝始为天下,是故安而不顺。德又下衰,及唐、虞始为天下,兴治化之流,澡淳散朴,离道以善,险德以行,然后去性而从于心。"《徐无鬼》篇有黄帝问小童"为天下"一节。童子者,婴儿者,都是能自然近于天道的人。黄帝不耻下问,乃求治天下之天道。所有这些,都在阐明"正而后行"的道理。

⑤矰弋(zēng yì):射鸟用的短箭,上系有丝绳。深穴:把穴筑在地下深处。神丘:神社的祭坛。熏凿:烟熏挖凿。熏,用烟熏;凿,挖凿,挖掘。钱穆《庄子纂笺》引邵晋涵曰:"《汉书》所谓'社鼷不灌,屋鼠不燻'。"而曾(zēng):怎么就,怎么能说。而,进而,就,表示顺承、递进关系;曾,竟,简直,表示出乎意料、不敢相信。《论语·先进》:"季子然问:'仲由、冉求可谓大臣与?'子曰:'吾以子为异之问,曾由与求之问!'"郭象之后,注家多释"而"为"你",释"曾"为"乃",义不可通。二虫:指鸟与鼷鼠。最后一句谓"怎么能说这两种小动物就完全愚蠢无知?"庄子意谓万物自有天根,其生存智慧无假外求。于是,人类由权威所制定的经式仪度,并非人类赖以生存的根本。离开具体情实,这些东西便都成为"撄人心"者。这是典型的

"实事求是"思想。

天根游于殷阳,至蓼水之上,适遭无名人而问焉①,曰:"请问为天下。"无名人曰:"去!汝鄙人也,何问之不豫也②!予方将与造物者为人,厌则又乘夫莽眇之鸟,以出六极之外,而游无何有之乡,以处圹埌之野③。汝又何帛以治天下感予之心为④?"又复问,无名人曰:"汝游心于淡,合气于漠,顺物自然而无容私焉,而天下治矣⑤。"

【译文】

天根在殷山之南闲游,来到蓼水河边,恰好遇到无名人,于是便向他求教:"请问怎样治理天下。"无名人说:"走开!你真是鄙陋之人,问的问题让人不快!我只会顺应自然之道去尽人事,事成就会乘上莽眇之鸟,遨游六极之外,悠游于无何有之乡,闲处于空旷之野。可你为什么偏要拿'治天下'这样的问题来搅扰我心呢?"天根还是追问,无名人就说:"那你就把心性放于淡泊,将气禀释于静漠,因顺物来物去的自然规律,不夹杂自己的偏私好恶,这样,天下就可以大治了。"

【注释】

①天根:虚构的人名。庄子以"天根"命名,或有喻其位极万有之意,如此则在人世间,唯以天子之位可当之,以治天下为务,此亦"应帝王"之所喻。既譬之以"天根",乃取其当合于自然之道,以达道性完足之境,其德可比于太极。如此,则于太极之上者,则为无极。吕惠卿《庄子义》:"天之根者,道也。盖其

才足以应帝王者,非天根、王倪不可与有至也。"《朱子语类·易七》:"无极而太极,太极本无极。""周程只是'五行一阴阳,阴阳一太极,太极本无极'。"案太极属于"有",无极属于"无"。天根在此"有"、"无"之间,仍仅属于"有"列,尚不及"无"之境界,故其遭遇无名人,自然要以求道者身份问道。殷阳:地名,与"阴阳"音同,此义或亦为庄子所寓。庄子言天根游于殷阳,恰是太极御阴阳之象。成玄英《疏》:"殷阳,殷山之阳。"阳,山之南,水之北。蓼水:水名。吕惠卿《庄子义》:"蓼水之上,则物之辛而滨于沉溺者也。"林云铭《庄子因》、陆树芝《庄子雪》皆本陆德明《经典释文》释"蓼"为"了",亦或有所见。适:恰好。遭:遇。无名人:一个没有名字的人,承"圣人无名"之意。庄子此处巧用悖论:此人因没有名字,天根、庄子必称之为无名人,而"无名人"三字,亦名也。在庄子,圣人无名,乃孔子之类也;神人无功,藐姑射山四子之类也;至人可兼三者。故天根独念"为天下",而无名人虽与造物者合德却又不免于"为人",皆在"有功"之列。又,庄子之"无",兼有"无物"、"无名"二者,此处庄子仅及"无名",乃属叙述科阶,余者必待后续。

②为天下:治理天下。《庄子》书中有多处类于"为天下"之论,义有"刻意而为"。鄙人:鄙陋之人。无名人以离于大道而汲汲于经营天下者为鄙陋,非指世俗所谓没有才识的人。不豫:不快。陆德明《经典释文》:"简文云:'豫,悦也。'"宣颖《南华经解》:"问所不当,使我不乐。"旧注或以为"豫"当释为"厌",不惮烦之义,失之。一者文中不见多问,仅一问,何来不惮烦?二者,圣人诲人不倦,何来烦?且当后文"又复问"时,无名人并没有拒绝回答;三者后文有"厌"字,义本与此冲突。至于

主张释"豫"为"凡事豫则立"之"豫"(预)者(如焦竑《笔乘》),一者天根所问,本就是未来之事,为"豫(预)",反问"不豫"则成妄语;二者凡"预言",皆乖于老子"前识者,道之华,而愚之始"之论,自非庄子"不迎不将"之道所本。由此可见,脱离文本语境、情义而训诂,必致文意牵强乖谬。清人注经所失,多失于此。

③方将:只会,只要,刚要。时间上指未来。与造物者为人:随顺天道而尽人事。与,赞同,引为同道;为人,谓尽人事。"为人"与"为天下"义有关联,前者有"修己而尽人事"之意,后者直在外求,故境界略有差等。而无名人之"为人",因有"与造物者"这一前提,从而使其"为人"必出乎自然,故自带"随顺"之义。厌则:完事就,此为虚拟句。厌,饱,满足,引申为"完成",喻人事得尽。莽眇:廓然、轻虚的样子。六极:上下、左右、前后六合,喻"人间世"。圹埌(kuàng làng):空旷辽阔的样子。全句谓无名人有事则顺应天道,无事则放空心态。"方将"一句寓有"入世"之义,谓"有事";"厌则"后边三句寓有"以明"、"坐忘"之义,谓"无事"。案此四句话的字、词之解必须与《大宗师》篇协同。一,《大宗师》篇之"方且",在时间上表刚刚过去,与此处"方将"表未来不同,二者差异也对文意表达有微妙影响;二,此句"为人",以往注家多释为"为偶、为友",只有应天道而无尽人事之义,如此,在本篇(不同于《大宗师》的上下文语义环境)中,便使得道之人对同一件事出现了前后矛盾的态度;三,"厌"字,自成玄英《疏》释为"厌离世间"之后,注家或无解,或解为对"为人"的厌烦。按说,无名人是不应该对因顺天道感到厌烦的,陆树芝于《庄子雪》中虽然

也意识到这一点，但最终还是以"厌倦"释之，不免已露牵强之意："造化有何可厌？盖大造者不言造，大生者不言生，有若厌倦然也。"

④汝又何帠（yì）以治天下感予之心为：你怎么在这个时候拿"治天下"这样的问题来搅扰我心呢？帠，同"叚"（xiá）。钱穆《庄子纂笺》引孙诒让曰："帠疑当为叚，'何叚'犹言'何藉'也。"朱桂耀《庄子内篇证补》："孙诒让以'帠'为'叚'之误字，甚是，但以'何叚'为'何藉'，则非。'何叚'犹'何假''何暇'也，详《德充符》篇。"王叔岷《庄子校诠》又补引《人间世》篇、《在宥》篇、《田子方》篇、《天地》篇、《达生》篇等以为本书"何暇"一词之证。又，按上句"方将"之语态、时态及无名人欲行之事，释'帠'为'叚'亦颇切当。为：语气助词，犹"乎"。

⑤游心于淡、合气于漠：并言心、气和合的虚静淡泊状态，类于颜子"坐忘"的无为境界。心为一念不起之心，气为六气混合之气，合心、气于淡漠，便是因顺天道而行事。郭象《注》："其任性而无所饰焉，则淡矣；漠然静于性而止。任性自生，公也；心欲益之，私也。容私果不足以生生，而顺公乃全也。"无容私：不带私心。容，包藏，夹杂。《老子·五章》："天地不仁，以万物为刍狗；圣人不仁，以百姓为刍狗。"老子之不仁，即不私爱于仁。凡"藏仁以要人"，也是私；仲尼"绝四"，亦在绝私。

阳子居见老聃①，曰："有人于此，向疾、强梁，物彻、疏明，学道不勧，如是者，可比明王乎②？"老聃曰："是於圣人也，胥易技系，劳形怵心者也③。且也虎豹之文来田，猨狙之便、执斄之狗来藉④。如是者，可比明王乎？"阳子居蹴然曰："敢问明王之治。"老聃曰："明王之治，功盖天下而似不自己，化贷万物而民弗恃⑤。有莫举名，使物自喜。立乎不测，而游于无有者也⑥。"

【译文】

阳子居去拜见老聃，说："有这样的人，行动敏捷，性格强悍，洞彻物理，言辩晓明，学道不倦，像这样的人，能比得上明王吗？"老聃说："你说的这些，对于圣人而言，都属于自矜才艺的高名丽辞，是让人劳心费神的教条。何况虎豹因为毛皮上有花纹而招人猎杀，猿猴因机灵敏捷而被人束缚利用。你说的这种人，怎么可以和明王相比呢？"阳子居蹴然变色，说："请问明王是怎样治理天下的？"老聃说："明王之治，可以说功盖天下而又好像与他无关，化育万物而人民却无仰恃之意。有作而名不举，为物而物自喜。处于不迎不预之地，而逍遥游于'无'和'有'之间。"

【注释】

①阳子居：当亦庄子虚构的人物，名或有隐喻。但以往注家多有以为其即杨朱者。陆德明《经典释文》引李云："居，名也。子，男子通称。"此解诱引后来多释"阳子居"为"杨朱"。但陆德明在《寓言》篇又云："姓阳，名戎，字子居（王叔岷引"姓阳，名朱，字子居。"恐误）。"而于《山木》篇又云："阳子，司马云：'阳朱也。'"足见其所言并未统一为杨朱。自成玄英《疏》释为"姓阳名朱，字子居"而以为即杨朱后，从者乃众。如王叔

岷《庄子校诠》："阳、杨古通，《山木》篇阳子，《韩非子·说林》上篇作杨子，《列子·黄帝》篇作杨朱。"然据《寓言》篇老聃与阳子居对话情境看，庄子之意未必全如某些注家所臆度："老子曰：'而睢睢盱盱，而谁与居？大白若辱，盛德若不足。'"显然，老子有针对阳子居名字里的"居"字而调侃、批评其行为的深意。考《庄子》书中关于"阳子"的三处文字，其义皆有"反杨朱"的意味，或许庄子即以"阳子居"为名影射杨朱而彰其以杨朱思想为不取之意，但阳子居并非就是杨朱。以此思路，亦或许可以理解庄子在《大宗师》篇中设计一个名为"孟子反"的放浪形象，以隐喻其与孟子学说的格局差异。庄子所用之"居"与"反"，缀于阳子、孟子之后，谅别有用意。盖"居"则执，"反"则复，庄子设此名，非讥杨朱拘执于一毛不拔、孟子持仁义高论却往而不复者耶？吾意甚属之！又，真老聃与真杨朱，其生年便差了将近二百岁，若如注家如此认真起来，两人又安可生见？因此，阳子居必非真杨朱也。老聃：即老子，注见《养生主》篇。《庄子》书中，老聃与孔子皆位列"真人"之至人、神人、圣人，老聃近神而向至，孔子为圣而向神。他们都是毕生求道之人。

②有人于此：有这样的人。须注意，此虽看似淡淡一笔，却是庄子此节行文立论的"条件项"，十分紧要，否则全节语义便不能贯通，《庄子》全书中关于老子的学问宗旨便呈混乱状态。此一句，要在"这是这样的人"，即此人"时时如此，处处如此"。此等人，即使道德高标（类于"藏仁"者），但也近于一个"死人"或者叫"格式化"了的人。这便是老子批评的基础。向疾：形容像回声作响那样快。谓行动快捷。向，通"响"。陆德明《经典释文》："李云：'敏疾如响也。'"强梁：强悍，猛健。谓行事

果决勇武。《老子·四十二章》:"强梁者不得其死。"《文子·守弱》:"老子曰:'是以圣人执雌牝,去奢骄,不敢行强梁之气。'"《孔子家语·卷三》:"强梁者不得其死,好胜者必遇其敌。盗憎主人,民怨其上。"《墨子·卷十三》:"其子强梁不材,故其父笞之。"《晏子春秋·内篇问上第三》:"其言强梁而信,其进敏逊而顺,此佞人之行也。"《朱子语类·朱子十五》:"周子曰:'刚善为义,为直,为断,为严毅,为幹固;恶为猛,为隘,为强梁。'"须再注意,《山木》篇庄子又言"强梁",但语境完全不同,乃是因顺自然、可朝三亦可暮四之意:"从其强梁,随其曲傅,因其自穷,故朝夕赋敛而毫毛不挫,而况有大涂者乎!"注家若不注重语境,生搬硬对,则文意自不能通。物彻:洞彻物理。物,物事,事物。陆德明《经典释文》:"司马云:'物,是也;彻,通也。'"疏明:疏书晓明。疏,书信,镌刻,书写,注疏,通指对事情物理作语言上的阐明。《礼记·明堂位》:"殷以疏勺,周以蒲勺。"曾巩《陈书目录序》:"其疑者亦不敢损益,特各疏于篇末。"《晋书·陶侃传》:"远近书疏,莫不手答。"勩:同"倦"。明王:犹圣王。

③是:指阳子居所说的那些德行,非指其人。以老、庄的学问道理,人则不可与人比,但人皆系于事,事则可比,故后文也是言事而非论人。於:同"于",对于……而言。胥易:用知识应变。胥,通"知",亦通"须",皆为"有才智者"之义。易,变化,更易,指生生不息的现实。《周礼·天官》:"胥十有二人,徒百有二十人。"郑玄注:"此民给徭役者,若今卫士矣。胥读如谞,谓其有才知,为什长。"贾公彦继而为之疏曰:"周室之内称'胥'者,多谓若大胥、小胥、胥师之类,虽不为什长,皆是有

才智之称。彼不读从谓。……《易·归妹·六三》'以须'，注云：'须，才智之称。'……彼须字此与异者，盖古有此二字通用，俱得为有才智也。"技系：为技艺所拘。钟泰引《礼记·王制第五》"凡执技以事上者，不贰事，不移官"句，并谓"是终身限于一技而不辄改，故曰'技系'也。"马其昶《定本庄子故》："李冶曰：胥易者，以才知妄易是非；技系者，以技艺自为拘系。孙诒让曰：'胥'为'谞'之借字。《说文》：'谞，知也。'《诗笺》：'胥有才知之名也。'《骈拇》篇云：'夫小惑易方，大惑易性。'胥易，知识惑易，与技系同为失其常性也。"胥易技系一句，总言此类人以教条为尚，以己能为长，先有趣向、成见，而非物来照应、因顺自然。劳形：身体辛劳。怵心：心神不宁。郭象《注》："言此功夫，容身不得，不足以比圣王。"

④且也：而且，况且。文：花纹。来田：招致猎人捕杀。来，招致；田，通"畋"，畋猎。陆德明《经典释文》："来田，李云：'虎豹以皮有文章见猎也。'"猨狙：猿猴。便：灵便，巧捷。执斄（lí）之狗：有本作"执留之狗"，疑为衍文或《天地》篇"执留之狗"窜误。宜删。王叔岷《庄子校诠》引奚侗云："此必古人习用之耦语，故《淮南》三引之。本书此文上下语不相耦，则'执留之狗'必衍文也。"奚侗、王说是。来藉：被利用。藉，凭借，倚靠。指古人捕捉猿猴驯养以助己、娱人。吕惠卿《庄子义》："藉者借也，言其以巧力为人之所措也。"《文子·卷六上德》："虎豹之文来射，猿狄之捷来格。"《淮南子·缪称训》作"虎豹之文来射，猿狄之捷来措"，《说林训》作"虎豹之文来射，蝯狄之捷来乍"，《诠言训》又作"虎豹之强来射，蝯狄之捷来措"。其"格""措""乍"，古同音通用，有"措置"之义，亦近

"藉",通指猿猴因巧捷灵便而被人拘系利用。全句紧承"胥易技系"四字之意,揭示以才艺自矜者如同虎豹之文、猿猴之便一样,最终会以文获杀、以便为用,均失其生养之道,圣人自非如此。

⑤似不自己:仿佛与自己无关、非由己作。化贷:化育、施与。恃:依赖。句谓明王虽有为,但不自居其功,民亦不以为贤。郭象《注》:"夫明王皆就足物性,故人人皆云'我自尔',而莫知恃赖于明王。"

⑥有:指有为、有物、有功之类。即后文"无有"中的"有"。莫举名:不留贤圣之名。自喜:喜从己出,非由外铄。郭象《注》:"虽有盖天下之功,而不举以为己名,故物皆自以为得而喜。"立乎不测:处于不迎不预之地。测,预测,亦老子所贬之"前识"者。郭象《注》:"居变化之涂,日新而无方者也。"游于无有:逍遥于视"有"为"无"的境界。无有,其含义至少有三:一者,整体用为动词,表示"生而不有,为而不恃,功成而弗居"之旨;二者,整体用作名词,则为虚冥空廓的境界;三者,分"无有"为"无"和"有",表示圣人能自由在二者之间做出因应、顺便的反应,即"逍遥游"的状态。三者是统一的,但此处以第三义为主。宣颖《南华经解》赞此节:"老子数语写尽帝王气象。"释德清《庄子内篇注》:"此一节,发挥明王之治,皆申明老子之意,以示所宗立言之本。极称大宗师应世而为圣帝明王,以行无为之化也。"而《淮南子·诠言训》释老子之旨甚明,可佐此节之解:"故无为而宁者,失其所以宁则危;无事而治者,失其所以治则乱。星列于天而明,故人指之;义列于德而见,故人视之。人之所指,动则有章;人之所视,行则有迹。动有章则词,行有迹则议。故圣人掩明于不形,藏迹于无为。王子庆忌死于剑,羿死

于桃棓，子路菹于卫，苏秦死于口。人莫不贵其所有，而贱其所短，然而皆溺其所贵，而极其所贱。所贵者有形，所贱者无朕也。故虎豹之强来射，蝯狖之捷来措。人能贵其所贱，贱其所贵，可与言至论矣。"

二

郑有神巫曰季咸，知人之死生存亡，祸福寿夭，期以岁月旬日，若神①。郑人见之，皆弃而走，列子见之而心醉。归，以告壶子②，曰："始吾以夫子之道为至矣，则又有至焉者矣③。"壶子曰："吾与汝既其文，未既其实，而固得道与④？众雌而无雄，而又奚卵焉⑤！而以道与世亢，必信，夫故使人得而相汝。尝试与来，以予示之⑥。"

【译文】

郑国有一个专司与冥神沟通的巫者名叫季咸，能知人的死生存亡、祸福寿夭，预测的准确性可以达到年、月、旬、日，灵验如神。郑国百姓见了他，都赶紧躲开，而列子见了，却为之心醉。列子回来后，把见闻告诉老师壶子，说："以前我还以为先生的道行已经达到极致了，现在又有超过先生的了。"壶子说："我传授给你的，仅仅是道的皮相，并没有触及道的实质，怎么能说你得道了呢？一群雌性而没有雄性，怎么会产卵！你用你的'道'与世俗相扞格，巫者必然有迹可寻，所以才让人家把你看了个透。试着去请他来，我给你演示一下。"

【注释】

①郑：郑国。神巫：古代专司与冥神沟通的巫者。此"神"指职事，非同下文形容词之"神"，否则后一"神"字则成赘疣。季咸：人名。究竟此人为谁，不得确考。《淮南子·精神训》有"郑之神巫相壶子林"的记载。章启群《庄子新注》："传殷史官巫咸著有《巫咸星经》，为我国第一部天文学著作。……此处季咸亦可能来源于巫咸。……此段文字亦寓言。"期：算，寓言。若神：像神一样灵验。神，玄妙，神奇。

②弃：离弃。走：逃离，赶快躲开。郭象《注》："不喜自闻死日也。"列子：注见《逍遥游》篇。壶子：名林，号壶子，为列子的老师。《淮南子·缪称训》："列子学壶子，观景柱而知持后矣。"句谓普通郑人视季咸如妖孽而不敢近，而列子却以其能预知未来而喜就。隐喻此时列子还处在求道过程中喜欢华而不实之教的初级阶段，尚有进阶的余地。

③夫子：指壶子林。至：极点。郭象《注》："谓季咸之至又过于夫子。"

④与：给予，传授。既：穷尽，终了，达至。文：外表，表面，皮相。实：本质，事实。"实"与"文"相对。按照《庄子》中的观点，"实"只能在真实情境中才能产生。而：你。固：必定，肯定。为反诘之义。与：同"欤"，语气助词，表疑问。

⑤众雌：很多雌性。指列子所学到的"文"，即关于道的教条、说辞，谓列子如果只知道这些，等于仅掌握了很多皮毛。无雄：没有雄性。指列子没有学到的"实"，也表示列子所学从未在真实情境中得到检验。奚卵：怎么会产卵，即以"卵"比喻"道"的实际效果。奚，何，怎么。陆德明《经典释文》："司马

云：'言汝受训未熟，故未成，若众雌无雄则无卵也。'"成玄英《疏》："夫众雌无雄，无由得卵。既文无实，亦何道之有哉！"

⑥而以道：犹"以而道"之谓。而，你。与世亢：与世俗相扞格。亢，同"抗"，扞抗。《列子》"亢"作"抗"。王叔岷引《经典释文》曰"抗，或作亢"。《说文》："抗，扞也。"世人和列子见季咸，态度相反，此正谓之扞格。信：符信，表征。《史记·刺客列传》："今行而未信，则亲未可亲也。"亦通"伸"，指有规律可循，有所表露。《管子·任法》："如日月之明，如四时之信。"夫故：复语，所以。相：犹"相面"。古代时为一种巫术，通过观察人的面相来测定吉凶祸福。列子以"道之文"自标其高，则巫者自然有迹可寻。与来：指与季咸同来。以予示之：我来演示一下。之，指壶子所说的上述道理。

明日，列子与之见壶子。出而谓列子曰："嘻！子之先生死矣！弗活矣！不以旬数矣！吾见怪焉，见湿灰焉①。"列子入，泣涕沾襟以告壶子。壶子曰："乡吾示之以地文，萌乎不震不正，是殆见吾杜德机也②。尝又与来。"

【译文】

次日，列子与季咸一起来见壶子。季咸出来的时候对列子说："哎呀！你先生要死了！活不了了！过不了一旬了！我见到很怪异的征象，看到湿灰了。"列子进屋，哭得泣涕沾襟，把季咸的话告诉了壶子。壶子说："刚刚我把大地的表象显示给他，那是一种欲发而未发、静止不动的象，他大概是见到我生机都关闭了。试着再去请他来。"

【注释】

①数：计算。见怪：看到怪异的征象，即见湿灰。湿灰：喻死亡之兆。成玄英《疏》："弗活之兆，类彼湿灰也。"

②乡（xiàng）：同"向"，刚才，往日。地文：大地的表象，其兆属阴静。陆德明《经典释文》："地文，与土同也。崔云：'文犹理也。'"萌乎：未发而欲发的样子。不震：不动。不正：不真，指没有显示自己的真实存在。无天地之合、阴阳之交，故无正。正，即指"乘天地之正"的"正"（参见《逍遥游》篇注解）。因壶子仅呈地文之象，则无天象相应，犹如有雌而无雄，安可有卵？无卵则无生，是乃死相。郭象《注》："萌然不动，亦不自正，与枯木同其不华，湿灰均于寂魄。此乃至人无感之时也。"或有注家改"正"为"止"者，大失其义。盖壶子此时志在表现单纯的不生之兆。如彼所改，则"不震不止"乃"既动既止"之浑沌境界，属于壶子后边呈现的征兆，此非其义，断不可取。是：此，指壶子故意呈现给季咸看的征象。殆：大概，接近。杜：关闭，杜绝。或为一种闭穴之功。德机：德行的机枢。德与道相提并论的话，则道为本，德为用；若德与行相提并论的话，则德为本，行为用。故德关乎行，若德机关闭，必然无有任何行迹。本节统言壶子作为得道之人，可以自由驾驭自体的生命活动，并以功法次第呈现出"未始有物"、"有物而未始有封"、"有封而未始有是非"、"有是非而因是因非"（参见《齐物论》和《知北游》等篇）之象，这是为理解本节文意并予贯通之一大关键，亦可从中见《庄子》全书所建立起来的"出世"而"入世"、自"无为"而"有为"、自"至人"而"神人"而"圣人"的真人应世逻辑。此点乃庄学大要。本句则谓壶子故意呈现一种"未始有物"之象，

此象在季咸则视为"亡征"，说明季咸只能依教条去感应、阐释某种浅表、常规的现象。

明日，又与之见壶子。出而谓列子曰："幸矣！子之先生遇我也，有瘳矣！全然有生矣！吾见其杜权矣①！"列子入，以告壶子。壶子曰："乡吾示之以天壤，名实不入，而机发于踵。是殆见吾善者机也②。尝又与来。"

【译文】

次日，列子又与季咸一起见壶子。季咸出来便对列子说："你很幸运啊！你的先生遇到我了，有救了！完全能活下来了！我看到他生机关闭之后又有活动的迹象了！"列子进屋，把季咸的话告诉给壶子。壶子说："我刚才将天文和地文的象同时显示给他，但并没有对这些象的'名'和'实'加以区别，而且让我的生机从脚跟部位发出。他大概是见到了我的生机之象了。试着再去请他来。"

【注释】

①有瘳（chōu）：有所好转。瘳，病愈。全然：痊愈的样子。全，同"痊"。其杜：指壶子之前的闭穴之功。权矣：又有所权变了。权，变化，权宜。喻生机乍现。

②天壤：天、地。即天文与地文。天文之兆属阳动。此谓壶子凭功法所呈现之象，不再仅仅限于前之"地文"。由此，则使天地和合、阴阳交汇成为可能，其结果自然是生机乍现。这是一种"有物而未始有封"之象。名实不入：指没有名、实之别。参

见《齐物论》篇"夫道未始有封，言未始有常，为是而有畛也"的注解。当此道未始有封、言未始有常的状态，物自无"常名"而只有粗略的"畛域"之分，故名实不入。谓虽天地和合而生物，但物不得其名，则自无邀名之累，所行皆为实事，此乃真人之行。机发于踵：心意、气息的触发源自脚跟。机，动之机要处，在意为心，在身为息。《大宗师》篇："真人之息以踵，众人之息以喉。"善者机：谓生意之机兆。善者，有生命力的人。此象为季咸唯一能略有理解之象，因其乃以生为尚之人。

明日，又与之见壶子。出而谓列子曰："子之先生不齐，吾无得而相焉。试齐，且复相之①。"列子入，以告壶子。壶子曰："吾乡示之以太冲莫胜，是殆见吾衡气机也②。鲵桓之审为渊，止水之审为渊，流水之审为渊③，渊有九名，此处三焉④。尝又与来。"

【译文】

次日，列子又与季咸一起见壶子。季咸出来时对列子说："你先生所呈现的象很乱，我没法看得清。试着让他调整一下，我再来给他看相。"列子进屋，把季咸的话告诉壶子。壶子说："我刚才给他呈现了一种阴阳和合的太极状态，他见到的大概是我恒定、均衡的气象。其实，有的被称为'渊'的是鲵桓之水，有的被称为'渊'的是静止之水，有的被称为'渊'的是流动之水，虽同名为'渊'，但水本不同。'渊'共有九种名称，此处仅列其三。试着再去请他来。"

【注释】

①不齐：谓面相变更无定。无得而相：没法相面了。且：将。复：再。

②太冲：太和。太，极；冲，调和，冲和，类似现代物理学中的某种混沌态，是不确定性与确定性的终极统一状态。《老子》中有三处论及"冲"，其旨皆为庄子所用："道冲，而用之久不盈。深乎！万物宗（《四章》）。""万物负阴而抱阳，冲气以为和（《四十二章》）。""大盈若冲，其用不穷（《四十五章》）。"莫胜：无有争胜。阴阳和顺则无所争胜。衡气机：均衡之气机。与真宰、真君之义略同。

③鲵桓：借指大鱼盘桓之处。鲵，大鱼。陆德明《经典释文》："鲵桓，简文云：'鲵，鲸鱼也。桓，盘桓也。'"之审为渊：经详察而将鲵桓之水定名为渊。之，指大鱼盘桓之水；审，明辨，洞悉，古文同"宷"。《说文》"宷：悉也，知宷谛也。徐错曰：宀，覆也，采，别也。包覆而深别之，宷，悉也。"渊，大川，深水，回水。《周易·讼卦六》："《象》曰：'不利，涉大川'，入于渊也。"《说文》："渊：回水也。"许慎注《淮南子·兵略训》"有九旋之渊"，亦谓渊为"至深也"者。止水、流水之审为渊：经详察将止水、流水定名为渊。凡止水、流水，浅则为洼为流，深则成潭成渊。名之为洼、流、潭、渊，其要在审。此句承前文"名实不入"，言壶子此处已经引入名、实关系，以名别物（即"有封"之谓）。又，三句之文意，只需在"审"字之前补一"水"字，义便彰明。

④渊有九名：共有九个用以称呼"渊"的名词。此处三焉：此处仅举其三，指鲵桓之渊、止水之渊、流水之渊。另外六名，

于《列子·黄帝》篇中有载，为滥水、沃水、氿水、雍水、汧水、肥水。从名实关系来看，每一个渊名，都须加详审，此即"有封"。但此句所述境界阶次，亦仅仅审而已矣，并无趣取之意、是非之别。此时壶子所造之象，为物虽有名、有封，然物本同一，故亦无是无非，可以衡而待之。表明壶子以"有封而未始有是非"的态度，守定真宰而向季咸呈三渊之象。结果季咸为复杂的名实关系所乱，不辨其宗，方有"不齐"之议。此时之季咸，正是春秋战国之际各执己说的辩士形象的代表，他们无不各有是非之见。而一遇到壶子这样的"和同是非"之人，便茫然无对了。此时及前此两境之壶子，也即不入世时之庄子。又，《列子》虽同样记载了这段故事，但文字有所更改并由此造成了故事主旨的丧失，由此可以推断，《列子》中的此节文字或为后于庄子之列子后学因此文为描述列子事迹而夺入。

明日，又与之见壶子。立未定，自失而走。壶子曰："追之！"列子追之不及。反，以报壶子曰："已灭矣，已失矣，吾弗及已①。"壶子曰："乡吾示之以未始出吾宗。吾与之虚而委蛇，不知其谁何，因以为弟靡，因以为波流，故逃也②。"然后列子自以为未始学而归。三年不出，为其妻爨，食豕如食人，于事无与亲③。雕琢复朴，块然独以其形立；纷而封哉，一以是终④。

【译文】

次日，列子又与季咸一起见壶子。季咸还未站稳，便惊惶失色地跑了。壶子说："追他！"列子追赶不及，返回来，向壶子报告：“没影啦，跑掉啦，我没追上。”壶子说：“我刚才给他呈现的是一个不离我的宗本的象。我用这个象与他虚与周旋，于是他不知我是谁，而我则像风吹草伏、波逐水流一样，因顺自然，不着痕迹。他所以才跑掉了。"自此之后，列子就当做自己一无所学地回家去了。三年当中，深居简出，为妻子烧饭，饲养猪就像伺候人，做什么事情都没有特别的亲疏好恶。不事雕琢，归于素朴；块然独立，不失自我；世事虽纷繁而又有畛别差异，但总能一以贯之于始终。

【注释】

①立未定：还没有站稳，指季咸。失：同"逸"，逃脱。反：同"返"。灭：消失，无踪无影。弗及：没有追上。成玄英《疏》："圣心行虚，非凡所测，遂使立未安定，奔逸而走也。即见奔逃，命令捉取。惊迫已甚，奔驰亦速，灭矣失矣，莫知所之也。"

②未始出吾宗：未曾出离我行事的宗本。即指壶子守宗而应事。此宗本也即真宰、真君，人所据以应天道者。虚而委蛇（yí）：虚心无待，因是因非，随顺自然。委蛇，犹"周旋"，随顺回环的样子。不知其谁何：季咸不知我是谁。其，壶子自指。此句意即本篇前文"一以己为马，一以己为牛"，《天道》篇"昔者子呼我牛也而谓之牛，呼我马也而谓之马。苟有其实，人与之名而弗受，再受其殃"之谓。因以为弟靡：如风中草般随风起伏。弟靡，疑或因形近而为"夷靡"、"茅靡"之误，或因音近而为"披靡"之误。总之当为状风起草伏之貌，与另句状水中浮物之貌相对。奚侗《庄子补注》："弟当作夷，篆形相似而误。《易·涣卦》'匪夷所思。'《释文》云：'荀本作弟。'是其证。《文选》潘

安仁《射雉赋》:'崇坟夷靡。'徐爰《注》:'夷靡,颓驰也。'《笙赋》:'或案衍夷靡。'五臣《注》:'夷靡,平而渐靡也。'"《列子》"弟靡"作"茅靡"。王叔岷《庄子校诠》:"奚氏谓弟为夷之误,是也。茅亦误字。茅、弟、夷三字,形近易乱。"因:因顺,随顺。前已多次言及此字亦《庄子》中一大关键字。因以为波流:像水上浮物一般随波逐流。此句为壶子向季咸呈现一种"有是非而因是因非"的"入世"之象。此象所兆,为虽然俗世不免有所是、有所非,而我则因是因非、随顺自然,终不以是非为意。是乃圣人气象,非季咸所能领会,故一见便逃得无影无踪了。

③自以为未始学而归:自己觉得什么也没学到于是就回家了。归,归家。句谓列子已有觉悟,不以"知"为所学,道不可得自学习,而道又无处不在,于是归家自悟大道。此处非指归而继续跟随壶子学习,也并非说列子果真一无所获。下文所言列子日常生活,便是庄子所谓"道无所不在"(《知北游》篇)。爨(cuàn):炊事,烧火做饭。食豕(sì shǐ):饲养猪。无与亲:没有亲疏、贵贱之分。按世俗常规,古之男子为妻子理炊事,应属反常;猪为畜类,人为灵长,本有尊卑。但列子摆脱了这些条条框框,本宗应事,了无挂碍。

④雕琢复朴:去雕琢以返朴。郭象《注》:"去华取实。"块然:形容像土块那个样子,其状独立、坚定、自存,其本则不以他人意志为转移。独:独立,特立。以其形立:以其身之所主而立于世。形,身。此句言其作为一个自然存在(归于天道者)所应具有的特征或品格。纷而封哉:纷繁而有分别。封,即《齐物论》的"有封"之封。一以是终:用"一"贯穿于始终,为倒句。指对待世事、俗情的态度,既能变通,又有宗本可以操持,犹孔

子所谓"一以贯之"。"块然以其形立"言人性、人格,"纷而封哉,一以是终"言入世、应事。此或略近于今日之所谓"怀出世之心,为入世之事"。

三

无为名尸,无为谋府①;无为事任,无为知主②。体尽无穷,而游无朕③;尽其所受乎天而无见得,亦虚而已④!至人之用心若镜,不将不迎⑤;应而不藏,故能胜物而不伤⑥。

【译文】

不要作一个尸居名位的人,不要让心成为预谋来事的府宅,不要被事物所役使,不要把自己变成知识的载体。要与变化无穷的万物浑然一体,遨游于不留痕迹的世界。让自己的天赋得其所用而又不显露自得之色,要做到这一点,谨守一个'虚'字就可以了!至人之用心,一如明镜照物,既不送往,也不迎来。即时应照,既不预存成见,也不保留执念,所以能够胜任于物事而又无害于物事。

【注释】

①无为:不要成为,不要作为。王叔岷《庄子校诠》:"《淮南子·诠言篇》、《刘子·去情篇》'无'并作'不',义同。"名尸:名的执守者。尸,职司,占位。谋府:预谋的载体。谋,指预谋,犹"豫",指人对未来的事情处心积虑,即世所谓"杞人忧天"者;府,心灵,灵府。郭象《注》:"因物,则物各自当其

名也;使物各自谋也。"

②事任:为事所役。圣人任事而不为事所任,役物而不为物所役。知主:为知所主,即被知识所主宰,亦可理解为"搭载各类知识的主体"。俗所谓"知识越多越反动",类此意,盖庄子对"知"持贬义。此句、此节为庄子针对本篇前此所论现象所做的评论及给出的建议,也有对《庄子·内篇》做一个总结,这一总结最后以混沌被凿七孔死而告终。郭象《注》:"付物使各自任;无心,则物各自主其知也。"

③体尽无穷:与变化无穷的万物浑然一体。体,身、心构成的整体;尽,达至,及于;无穷,万物变化之数。凡人,每日"必有事焉",而万物皆流,故其事在性质上亦无有同者。正如《礼记·大学》所言:"苟日新,日日新,又日新。"《周易·系辞上》:"日新之谓盛德,生生之谓易。"而游无朕(zhèn):顺应于物,则必与物和光同尘而不遗踪迹。朕,踪迹,行迹。郭象《注》:"因天下之自为,故驰万物而无穷也。"

④所受乎天:指天赋所秉。此是决定人之行为须合天道的自然基础。无见(xiàn)得:不要显露得色,即为而不居其功。得,成就,成功。亦虚而已:谓关键就在于"虚"。钱穆《庄子纂笺》引刘大櫆:"'虚'乃庄子宗旨,所谓'无心'、'无为'、'无用'者是也。"

⑤用心:指心机之发动与否。若镜:像镜子一样无物则静,物来照应。不将不迎:既不执着于过去,也不预谋于未来。将,送。郭象《注》:"鉴物而无情,来即应,去即止。"吕惠卿《庄子义》:"是以至人之用心若镜,其去不将,则既往无所存;其来不迎,则未至不可见。"曾国藩化用此语,谓"物来顺应,未来不

迎,当时不杂,既过不恋。"

⑥不藏:不预存成见、偏私。藏,即"藏仁以要人"之藏,在此也有预存和保留之义。胜物而不伤:谓胜任于物事而于物无害。伤,指伤物,非指至人自伤。至人无己,自然不计伤害。自"无为"起,此一节统言真人的"有为"之道,其宗旨与孔子之"绝四"(毋意,毋必,毋固,毋我)亦相仿佛。郭象《注》:"物来即鉴,鉴不以心,故虽天下之广,而无劳神之累。"

四

南海之帝为儵,北海之帝为忽,中央之帝为浑沌①。儵与忽时相与遇于浑沌之地,浑沌待之甚善。儵与忽谋报浑沌之德②,曰:"人皆有七窍以视听食息。此独无有,尝试凿之③。"日凿一窍,七日而浑沌死。

【译文】

南海之帝名字叫儵,北海之帝名字叫忽,中央之帝名字叫浑沌。儵与忽时常在混沌的地界过从往来,浑沌总是善加款待。儵与忽想要报答浑沌的美德,就商量说:"人都有七窍,以便视物、闻声、饮食、呼吸。唯独混沌什么也没有。试试给他凿开吧。"于是,他们每天凿一个孔窍,七天之后,浑沌便死了。

【注释】

①儵(shū)、忽、浑沌:均为虚构的帝王名号。但庄子寓意亦甚明显。陆德明《经典释文》:"儵,李云:'喻有象也。'忽,李云:'喻无形也。'浑沌,崔云:'无孔窍也。'李云:'清浊未分

也。此喻自然。'简文云:儵忽取神速为名,浑沌以合和为貌。神速譬有为,合和譬无为。"吕惠卿《庄子义》:"南海之帝为儵,南阳也;儵,言其儵然而有也。北海之帝为忽,北阴也;忽,言其忽然而亡也;海,言其冥而不可穷也。中央之帝为浑沌,浑沌,言其浑浑沌沌,而不相离也;帝则吾心,而所谓天君也。"钟泰《庄子发微》:"此承上'无为知主'而言,并与篇首'不知'语意相应,欲人知而复于不知,老子所谓'歙歙为天下浑其心'者,故设为浑沌之凿,以示其鉴戒焉。'儵'与'忽',皆喻知,《楚辞·少司命》云'儵而来者忽而逝'。儵言知之来,忽言知之逝。一来一逝,迅如飘风,故名之以'儵'、'忽'也。来者其出也,象阳明,故曰'南海之帝'。逝者其入也,象阴晦,故曰'北海之帝'。'浑沌',喻不知之体,居中以运其知者,故曰'中央之帝'。"以上诸解甚是。案儵与忽或亦有各从空间和时间角度假设事物在瞬间定格以供观察的含义(假设时空处于不变的状态),以此喻人们对事物所形成的定理、公理、常识之类的知识,而儵、忽正是此类知识拥有者的代表,与浑沌象征万物皆流、浑然不分的情况正好相对。

②时:一时,某时。相与:彼此。遇:遭遇,碰面。德:美德,善行。

③七窍:指耳、目、口、鼻七孔。息:呼吸。儵与忽之逻辑,皆以教条化的常识为依据。"七日而浑沌死"六字,力抵千钧,振聋发聩,庄子批评之意溢于言表。郭象《注》:"为者败之!"

附录：本书主要征引及参考的著作

1. 郭象、成玄英:《庄子注疏》（中华书局，曹础基、黄兰发整理，2011年）
2. 郭象注、陆德明音义:《南华真经》（中国书店，《续古逸丛书》2019年影印本）
3. 陆德明:《经典释文》（上海古籍出版社，2013年）
4. 王雱:《南华真经新传》（明正统道藏本）
5. 吕惠卿:《庄子义集校》（中华书局，汤君集校，2009年）
6. 吕惠卿:《金刻本庄子全解》（国家图书馆出版社，2016年影印本）
7. 陈景元:《南华真经章句音义、庄子阙误》（明正统道藏本）
8. 林希逸:《庄子鬳斋口义校注》（中华书局，周啓成校注，1997年）
9. 褚伯秀:《南华真经义海纂微》（中华书局，方勇点校，2018年）
10. 罗勉道:《南华真经循本》（中华书局，李波点校本，2016年）
11. 朱得之:《庄子通义》（明嘉靖四十三年浩然斋刊本）
12. 陆西星:《南华真经副墨》（中华书局，蒋门马点校，2010年）

13. 焦竑：《庄子翼》（广文书局，1971年）

14. 杨起元：《南华经品节》（《诸经品节》内，明万历二十二年刊本）

15. 李贽：《庄子解》（明万历四十三年刊本）

16. 释德清：《庄子内篇注》（华东师范大学出版社，黄曙辉点校，2009年）

17. 胡文蔚：《南华经合注吹影》（人民出版社，李波、彭时权点校，2020年）

18. 周拱辰：《南华真经影史》（清道光二十七年刊本）

19. 陈治安：《南华真经本义》（清道光十五年刊本）

20. 方以智：《药地炮庄》（华夏出版社，张永义、邢益海点校，2011年）

21. 王夫之：《老子衍庄子通庄子解》（中华书局，王孝鱼点校，2009年）

22. 林云铭：《庄子因》（华东师范大学出版社，张京华点校，2011年）

23. 傅山：《庄子解》（《霜红龛集》内，清宣统三年刊本）

24. 钱澄之：《庄子诂》（《庄屈合诂》内，清同治三年刊本）

25. 宣颖：《南华经解》（广东人民出版社，曹础基点校，2008年）

26. 王懋竑：《庄子存校》（《白田草堂续集》内，清同治十一年刊本）

27. 胡文英：《庄子独见》（华东师范大学出版社，2011年）

28. 卢文弨：《庄子音义考》（《经典释文补编》内，清乾隆五十六年刊本）

29. 陆树芝：《庄子雪》（华东师范大学出版社，张京华点校，2011年版）

30. 姚鼐：《庄子章义》（《惜抱轩遗书三种》内，清光绪五年刊本）

31. 王念孙：《庄子杂志》（《读书杂志余编》内，清道光十二年刊本）

32. 王引之：《经传释词》（上海商务印书馆，《丛书集成》初编，1939年）

33. 方潜：《南华经解》（清光绪二十二年刊本）

34. 刘鸿典：《庄子约解》（清同治五年刊本）

35. 王闿运：《庄子内篇注》（《王湘绮全集》内，清同治八年刊本）

36. 俞樾：《庄子平议》（凤凰出版社，王华宝整理，2020年）

37. 钱大昕：《十驾斋养新录》（上海书店出版，1983年）

38. 刘凤苞：《南华雪心编》（中华书局，方勇点校本，2013年）

39. 孙诒让：《庄子札迻》（中华书局，《札迻》内，1989年）

40. 郭庆藩：《庄子集释》（中华书局，王孝鱼点校，1961年）

41. 杨文会：《南华经发隐》（《杨仁山居士遗书》内，清光绪三十年金酸刻经处刊本）

42. 吴汝纶：《庄子点勘》（《点勘诸子读本》内，清宣统二年衍星社排印本）

43. 王先谦：《庄子集解》（中华书局，《庄子集解内篇补正》内，2012年）

44. 陈寿昌：《南华真经正义》（新天地书局，1973年）

45. 马其昶:《定本庄子故》(黄山书社,马茂元编次,1989年)

46. 章炳麟:《庄子解故》(浙江图书馆刊《章氏丛书》本,1917年)

47. 于鬯:《庄子校书》(中华书局《香草续校书》内,1963年排印本)

48. 陶鸿庆:《读庄子札记》(中华书局《读诸子札记》内,1959年排印本)

49. 奚侗:《庄子补注》(江苏省立官纸印刷厂排印本,1917年)

50. 胡远濬:《庄子诠诂》(黄山书社,吴光龙点校,1996年)

51. 顾实:《庄子天下篇疏讲》(上海商务印书馆排印本,1928年)

52. 阮毓崧:《重订庄子集注》(上海古籍出版社,刘韶军点校,2018年)

53. 朱桂曜:《庄子内篇证补》(上海商务印书馆排印本,1935年)

54. 刘文典:《庄子补正》(中华书局,赵峰、诸伟奇点校,2015年)

55. 马叙伦:《庄子义证》(上海商务印书馆排印本,1930年)

56. 高亨:《庄子新笺》(山东人民出版社排印本《诸子新笺》内,1961年)

57. 闻一多:《庄子内篇校释》(三联书店《闻一多全集》排印本《古典新义》内,1982年)

58. 王叔岷:《庄子校释》(台联国风出版社,1972年)

59. 王叔岷:《庄子校诠》(中华书局,2007年)

60. 刘武:《庄子集解内篇补正》(中华书局,沈啸寰点校,1987年)

61. 钱穆:《庄子纂笺》(九州出版社,2011年)

62. 伍非百:《齐物论新义》(《中国古名家言》内,中国社会科学出版社,1983年)

63. 李勉:《庄子总论及分篇评注》(1973年台湾商务印书馆排印本)

64. 陈鼓应:《庄子今注今译》(中华书局,1983年)

65. 曹础基:《庄子浅注》(中华书局,2018年)

66. 朱季海:《南齐书教义庄子故言》(中华书局,2013年)

67. 钟泰:《庄子发微》(上海古籍出版社,骆驼标点,2002年)

68. 崔大华:《庄子歧解》(中华书局,2012年)

69. 安继民、高秀昌:《庄子》(中州古籍出版社,2008年)

70. 方勇:《庄子》(中华书局,2010年)

71. 章启群:《庄子新注》(中华书局,2018年)

72. 杨国荣:《庄子内篇释义》(中华书局,2021年)

图书在版编目(CIP)数据

庄子内篇引归 / 谢彦君著. -- 北京：商务印书馆，2023
ISBN 978-7-100-21846-7

Ⅰ. ①庄… Ⅱ. ①谢… Ⅲ. ①道家②《庄子》－研究 Ⅳ. ①B223.55

中国版本图书馆CIP数据核字(2022)第216423号

权利保留，侵权必究。

庄子内篇引归
谢彦君 著

商 务 印 书 馆 出 版
（北京王府井大街36号 邮政编码100710）
商 务 印 书 馆 发 行
艺堂印刷（天津）有限公司印刷
ISBN 978-7-100-21846-7

2023年1月第1版	开本 710×1000	1/32
2023年1月第1次印刷	印张 12¼	

定价：65.00元